ARD-Ratgeber Recht

Herausgeber
Matthias-Josef Zimmermann

dtv
nomos

WDR SWR

Eine Produktion des Westdeutschen Rundfunks Köln
und des Südwestrundfunks
in Zusammenarbeit mit den Verbraucher-Zentralen

Steigende Mieten und wirtschaftlich unsichere Zukunftsaussichten machen den Erwerb von Grundbesitz und Wohnungseigentum zunehmend attraktiver. Doch Grundbesitz ist vor allem in den Ballungsgebieten sehr teuer. In aller Regel muß der Käufer Kredite aufnehmen und geht dabei beträchtliche wirtschaftliche
Risiken ein. Das »Abenteuer Hauskauf« sollte deshalb vorher genau überlegt werden. Der ARD-Ratgeber Immobilienerwerb hilft dieses Wagnis erfolgreich zu bestehen, indem er den Leser vom Beginn des Kaufentschlusses bis zum Eigentumserwerb begleitet. Er zeigt, auf was beim Erwerb eines Hauses, einer Eigentumswohnung oder eines Erbbaurechts geachtet werden muß, und gibt Hilfestellung bei der Lösung von rechtlichen Problemen. Er weist auf Gefahren und Fallstricke hin, gibt Tips und erklärt dem Leser seine Rechte, wenn es zu Schwierigkeiten bei der Abwicklung eines Kaufvertrages kommt.

Dr. Udo Burgermeister ist als Richter immer wieder mit Problemen der Gestaltung von Verträgen über den Erwerb von Immobilien und der Abwicklung solcher Verträge befaßt.

Udo Burgermeister

Immobilienerwerb

Deutscher Taschenbuch Verlag

Originalausgabe
Deutscher Taschenbuch Verlag GmbH & Co. KG
Friedrichstraße 1a, 80801 München

Druck und Bindung: C. H. Beck'sche Buchdruckerei, Nördlingen
Satz: PJ, Halle
Umschlagkonzept: Balk & Brumshagen
Titelbild: © IFA-Bilderteam/Rose
ISBN 3-423-58013-5

Liebe Leserin, lieber Leser,
liebe Zuschauerin und lieber Zuschauer des Ratgeber Recht,

täglich erreichen uns in der Redaktion viele Briefe von Menschen, die uns um Rechtsrat bitten und um Hilfe nachsuchen. Leider ist es uns nicht möglich, auf individuelle rechtliche Probleme unserer Zuschauer einzugehen. Unsere Aufgabe sehen wir vor allem darin, für unsere Zuschauer Rechtsprobleme, juristische Fragen und Antworten allgemeinverständlich aufzuarbeiten. Um Ihre ganz persönlichen Rechtsprobleme juristisch zu lösen, haben wir weder die nötige Kompetenz, noch sind wir dazu berechtigt.

Aus diesem Dilemma hilft uns nunmehr die vorliegende Buchreihe heraus, die unter Verantwortung der ARD-Fernsehredaktion von dtv und dem Nomos Verlag in Zusammenarbeit mit den Verbraucher-Zentralen herausgegeben wird. Ein allgemeinverständlich geschriebenes, dazu erschwingliches Buch zu den jurstischen Problemen, die in unseren Sendungen immer wieder thematisiert werden, scheint uns eine gute Alternative zu unseren manchmal halbherzigen Ratschlägen oder gar Formbriefen, die wir bisher an unsere Zuschauer verschicken mußten. Für Ratsuchende in den Verbraucher-Zentralen ist diese Reihe ein vertiefendes Ergänzungsangebot zu deren bereits vorliegenden Publikationen.

Mit Hilfe der von namhaften Juristen geschriebenen Ratgeber-Bücher kann sich der Interessierte nun selbst orientieren und Probleme, samt deren Lösungen, die in unseren Sendungen oft nur angerissen werden können, weiter vertiefen. Besonderen Wert haben wir darauf gelegt, daß die Reihe nicht allein für fachsimpelnde Juristen taugt, sondern dem juristischen Laien – und das sind unsere Zuschauer ja in der Mehrzahl – als Handwerkszeug dienen kann. Der problembezogene Aufbau der Bücher gewährleistet einen sicheren Zugriff auf die jeweilige Rechtsfrage und die entscheidenden Hintergrundinformationen. Musterbriefe von Experten geben wertvolle Hilfestellung. Tips und Ratschläge helfen dem Leser, sich eine günstige Rechtsstellung zu verschaffen.

Wir hoffen, daß Sie in diesem Buch wie auch in allen weiteren Ausgaben der Ratgeber Recht-Reihe die Ihnen durch unsere Sendung vertraute Verständlichkeit finden, daß diese Bücher Ihnen somit helfen, Ihre ganz persönlichen rechtlichen Probleme zu lösen.

Matthias-Josef Zimmermann Redaktion ARD-Ratgeber Recht

Inhalt

Abkürzungen

AG	Amtsgericht
AktG	Aktiengesetz
Art.	Artikel
BauGB	Baugesetzbuch
BeurkG	Beurkundungsgesetz
BGB	Bürgerliches Gesetzbuch
ErbbauVO	Erbbauverordnung
GBO	Grundbuchordnung
GenG	Genossenschaftsgesetz
GmbHG	GmbH-Gesetz
GrdstVG	Grundstückverkehrsgesetz
HGB	Handelsgesetzbuch
WEG	Wohnungseigentumsgesetz
WoBindG	Wohnungsbindungsgesetz
ZPO	Zivilprozeßordnung

A. Einführung

Finanzielles Risiko

Der Erwerb von Immobilien ist in der Regel mit einem erheblichen finanziellen Risiko verbunden. Der Kaufpreis kann auch bei kleineren Häusern vor allem in Ballungsgebieten sehr schnell die Größenordnung von 500.000 DM und mehr erreichen. Außerdem muß der Kaufpreis sehr oft durch Kredite finanziert werden, so daß noch zusätzliche Kosten auf den Käufer zukommen. Die Entscheidung, eine bestimmte Immobilie zu erwerben, sollte deshalb nur aufgrund einer sehr sorgfältigen Prüfung aller Umstände getroffen werden. Dieser Ratgeber soll helfen zu erkennen, was man bei dieser Entscheidung vor dem Abschluß des Kaufvertrags, beim Abschluß des Kaufvertrags, bei der nachfolgenden Abwicklung und Leistungserbringung bis hin zur Eintragung des Käufers als neuer Eigentümer bedenken sollte. Dieser Erwerbsvorgang wird in allen seinen einzelnen Stationen in einem ersten Teil zunächst für den Erwerb eines bebauten oder unbebauten Grundstücks ausführlich dargestellt. Anschließend werden in einem zweiten Teil die Besonderheiten beim Erwerb einer Eigentumswohnung und in einem dritten Teil die Besonderheiten beim Erwerb eines Erbbaurechts behandelt, wobei zur Vermeidung von Wiederholungen weitgehend auf die Ausführungen im ersten Teil verwiesen und nur die Abweichungen vom Grundstückskauf ausführlich behandelt werden.

B. Der Kauf eines Grundstücks

I. Der Abschluß des Kaufvertrags

§§

Angebot und Annahme

Der Kaufvertrag über ein Grundstück kommt wie jeder andere Kaufvertrag durch ein Angebot zum Abschluß eines solchen Vertrags und die Annahme des Angebots zustande. Der Verkäufer und der Käufer müssen sich über die von ihnen als wesentlich angesehenen Modalitäten des Vertrags einig sein. Insoweit finden die allgemeinen Regeln über den Abschluß von Kaufverträgen Anwendung.

1. Der Kaufgegenstand

§§

Grundstück maßgebend

Auch wenn ein Haus gekauft werden soll, ist für die rechtliche Beurteilung nicht dieses, sondern das Grundstück, auf dem es steht, maßgebend. Insoweit weicht die Umgangssprache, die häufig von einem »Hauskauf« spricht, von der Rechtssprache ab. Dies hat seinen Grund darin, daß das Haus vom Bürgerlichen Gesetzbuch (künftig BGB) als wesentlicher Bestandteil des Grundstücks angesehen wird, weil es mit dem Grund und Boden fest verbunden ist (§ 94 BGB). Deshalb fällt das Eigentum am Grundstück mit dem Eigentum am Gebäude grundsätzlich zusammen, so daß mit der Übertragung des Eigentums am Grundstück automatisch auch das Eigentum am Haus übergeht (§ 93 BGB). Richtig müßte man daher von einem Grundstückskauf sprechen.

1.1 Der Kauf eines selbständigen Grundstücks

§§

Gegenstand des Kaufs kann zunächst ein rechtlich selbständiges Grundstück sein. Davon spricht man dann, wenn es vermessen und als selbständiges Grundstück im Grundbuch auf einem eigenen Grundbuchblatt eingetragen ist. Es wird dann unter Bezugnahme auf das Grundbuch bezeichnet. Die Formulierung lautet beispielsweise:

> Das im Grundbuch des Amtsgerichts ... Blatt ...,
> Flurstück-Nr. ... eingetragene Grundstück ...

Im süddeutschen Raum werden die Grundbücher teilweise bei den Gemeinden und Städten geführt, so daß es dann heißt:

> Das im Grundbuch der Gemeinde/Stadt ..., Blatt ...,
> Flurstück-Nr. ... eingetragene Grundstück ...

z.B.

Wesentliche Bestandteile

Zum Grundstück gehören auch seine wesentlichen Bestandteile, also insbesondere die auf ihm errichteten Gebäude. Diese müssen deshalb im Kaufvertrag nicht ausdrücklich erwähnt werden. Ausnahmsweise gehören Gebäude nicht zum Grundstück, wenn sie nur zu einem vorübergehenden Zweck mit den Grundstück verbunden wurden (§ 95 BGB). Das ist immer dann der Fall, wenn bei der Errichtung des Gebäudes beabsichtigt war, dieses wieder zu entfernen. Hat beispielsweise ein Mieter ein Gartenhäuschen errichtet, um darin seine Gartengeräte und Gartenmöbel unterzustellen, wird er das Häuschen nur für die Dauer der Miete auf dem Grundstück lassen wollen. Das Eigentum an dem Häuschen geht dann nicht mit dem Eigentum am Grundstück auf den Käufer über.

Besonderheiten beim Erbbaurecht

Auch das aufgrund eines Erbbaurechts errichtete Gebäude stellt keinen wesentlichen Bestandteil des Grundstücks dar. Eigentümer eines solchen Gebäudes ist der Erbbauberechtigte. Dieser verliert es auch nicht durch die Übertragung des Grundstückseigentums.

Person des Erbauers ohne Bedeutung

Im übrigen ist es ohne jede Bedeutung, wer das Gebäude errichtet hat. Auch wenn dies nicht der Grundstückseigentümer war, wird er dennoch auch Eigentümer des Gebäudes. Haben beispielsweise Kinder auf dem Grundstück ihrer Eltern ein Haus errichtet, sind die Eltern Eigentümer. Hat ein Mieter etwas an das vermietete Gebäude angebaut, verschafft er dem Grundstückseigentümer das Eigentum an dem Anbau.

§§

Definition Zubehör

Im Regelfall wird vom Kauf auch das Zubehör des Grundstücks erfaßt (§ 314 BGB), obwohl dieses kein wesentlicher Bestandteil des Grundstücks ist und demnach auch ohne das Grundstück übertragen werden kann. Nach der gesetzlichen Regelung (§ 96 BGB) zählen zum Zubehör alle beweglichen Sachen, die nach der Verkehrsanschauung dem wirtschaftlichen Zweck der Hauptsache nicht nur vorübergehend zu dienen bestimmt sind und in einer dieser Bestimmung entsprechenden räumlichen Beziehung zur

Hauptsache stehen. Diese sprachlich bereits vereinfachte gesetzliche Regelung läßt schon erkennen, daß es sehr schwierig sein kann, aus der Vielzahl der Gegenstände auf einem Grundstück diejenigen herauszufinden, die auch ohne ausdrückliche Erwähnung im Kaufvertrag als mitverkauft gelten.

z.B.
Zubehör; Kein Zubehör

Die Gerichte haben beispielsweise eine Alarmanlage in einer Eigentumswohnung als Zubehör angesehen. Auch das Baumaterial auf einem Baugrundstück ist grundsätzlich Zubehör. Zubehör kann auch die Einbauküche sein. Möbel sind es nach Auffassung der Gerichte ebensowenig wie eine im Garten aufgestellte Statue. Eine elektrische Waschmaschine in einem Mehrfamilienhaus kann dann Zubehör sein, wenn keine andere Wascheinrichtung vorhanden ist. Vom Mieter angebrachte Lampen sind kein Zubehör.

Tip
Gegenstände im Vertrag angeben

Diese Beispiele zeigen, daß es schwierig zu beurteilen sein kann, ob ein Gegenstand Zubehör ist, da sich eine allgemeine Auffassung über die Zuordnung von Gegenständen nur selten zweifelsfrei feststellen läßt. Deshalb empfiehlt es sich, alle Gegenstände, die mit verkauft sein sollen, im Kaufvertrag so genau wie irgend möglich zu bezeichnen. Nur so kann man Streit darüber vermeiden, ob Teppiche, Teppichböden, Lampen, einzelne Einrichtungsgegenstände und sonstige Gegenstände auch verkauft sein sollen.

1.2 Der Kauf eines Teils eines Grundstücks

§§
Teilung des Grundstücks

Man kann auch einen Teil eines Grundstücks kaufen. Zur Bezeichnung dieses Teils kann man dann allerdings nicht auf das Grundbuch zurückgreifen, denn dort ist nur das bisherige, ungeteilte Grundstück eingetragen. Dieses Grundstück muß erst aufgeteilt werden. Danach werden beide Teile als neue, selbständige Grundstücke in das Grundbuch eingetragen. Dennoch kann dieses (Teil-) Grundstück bereits vor seiner Entstehung verkauft werden. Erforderlich ist aber, daß die Teilfläche im Kaufvertrag so genau bezeichnet wird, daß kein Zweifel möglich ist. Dies kann durch eine Bezugnahme auf einen Lageplan oder auf einen sonstigen Plan geschehen, in dem die Grenzen der Teilfläche eingezeichnet sind oder in dem die Grenzpunkte der Teilfläche genau bezeichnet werden. Im Kaufvertrag wird dann die Teilfläche etwa so beschrieben, daß

Formulierungsbeispiele

- die in dem beiliegenden Lageplan rot umrandete Teilfläche oder
- die Teilfläche, die sich bei der Verbindung der im beiliegenden Lageplan durch die Buchstaben A, B, C und D gekennzeichneten Punkte ergibt, verkauft wird.

Vorsicht bei der Wahl der Abgrenzungsmerkmale

Möglich ist auch, die Teilfläche durch Angabe bestimmter Merkmale auf dem Grundstück, wie beispielsweise Zäune, Mauern, Büsche, Bäume und Gebäude, zu bezeichnen. Davon ist aber im Regelfall abzuraten, weil diese Merkmale möglicherweise zum Zeitpunkt der Teilung nicht mehr vorhanden sind oder verändert wurden. Die Bestimmung der verkauften Teilfläche ist dann nicht mehr möglich mit der Folge, daß der Käufer aus dem Kaufvertrag keine Rechte herleiten kann.

Tip

Exakte Bezeichnung notwendig

In diesen Fällen sollte unbedingt darauf geachtet werden, daß alle Unterlagen (Pläne, Zeichnungen usw.), auf die zur Bezeichnung der Teilfläche Bezug genommen wurde, dem Kaufvertrag beigefügt werden. Die genaueste Bezeichnung der Teilfläche nützt nichts, wenn das Gericht im Streitfall diese Fläche nicht ermitteln kann, weil die Unterlagen fehlen oder der Käufer nicht beweisen kann, daß die Teilfläche nach den von ihm vorgelegten Plänen bestimmt wurde.

1.3 Der Kauf eines Miteigentumsanteils

§§

Definition Miteigentum

Vom Erwerb eines Teils eines Grundstücks ist der Erwerb eines Miteigentumsanteils zu unterscheiden. Während der Käufer eines Grundstücksteils einen räumlich genau umgrenzten Bereich erwirbt, der von dem Grundstück abgetrennt und verselbständigt werden muß, erwirbt der Käufer eines Miteigentumsanteils eine Mitberechtigung am ganzen, ungeteilten Grundstück, die sich nicht auf einen bestimmten räumlich umgrenzten Bereich bezieht. Der Miteigentumsanteil ist ein gedachter (ideeller) Bruchteil des ganzen Grundstücks, der das Recht gewährt, das Grundstück neben den anderen Miteigentümern wie ein Eigentümer zu nutzen. Diese Nutzung muß zwischen den Miteigentümern abgestimmt werden, sei es spontan von Fall zu Fall, sei es für einen längeren Zeitraum durch einen Vertrag.

Übertragung des Miteigentums

Der Miteigentumsanteil wird wie ein Grundstück übertragen und ähnlich wie das Grundstück im Kaufvertrag bezeichnet. Eine übliche Formulierung lautet etwa:

- das hälftige Miteigentum des Verkäufers an dem Grundstück, Flurstück-Nr. 3247 der Gemarkung Baden-Baden oder
- der Miteigentumsanteil des Verkäufers von 1/3 an dem Grundstück, Flurstück-Nr. 3247 der Gemarkung Baden-Baden

Einschränkungen der Nutzungsmöglichkeiten

Vor dem Erwerb eines Miteigentumsanteils sollte bedacht werden, daß die Möglichkeiten, das Grundstück zu nutzen, eingeschränkt sind. Entscheidungen über die Verwaltung und Nutzung des Grundstücks sind grundsätzlich von allen Miteigentümern gemeinschaftlich zu treffen, d.h., alle müssen damit einverstanden sein (vgl. § 744 Abs. 1 BGB). Nur bei ordnungsgemäßer Verwaltung oder Benutzung kann durch Stimmenmehrheit entschieden werden, wobei sich die Stimmenmehrheit nach der Größe der Anteile richtet. Wesentliche Veränderungen des Grundstücks können jedoch nicht beschlossen werden (vgl. § 745 BGB). Was zur ordnungsgemäßen Verwaltung zu zählen ist, kann im Einzelfall sehr schwierig zu beantworten sein. Mit Sicherheit läßt sich nur sagen, daß dazu alles zählt, was sich innerhalb des Rahmens der bisherigen Nutzung hält.

Verwaltungsregelungen

Haben die bisherigen Miteigentümer eine Regelung hinsichtlich der Verwaltung und Nutzung des Grundstücks getroffen, ist auch der Erwerber daran gebunden, wenn diese Regelung als Belastung des Miteigentumsanteils im

Grundbuch eingetragen ist. Deshalb sollte man sich vor dem Kauf eines Miteigentumsanteils mit den tatsächlichen Verhältnissen und den Regelungen zwischen den Miteigentümern sehr gründlich vertraut machen, um hinterher keine Überraschung zu erleben.

2. Der Kaufpreis

Neben der Bezeichnung des Grundstücks ist die Bestimmung des Kaufpreises wesentlich für das Zustandekommen des Kaufvertrags. Darüber hinaus kann es im Einzelfall erforderlich sein, die Zahlungsmodalitäten im Detail festzulegen.

2.1 Die Bestimmung des Kaufpreises

Tip

Berechnungsmethoden

Es empfiehlt sich, den Kaufpreis mit einem bestimmten Betrag anzugeben, weil es dann keine Zweifel über dessen Höhe geben kann. Ist dies nicht möglich, kann der Kaufpreis auch dadurch bestimmt werden, daß eine Berechnungsmethode festgelegt wird. Dies kann beispielsweise in der Weise geschehen, daß der Preis pro Quadratmeter verkauften Bodens angegeben wird. Eine solche Berechnungsmethode kann sich anbieten, wenn ein Teil eines Grundstücks verkauft wird, dessen genaue Größe erst nach einer Vermessung feststeht. In diesem Fall ist aber erforderlich, daß sich die Grenzen dieser Fläche dem Kaufvertrag entnehmen lassen, denn sonst fehlt es an einer ausreichenden Berechnungsgrundlage.

Kaufpreis muß bestimmt werden

Nicht möglich ist es, die Höhe des Kaufpreises offenzulassen. Es genügt deshalb nicht, in den Vertrag aufzunehmen, man werde sich später noch darüber einigen. Wenn die Höhe des Kaufpreises nicht feststeht, wurde der Vertrag nicht wirksam abgeschlossen.

2.2 Der Zeitpunkt der Zahlung

§§
Definition Zug um Zug

Nach der gesetzlichen Grundregel muß der Kaufpreis nur gezahlt werden, wenn der Käufer im Gegenzug das Eigentum am Grundstück erhält. Im juristischen Sprachgebrauch wird dies mit der Formulierung »Zug um Zug« umschrieben. Bei der Übereignung von Grundstücken ergeben sich aber Schwierigkeiten. Das Eigentum an einem Grundstück erwirbt der Käufer erst mit der Eintragung im Grundbuch. Der Zeitpunkt der Eintragung ist ungewiß und kann weder vom Verkäufer noch vom Käufer beeinflußt oder bestimmt werden. Die Parteien erfahren von der Eintragung durch die Zusendung der Eintragungsbenachrichtigung auch erst, nachdem sie schon vollzogen wurde. Deshalb ist eine Vereinbarung, die bestimmt, daß der Kaufpreis Zug um Zug gegen die Eintragung des Käufers als Eigentümer zu zahlen ist, nicht praktikabel.

Datumsangabe als Alternative

Diese Schwierigkeiten werden vermieden, wenn der Zeitpunkt der Zahlung des Kaufpreises durch die Angabe eines bestimmten Datums festgelegt wird. Dies bietet sich aber dann nicht an, wenn es der Verkäufer im Kaufvertrag übernommen hat, vor der Übergabe des Grundstücks noch verschiedene Leistungen zu erbringen, wie beispielsweise etwas vom Grundstück zu entfernen oder noch Arbeiten zu verrichten. Dann kann vorgesehen werden, daß die Zahlung erst nach Erledigung dieser Verpflichtungen erfolgt.

Weitere Probleme, die sich aus der Angabe eines genauen Datums ergeben können, werden im Zusammenhang mit der Erörterung des Verzugs des Käufers mit der Kaufpreiszahlung auf S. 84 f. erörtert.

Löschung von Grundstückslasten

Das gleiche gilt, wenn der Verkäufer noch die auf dem Grundstück ruhenden Lasten löschen lassen soll. Dann kann die Zahlung davon abhängig gemacht werden, daß zuvor die Löschung erfolgt ist. Die Fälligkeit des Kaufpreises sollte aber unbedingt davon abhängig gemacht werden, daß der Käufer zuvor den Besitz am Grundstück erhält (zu weiteren Modalitäten der Kaufpreiszahlung siehe auch S. 72f.).

2.3 Sonstige Modalitäten der Kaufpreiszahlung

Soll der Kaufpreis nicht in einer Summe unmittelbar an den Verkäufer bezahlt werden, muß neben der Höhe des Kaufpreises und dem Zeitpunkt der Zahlung auch geregelt werden, wie die Zahlungsabwicklung im einzelnen erfolgen soll. Ist vorgesehen, daß der Kaufpreis nicht in voller Höhe dem Verkäufer zufließen soll, muß geregelt werden, welche Zahlungen in welcher Höhe an wen erfolgen sollen.

a) Ratenzahlung

Festlegung der Kaufpreisraten

Ist der Kaufpreis in mehreren Raten zu zahlen, müssen die Höhe der einzelnen Raten und der jeweilige Zahlungszeitpunkt genau bestimmt werden. Dann ist es auch sinnvoll, gleich festzulegen, welche Folgen es haben soll, wenn der Käufer eine Rate nicht rechtzeitig zahlt. Das Gesetz spricht in einem solchen Fall davon, der Käufer befinde sich in Verzug (§ 284 BGB), und gewährt dem Verkäufer einen Anspruch auf Ersatz seines durch den Verzug, d.h. durch die Verzögerung der Zahlung, entstandenen Schadens (§ 286 BGB). Der Schaden muß der Höhe nach genau bestimmt und belegt werden, was sehr schwierig sein kann, zumal durch eine Zahlungsverzögerung nicht immer ein in Geld bezifferbarer Schaden entsteht. Um den Käufer dennoch zu einer rechtzeitigen Zahlung zu veranlassen, empfiehlt es sich, bereits im Kaufvertrag vorzusehen, daß der Käufer den Betrag ab dem vereinbarten Zahlungszeitpunkt zu einem bestimmten Prozentsatz verzinsen muß. Dieser Prozentsatz darf aber nicht außergewöhnlich hoch sein, denn sonst besteht die Gefahr, daß die Regelung wegen Wuchers sittenwidrig und damit unwirksam ist. Es empfiehlt sich eine Orientierung an den üblichen Kreditzinsen.

Tip

Verzinsung vorsehen

Tip

Rücktritt bei Zahlungsverzug

Darüber hinaus kann in den Kaufvertrag eine Regelung aufgenommen werden, wonach der Verkäufer berechtigt ist, vom Vertrag zurückzutreten, wenn der Käufer die Kaufpreisrate nicht zum vereinbarten Zeitpunkt zahlt. Dies hat den Vorteil, daß der Verkäufer dann durch den Rücktritt vom Vertrag sofort klare Verhältnisse schaffen kann. Erklärt er den Rücktritt, muß der Vertrag rückabgewickelt werden, was bedeutet, daß jede Vertragspartei die bereits empfangenen Leistungen der Gegenseite wieder zurückgeben muß. Die Verpflichtung des Verkäufers zur Übertragung des Eigentums am Grundstück entfällt wieder, und das Grundstück kann erneut verkauft werden.

b) Verrechnungsabreden

Zahlungen an Dritte

Wie die Zahlung des Kaufpreises zu erfolgen hat, muß insbesondere dann genau geregelt sein, wenn ein Teil davon nicht dem Verkäufer, sondern einer anderen Person zufließen soll, denn nur dann wirkt die Zahlung an diese Person wie eine Zahlung unmittelbar an den Verkäufer. Solche vom Normalfall abweichenden Zahlungswege können in beliebiger Weise vereinbart werden. Hier soll nur auf die beiden häufigsten Anwendungsfälle eingegangen werden:

Festlegung der Forderung des Maklers

War in die Veräußerung des Grundstücks ein Makler eingeschaltet gewesen und schuldet der Verkäufer Maklergebühren, kann im Kaufvertrag geregelt werden, daß der Käufer einen Teil des Kaufpreises unmittelbar an den Makler zahlt und somit die Schuld des Verkäufers diesem gegenüber erfüllt. Im Kaufvertrag sollte dann der vom Käufer zu zahlende Betrag genau angegeben werden. Sonst besteht die Gefahr, daß der Käufer in einen Streit zwischen Verkäufer und Makler über die Höhe der Maklergebühren hineingezogen wird, was unbedingt vermieden werden sollte, denn dies kann zu Auseinandersetzungen zwischen Verkäufer und Käufer führen, die die Vertragsabwicklung gefährden. Zahlt nämlich der Käufer den vom Makler in Rechnung gestellten Betrag, den der Verkäufer als zu hoch ansieht, muß der Käufer damit rechnen, daß der Verkäufer

Gefahren bei Streit über die Forderungshöhe

diese Zahlung nur in Höhe des von ihm als berechtigt angesehenen Betrags als Kaufpreiszahlung anerkennt. Der Käufer müßte dann möglicherweise, will er das Grundstück bekommen und sich nicht auf einen langen Rechtsstreit mit dem Verkäufer einlassen, die Differenz nochmals an den Verkäufer zahlen und versuchen, sie vom Makler zurückzubekommen, was sehr schwierig sein dürfte, denn dieser hält die Höhe seiner Gebühren ja für berechtigt. Wichtig ist ferner, den Zahlungsempfänger und die Grundlage der Forderung gegen den Verkäufer, hier den Maklervertrag, genau anzugeben. Eine solche Regelung kann noch weitere Probleme mit sich bringen, die später unter VI. auf S. 66 behandelt werden.

Tip

Genaue Angabe des Restkredits

Der zweite wichtige Anwendungsfall ist die Rückzahlung von Krediten des Verkäufers, vor allem von solchen, die im Zusammenhang mit dem verkauften Grundstück stehen. Im Kaufvertrag wird dann vereinbart, daß der Käufer zur Ablösung eines genau bezeichneten Kredits eine ebenfalls genau bestimmte Summe an die Bank oder den sonstigen Kreditgeber zahlt. Ist eine solche Regelung beabsichtigt, sollte sich der Verkäufer vorher bei seiner Bank die Höhe des noch offenen Kredits ausrechnen lassen. Geschieht dies nicht, besteht die Gefahr, daß der Käufer in einen Streit zwischen der Bank und dem Verkäufer hineingezogen wird, weil der Verkäufer die Zahlung an die Bank nur in Höhe des von ihm als berechtigt angesehenen Betrags als Kaufpreiszahlung anerkennt. Auf eine Auseinandersetzung mit dem Verkäufer oder der Bank über die Höhe des Restkredits sollte sich der Käufer auf keinen Fall einlassen, denn vor Klärung dieser Frage erhält er im Zweifel kein Eigentum an dem Grundstück, und dies kann sehr lange dauern. Liegt eine Abrechnung der Bank nicht vor oder akzeptiert der Verkäufer diese nicht und hat mit seinem Kreditgeber auch noch keine Einigung erreicht, kann sich der Käufer dadurch schützen, daß er mit dem Verkäufer vereinbart, daß er berechtigt ist, auf der Basis der vorliegenden oder noch vorzunehmenden Abrechnung der Bank an diese zu zahlen, daß der Verkäufer diese Zahlung in

Keine Zahlung ohne genaue Abrechnung

voller Höhe als Kaufpreiszahlung anerkennt und daß die Auseinandersetzung über die Richtigkeit der Abrechnung zwischen dem Verkäufer und der Bank stattfindet, was beispielsweise durch folgende Formulierung geschehen kann:

Zahlung des Käufers auf einen Kredit des Verkäufers

> Der Käufer zahlt unter Anrechnung auf den Kaufpreis den noch offenen Betrag aus dem mit der ...-Bank geschlossenen Kreditvertrag vom ... unmittelbar an diese.
>
> Der Käufer ist berechtigt, seiner Zahlung die vorliegende/noch zu erstellende Abrechnung der ...-Bank zugrunde zu legen. Diese Zahlung erkennt der Verkäufer in voller Höhe als Kaufpreiszahlung an. Die Unrichtigkeit der Abrechnung kann vom Verkäufer nur im Verhältnis zur ...-Bank, nicht jedoch im Verhältnis zum Käufer geltend gemacht werden.

In gleicher Weise kann die Zahlung des Käufers auf sonstige Verpflichtungen des Verkäufers geregelt werden. Zu beachten ist nur, daß die Höhe der Zahlung, der Zahlungsempfänger und die Grundlage der Forderung, auf die gezahlt werden soll, so genau wie möglich angegeben werden muß.

3. Weitere Regelungen im Kaufvertrag

Mit der Festlegung des Gegenstands des Kaufvertrags, des Grundstücks, und des Kaufpreises sind alle Voraussetzungen gegeben, die für den wirksamen Abschluß eines Kaufvertrags erforderlich sind. Damit könnte man sich zufriedengeben, wenn nicht in der Praxis gerade beim Kauf bebauter Grundstücke immer wieder Schwierigkeiten auftreten würden, die durch eine Regelung im Kaufvertrag hätten vermieden werden können. Aus der Fülle der dabei auftretenden Probleme, die von den jeweiligen Besonderheiten abhängen, können hier nur einige wenige, immer wieder vorkommende Problemfälle herausgegriffen werden.

3.1 Regelungen hinsichtlich der Übergabe

§§ **Übergabe Zug um Zug gegen Kaufpreiszahlung**

Mit dem Abschluß des Kaufvertrags erlangt der Käufer noch nicht den Besitz am Grundstück. Dazu bedarf es der Übergabe. Nach der gesetzlichen Grundregel erfolgt die Übereignung und die Übergabe Zug um Zug gegen die Zahlung des Kaufpreises. Bei Grundstücken ist dies schwierig, weil es zur Übereignung der Eintragung des neuen Eigentümers in das Grundbuch bedarf und dieser Zeitpunkt nicht vorhersehbar ist. Deshalb ist es sinnvoll, den Zeitpunkt der Übergabe des Grundstücks im Kaufvertrag festzulegen. Dann ist für beide Parteien eindeutig festgelegt, ab welchem Zeitpunkt der neue Eigentümer das Grundstück nutzen kann.

Tip **Abstimmung der Ein- und Auszugstermine**

Besonders wichtig ist dies beim Verkauf eines Hauses, denn der Käufer muß Gewißheit darüber haben, wann er einziehen kann. Davon kann beispielsweise abhängen, zu welchem Zeitpunkt er seine bisherige Wohnung kündigen muß. Schwierigkeiten entstehen in solchen Fällen immer dann, wenn der bisherige Eigentümer aus welchen Gründen auch immer das Haus nicht fristgemäß räumen kann, der neue Eigentümer aber aus der bereits gekündigten Wohnung ausziehen muß. Für diesen Fall kann vereinbart werden, daß der Verkäufer bis zu seinem Auszug für jeden angefangenen Monat, den er länger im Haus bleibt, eine Nutzungsentschädigung an den Käufer bezahlt. Die für ein solches Haus üblicherweise zu bezahlende Miete kann der Maßstab sein, nach dem die Höhe dieser Nutzungsentschädigung bestimmt wird. Sinnvollerweise sollte dann auch geregelt werden, wer die Kosten für Strom, Wasser, Heizung, Müllabfuhr usw. innerhalb dieses Zeitraums trägt und wann die Nutzungsentschädigung zu zahlen ist.

3.2 Weitere Regelungen im Zusammenhang mit der Übergabe

Von der Übergabe an muß der Käufer die Lasten des Grundstücks tragen (§ 446 BGB). Dazu gehören zunächst die auf

§§

Öffentliche Lasten

dem Grundstück ruhenden öffentlichen Lasten wie Grundsteuern, Geldleistungen als Ausgleich im Umlegungsverfahren nach § 64 Baugesetzbuch (BauGB), Beiträge und Vorschüsse im Flurbereinigungsverfahren, Erschließungsbeiträge und Beiträge zu öffentlich-rechtlichen Gebäudeversicherungen. Dazu zählen beispielsweise aber auch die als Entschädigung für einen Überbau oder für einen Notweg zu zahlende Geldrente.

Aufteilung zwischen Verkäufer und Käufer

Nach der gesetzlichen Regelung (§ 103 BGB) tragen bei regelmäßig wiederkehrenden Lasten der Verkäufer und der Käufer diese jeweils für den Zeitraum, innerhalb dessen sie das Grundstück in Besitz hatten. Regelmäßig wiederkehrende Lasten sind solche, die nach Zeitabschnitten (z.B. Monaten) bemessen werden. Unerheblich ist dabei, ob erst nach der Übergabe abgerechnet wird. Der Käufer muß dann zwar alles bezahlen, da er zum Zeitpunkt der Fälligkeit verpflichtet ist. Er kann aber vom Verkäufer den Anteil fordern, der dessen Nutzungszeit entspricht.

Erschließungsbeiträge

Nicht regelmäßig wiederkehrende Lasten hat der zu tragen, der zu dem Zeitpunkt Besitzer ist, in dem die Verpflichtung zu entrichten ist, d.h., in dem sie fällig ist. Darunter fallen insbesondere Erschließungsbeiträge. Für den Käufer ist entscheidend, daß der Erschließungsbeitrag nicht schon mit der Fertigstellung der Erschließungsanlagen (z.B. Straßen), sondern erst nach der Bekanntgabe des Beitragsbescheids fällig wird (§ 135 BauGB). Ist zu diesem Zeitpunkt das Grundstück bereits dem Käufer übergeben worden, muß er den Erschließungsbeitrag zahlen. Ohne Bedeutung ist auch, ob der Verkäufer bereits eine Vorausleistung erbracht hat. Soll dies vermieden werden, muß in den Kaufvertrag aufgenommen werden, daß der Verkäufer alle, auch die erst künftig fällig werdenden Erschließungskosten trägt. Eine ausdrückliche Regelung dieses Punktes sollte insbesondere dann in den Vertrag aufgenommen werden, wenn Unsicherheit darüber besteht, ob noch Erschließungskosten anfallen werden. Es kann für den Käufer gefährlich sein, darauf zu vertrauen, daß sich das bereits aus dem

Gesamtzusammenhang des Vertrags ergäbe, denn nur eine eindeutige Regelung kann späteren Streit vermeiden. Entbehrlich ist eine solche Regelung dann, wenn der Kaufpreis bereits um die noch zu zahlenden Erschließungskosten ermäßigt wurde, denn dann gehen diese Kosten bereits zu Lasten des Verkäufers.

3.3 Sonstige Verpflichtungen

Zusätzliche Verpflichtungen des Verkäufers

Soll der Verkäufer vor der Übergabe noch irgendwelche Arbeiten am Haus oder am Grundstück vornehmen, muß im Kaufvertrag Art und Umfang dieser Arbeiten so genau wie möglich geregelt werden. Dies kann z.B. die Entfernung von Müll und Schutt oder von Anpflanzungen sein; es kommen aber auch Renovierungs- oder Reparaturmaßnahmen in Betracht. Hilfestellung kann insoweit kaum gegeben werden, weil die im Einzelfall zu regelnden Verpflichtungen so vielfältig sind, daß die Vereinbarungen ganz gezielt darauf zugeschnitten werden müssen. In allen Fällen ist aber darauf zu achten, daß die Verpflichtung so genau und umfassend wie nur möglich beschrieben wird, denn ungenaue Formulierungen sind eine Quelle von Streit. Geht es beispielsweise um die Befestigung einer Zufahrt mit neuem Belag, kann die Formulierung, die Zufahrt ist zu befestigen, zu ungenau sein. Besser wäre die Formulierung:

Tip

Genaue Bezeichnung

> die Zufahrt zur Garage ist auf einer Breite von … Metern mit … (Angabe des Materials einschließlich des Untergrunds) auf Kosten des Verkäufers bis zum … zu befestigen.

Formulierungsbeispiel für die Verpflichtung des Verkäufers zur Vornahme von Handlungen

In gleicher Weise sollte auch sonst vorgegangen werden. Ist beispielsweise der Verputz der Wände noch zu reparieren, kann formuliert werden:

Formulierungsbeispiel für Herstellungsverpflichtungen des Verkäufers

> Die gegen Norden gerichtete Außenwand/die mit einem Fenster versehene Innenwand der Küche ist mit einem neuen ... (Angabe des Verputzes) zu versehen.

Fall

Genaue Festlegung der Pflichten

Angenommen, die Gemeinde Ruhstadt verkauft ein brachliegendes Gelände, damit es mit Doppelhäusern bebaut wird. Damit diese Siedlung ordentlich aussieht, vereinbart sie mit dem Käufer, daß die Freiflächen zu bepflanzen sind. Der Käufer macht nichts, worauf die Gemeinde Klage erhebt. Das Gericht wird die Klage abweisen, denn diese Verpflichtung ist so unbestimmt, daß sich nicht feststellen läßt, was der Käufer tun soll, denn es ist weder festgelegt, welche Flächen des Geländes bepflanzt werden sollen, noch wie sie bepflanzt werden sollen und mit was.

II. Wer kann einen Kaufvertrag abschließen?

Käufer und Verkäufer eines Grundstücks müssen immer an dem Kaufvertrag beteiligt sein. Es können aber sowohl auf Käuferseite als auch auf Verkäuferseite mehrere Personen sein. Dies ist beispielsweise dann der Fall, wenn eine Person die Miteigentumsanteile verschiedener Personen kauft oder wenn zwei oder mehr jeweils Miteigentumsanteile am gleichen Grundstück kaufen. Wir wollen uns nun der Frage zuwenden, wer Käufer oder Verkäufer sein kann.

1. Wer kann Käufer sein?

§§

Natürliche/juristische Personen

Käufer eines Grundstücks kann jede natürliche oder juristische Person sein. Als juristische Personen werden diejenigen rechtlich verselbständigten Zusammenschlüsse von natürlichen Personen bezeichnet, die wie diese am Rechtsverkehr teilnehmen können, beispielsweise die Gesellschaft mit beschränkter Haftung (GmbH) oder die Aktiengesellschaft (AG). Wie juristische Personen werden die offene Handelsgesellschaft (OHG) und die Kommanditgesellschaft (KG) behandelt. Auch eine Gesellschaft bürgerlichen Rechts kann Käufer eines Grundstücks sein.

Minderjährige als Käufer

Selbst Minderjährige können Käufer eines Grundstücks sein. Dabei ist allerdings zu beachten, daß diese Personen im Rechtsverkehr nicht selbständig handeln können. Bis zur Vollendung des 18. Lebensjahrs müssen dies ihre Eltern als gesetzliche Vertreter tun. Ab Vollendung des siebten Lebensjahrs kann der Minderjährige zwar selbst den Kaufvertrag abschließen, bedarf dazu aber der (vorherigen) Einwilligung oder zumindest der nachträglichen Genehmigung seiner gesetzlichen Vertreter, regelmäßig seiner Eltern (§§ 107, 108 BGB). Aufgrund der wirtschaftlichen Bedeutung eines Kaufvertrags über ein Grundstück können die gesetzlichen Vertreter darüber aber nicht allein entscheiden. Ein solcher Vertrag bedarf der Genehmigung durch das Vormundschaftsgericht (§ 1643 Abs. 1 in Verbindung mit § 1821 Abs. 1 Nr. 5 BGB).

2. Wer kann Verkäufer sein?

§§

Nichteigentümer als Verkäufer

Verkäufer eines Grundstücks kann jedermann sein. Dies ist auf den ersten Blick verblüffend, hängt aber damit zusammen, daß nach unserer Rechtsordnung durch den Abschluß des Kaufvertrags noch nicht das Eigentum am Grundstück übertragen wird. Deshalb ist es für den Abschluß dieses Vertrags auch ohne Bedeutung, wer Eigentümer ist. Ist dies nicht der Verkäufer, kann er dem Käufer ohne Mitwirkung des Eigentümers nicht das Grundstück verschaffen. Dies führt zu einer Schadensersatzpflicht des Verkäufers, hat aber keinen Einfluß auf die Wirksamkeit des Kaufvertrags.

Tip

Erkundigung nach dem Eigentümer

Um sicherzustellen, daß man das Grundstück auch tatsächlich bekommt, empfiehlt es sich deshalb für den Käufer, sich schon vor Abschluß des Kaufvertrags zu vergewissern, wer der Eigentümer des Grundstücks ist. Dies erfährt man aus dem Grundbuch, in dessen erster Abteilung die Eigentumsverhältnisse an dem Grundstück dokumentiert sind.

§§
Besitzer nicht Eigentümer

In der Umgangssprache wird nicht immer sorgfältig zwischen Eigentum und Besitz unterschieden, obwohl dies rechtlich völlig verschiedene Dinge sind. Der Hausbesitzer kann auch der Hauseigentümer sein, muß es aber nicht. So ist beispielsweise ein Mieter Besitzer des Grundstücks und des Hauses, ihm gehört es aber nicht, und folglich ist er nicht Eigentümer. Nur von diesem kann man aber rechtswirksam erwerben.

Vom Inhalt der Eintragung hängt es ab, was beim Abschluß des Kaufvertrags beachtet werden sollte.

2.1 Alleineigentum

Alleiniger Eigentümer

Ist nur eine Person ohne irgendwelche Zusätze als Eigentümer aufgeführt, ist diese Person der alleinige Eigentümer und kann ohne Mitwirkung anderer das Eigentum am Grundstück übertragen. Die Formulierung lautet in einem solchen Fall beispielsweise:

Bankkaufmann Ottfried Preußler in Dreieich.

2.2 Miteigentum

Miteigentümer

Bei privatem Grundbesitz kommt es gerade bei Eheleuten nicht selten vor, daß diese zu bestimmten Anteilen, meist je zur Hälfte, Eigentümer sind. Solche Miteigentumsverhältnisse können auch entstehen, wenn die Ehefrau und die Kinder den Alleineigentümer beerbt haben. Die Eintragung in der ersten Abteilung kann dann lauten:

Angestellte Ulrike Blaschke, geb. Fetzer, zu 1/2
Studentin Marion Blaschke zu 1/4
Schüler Christian Blaschke zu 1/4

Voraussetzung des Grundstückserwerbs

In diesem Fall kann der Käufer nur dann das gesamte Grundstück erwerben, wenn alle Miteigentümer am Kaufvertrag beteiligt sind und sich zur Übertragung ihres Miteigentumsanteils verpflichten. Einer allein kann nur über seinen Anteil verfügen.

2.3 Gesamthandseigentum

§§

Definition des Gesamthandseigentums

Das Gesamthandseigentum ist ein juristisch überaus kompliziertes Gebilde, das mit dem Miteigentum nichts zu tun hat. Zwar steht auch hier das Eigentum an einem Grundstück mehreren gemeinsam zu, allerdings nicht nach bestimmten abgegrenzten Anteilen, sondern insgesamt oder, wie es das Gesetz formuliert, zur gesamten Hand. In diesen Fällen kann das einzelne Mitglied dieser Eigentümergemeinschaft nicht über seinen (ideellen) Anteil am Grundstück verfügen, ihn also auf den Käufer übertragen. Nur die Gemeinschaft als Ganzes kann Rechte am Grundstück verschaffen.

Erbengemeinschaft

Praktisch bedeutsam ist dies bei einem Kauf von einer Erbengemeinschaft. Solange diese nicht auseinandergesetzt wurde, handelt es sich um eine Gesamthandsgemeinschaft. Alle Erben müssen am Verkauf mitwirken, auch wenn dies im Einzelfall zu Problemen führen kann, wenn etwa Miterben nicht bekannt oder mit dem Verkauf nicht einverstanden sind. Wird darauf nicht geachtet, ist der Eigentumserwerb gefährdet, denn nur die Erbengemeinschaft als Ganzes ist Eigentümer, und der einzelne Miterbe hat an dem zum Nachlaß gehörenden Grundstück kein selbständiges und übertragbares Recht (§ 2033 Abs. 2 BGB). Solche Eigentumsverhältnisse lassen sich an der Formulierung erkennen:

Grundbucheintragung bei der Erbengemeinschaft

> Der Landwirt Egon Müller, der Maurer Friedrich Müller und die kaufmännische Angestellte Waltraut Schacht in ungeteilter Erbengemeinschaft (zur gesamten Hand) …

Diese Formulierung ist aber nicht zwingend vorgegeben und kann deshalb örtlich verschieden sein. Auch wenn der Zusatz »zur gesamten Hand« fehlt, ergibt sich dies aus dem Hinweis auf die ungeteilte, d.h. noch nicht auseinandergesetzte Erbengemeinschaft, die immer eine Gesamthandsgemeinschaft ist.

Gesellschaft bürgerlichen Rechts

Um eine Gesamthandsgemeinschaft handelt es sich auch bei einer Gesellschaft bürgerlichen Rechts (BGB-Gesellschaft). Hier können die einzelnen Gesellschafter ebenfalls nicht über einen Anteil am Grundstück verfügen. Die Übertragung des Eigentums erfordert die Mitwirkung aller, so daß darauf geachtet werden muß, daß sich alle Gesellschafter am Abschluß des Kaufvertrags beteiligen. Im Grundbuch erkennbar sind diese Eigentumsverhältnisse wiederum entweder an dem Zusatz »zur gesamten Hand« oder an dem Zusatz »als Gesellschafter einer Gesellschaft bürgerlichen Rechts« nach der Aufführung der Namen aller Gesellschafter.

2.4 Juristische Personen und sonstige rechtlich verselbständigte Gesellschaften

§§

Befugnis zum Abschluß eines Kaufvertrags

Bei juristischen Personen (z.B. Aktiengesellschaft, GmbH usw.) ergeben sich keine Besonderheiten. Diese sind selbst (Allein-)Eigentümer des Grundstücks und deshalb die richtigen Vertragspartner. Schwierigkeiten können sich jedoch ergeben, wenn man feststellen will, wer zur Übertragung des Eigentums an einem Grundstück innerhalb der Gesellschaft befugt ist. Daran ist regelmäßig auch die Befugnis gekoppelt, den Kaufvertrag abzuschließen. Dazu befugt sind die Organe der juristischen Person, die sie vertreten und durch die sie im Rechtsverkehr handelt. Wer dies genau ist, hängt von der Rechtsform der juristischen Person ab:

GmbH

Bei der GmbH sind dies der (einzelne) Geschäftsführer oder die Geschäftsführer, je nachdem, ob nur einer oder mehrere bestellt wurden (§ 35 GmbHG). Sind mehrere Geschäftsführer bestellt worden, hängt es vom Gesellschaftsvertrag ab, ob jeder für sich allein, zwei oder drei zusammen oder nur alle zusammen zum Handeln befugt sind.

Aktiengesellschaft

Bei der Aktiengesellschaft ist dies der Vorstand (§ 78 AktG). Sind mehrere Vorstandsmitglieder bestellt, sind sie gemeinsam zur Vertretung der Aktiengesellschaft befugt (§ 78 Abs. 2 AktG), es sei denn, die Satzung der Aktiengesellschaft sieht etwas anderes vor.

Genossenschaft

Eine Genossenschaft (z.B. eine Wohnungsbaugenossenschaft) wird durch ihren aus mindestens zwei Personen bestehenden Vorstand vertreten (§ 24 Abs. 2 GenG), der nur gemeinschaftlich handeln darf, sofern nicht das Statut der Genossenschaft etwas anders vorsieht (§ 25 Abs. 1 GenG).

OHG

Die offene Handelsgesellschaft (OHG) wird im Rechtsverkehr wie eine juristische Person behandelt, kann also im eigenen Namen einen Kaufvertrag abschließen. Jeder Gesellschafter, der nicht von der Vertretung ausgeschlossen ist, kann für die OHG handeln (§ 125 Abs. 1 HGB). Der Gesellschaftsvertrag der OHG kann auch vorsehen, daß nur mehrere Gesellschafter oder alle Gesellschafter zusammen oder ein Gesellschafter zusammen mit einem Prokuristen für die Gesellschaft handeln können (§ 125 Abs. 2 und 3 HGB).

KG

Die Kommanditgesellschaft (KG) wird von einem oder mehreren persönlich haftenden Gesellschaftern allein oder gemeinsam mit einem Prokuristen vertreten. Der Kommanditist ist nicht zur Vertretung der KG befugt (§ 170 HGB).

Tip

Handelsregister als Auskunftsstelle

Wenn man angesichts dieser zahlreichen Gestaltungsmöglichkeiten wissen will, wer zur Vertretung befugt ist, kann man dies am einfachsten durch Befragung der für die Gesellschaft auftretenden Personen feststellen. Wer aber ganz sicher sein will, der muß Einblick in das Handelsregister nehmen. Die Vertretungsverhältnisse und deren Änderungen müssen in das Handelsregister eingetragen werden. Dieses Register wird bei den Amtsgerichten geführt. Bei einer Genossenschaft ergeben sich die Vertretungsverhältnisse aus der Eintragung im Genossenschaftsregister, das ebenfalls bei den Amtsgerichten geführt wird. Jeder kann in diese Register Einsicht nehmen.

Prokura/ Prokurist

Im Zusammenhang mit der Vertretung von Handelsgesellschaften taucht immer wieder der Begriff des Prokuristen bzw. der Prokura auf, weshalb er kurz erläutert werden soll. Die Prokura ist eine gesetzlich besonders ausgestaltete Vollmacht, die zu allen Rechtsgeschäften ermächtigt, die der Betrieb eines Handelsgewerbes mit sich bringt (§ 49 Abs. 1 HGB). Kaufverträge über Grundstücke sind davon jedoch nicht erfaßt (§ 49 Abs. 2 HGB). Der Prokurist kann deshalb keinen wirksamen Kaufvertrag über ein Grundstück abschließen, es sei denn, er ist dazu besonders bevollmächtigt.

2.5 Körperschaften und juristische Personen des öffentlichen Rechts

Schwierig und uneinheitlich ist die Regelung der Vertretungs- und Handlungsbefugnisse bei Bund, Ländern, Gemeinden und sonstigen Körperschaften des öffentlichen Rechts.

Bund

Beim Bund sind regelmäßig die obersten Bundesbehörden, d.h. die Ministerien, zur Vertretung befugt. Diese Befugnis wurde aber in aller Regel auf nachgeordnete Behörden übertragen, so daß es ohne Kenntnis dieser Übertragungsakte nicht möglich ist, die konkret zur Vertretung befugte Person zu bestimmen. Man kann deshalb nur die Person, die die Vertragsverhandlungen führt, fragen oder darauf vertrauen, daß diese Person ihre Kompetenzen nicht überschreitet.

Bundesländer

Bei den Ländern ergibt sich das gleiche Bild. Auch bei diesen sind die Handlungsbefugnisse innerhalb der durch

Gesetz oder Organisationsordnungen geregelten Aufgabenbereiche der Landesbehörden auf unterschiedlichste Behörden übertragen worden.

(Land-)Kreise

Zur Vertretung der (Land-)Kreise sind nach Maßgabe der (Land-)Kreisordnungen der einzelnen Bundesländer der Landrat, sein allgemeiner Stellvertreter und sonstige Personen zuständig, denen diese Befugnis ausdrücklich übertragen wurde.

Städte und Gemeinden

Die Vertretung der Städte und Gemeinden ist in den Gemeindeordnungen der einzelnen Bundesländer geregelt, die allerdings nicht einheitlich sind. Üblicherweise erfolgt die Vertretung durch den (Ober-)Bürgermeister oder (Ober-)Stadtdirektor oder durch dessen allgemeinen Vertreter. Daneben wird häufig den Leitern einzelner Ämter der Kommune in bestimmtem Umfang Vertretungsmacht eingeräumt.

Kirchengemeinden

Die evangelischen Kirchengemeinden werden in der Regel durch den Pfarrer und ein Mitglied des Kirchenvorstandes, die katholischen durch den Priester und ein Mitglied des Verwaltungsrats vertreten. Die Einhaltung der Zuständigkeit wird durch die bei Grundstücksgeschäften erforderliche Genehmigung der Landeskirchenverwaltung bzw. des bischöflichen Ordinariats gewährleistet.

3. Muß der Käufer oder der Verkäufer selbst handeln?

§§

Vertretung

Obwohl man das Eigentum an einem Hausgrundstück nur vom Eigentümer erwerben kann, bedeutet dies nicht, daß der Käufer und der Verkäufer persönlich handeln müssen. Beide können andere für sich handeln lassen. Man spricht dann von Vertretung (geregelt in §§ 164 ff. BGB). Damit das Handeln dieses Dritten genau die gleichen Wirkungen hat wie das Handeln des Käufers oder Verkäufers selbst, ist erforderlich, daß dieser Person Vertretungsmacht eingeräumt wurde. Dabei ist darauf zu achten, daß die Vertretungsmacht den Abschluß des Kaufvertrags so ermöglicht, wie er beabsichtigt ist. Um das feststellen zu können, ist die Vorlage einer schriftlichen Vollmacht sinnvoll, die dann auch keine Zweifel am Bestehen der Vollmacht aufkommen läßt. Die Vollmacht sollte außerdem schon vor dem Abschluß des Vertrags vorliegen, denn nur dann wirkt der Vertragsschluß von Anfang an für und gegen den Vertretenen.

§§ **Fehlen der Vertretungsmacht**

Hatte der Dritte beim Abschluß des Kaufvertrags noch keine Vertretungsmacht, man spricht dann von einem Vertreter ohne Vertretungsmacht, kommt der Vertrag nur dann mit dem (angeblich) Vertretenen zustande, wenn der Vertragsschluß nachträglich genehmigt wird. Dies kann der Vertretene selbst oder ein dazu bevollmächtigter Vertreter tun. Ohne die Genehmigung ist der Vertretene nicht an den Vertrag gebunden. Der vollmachtlose Vertreter ist dann unter bestimmten Voraussetzungen zum Schadensersatz oder zur Erfüllung des Vertrags verpflichtet (§ 179 BGB). Bis zur Genehmigung bleibt die Wirksamkeit des Kaufvertrags in der Schwebe, da man erst nach der Genehmigung weiß, ob der Kaufvertrag mit allen darin getroffenen Vereinbarungen zustande kommt.

Zur Klarstellung ist noch darauf hinzuweisen, daß der Vertrag nicht mit dem Vertreter, sondern mit dem Vertretenen abgeschlossen wird. Allein dieser ist aus dem Kaufvertrag berechtigt und verpflichtet, und allein mit diesem sind eventuelle Streitigkeiten über vertragliche Pflichten auszutragen.

III. Die Form des Kaufvertrags

Kaufverträge über ein Grundstück bedürfen einer besonderen Form, sie müssen notariell beurkundet werden (§ 313 BGB).

1. Der Umfang der Beurkundungspflicht

§§ **Gesamter Vertrag**

Die Beurkundungspflicht erfaßt alle Verträge, durch die sich ein Teil zu einer Grundstücksveräußerung oder zu einem Grundstückserwerb verpflichtet. Sie umfaßt den gesamten Vertragsinhalt, also alle beiderseitigen Verpflichtungen der Vertragsparteien, die im Zusammenhang mit dem Grundstückskauf stehen. Es genügt also nicht, nur die Verpflichtung zur Übereignung beurkunden zu lassen. Entscheidend ist, welche Vereinbarungen nach dem Willen der Parteien das gesamte Kaufgeschäft bilden sollen, welche sie als wesentlich für die Veräußerung ansehen. Dies kann von Fall zu Fall verschieden sein und läßt sich nur im Einzelfall bestimmen, wenn man die Vorstellungen der Vertragsparteien kennt. Eine Unterscheidung zwischen wichtigen und unwichtigen Teilen des Vertrags kennt das Gesetz nicht, denn darüber könnte man immer trefflich streiten, so daß kaum jemals mit Sicherheit gesagt werden könnte, ob der Vertrag wirksam ist oder nicht.

z.B.

Von der Beurkundungspflicht sind immer alle auf den Kaufpreis bezogenen Vereinbarungen umfaßt, also alle Regelungen über die Höhe und die Art und Weise der Kaufpreiszahlung (Zahlungstermin, Teilzahlung usw.), auch solche über die Tragung von Kosten, die im Zusammenhang mit der Übereignung stehen. Das gleiche gilt für Vereinbarungen, die die Art und Weise der Übergabe des Grundstücks regeln. Soll beispielsweise der Verkäufer bei nicht rechtzeitiger Übergabe eine Entschädigung oder Schadensersatz zahlen oder soll er bei vorzeitiger Räumung ein Zusatzentgelt erhalten, so muß dies beurkundet werden. Soll der Verkäufer berechtigt sein, das Grundstück unter bestimmten Voraussetzungen zurückzuerwerben, muß auch dies beurkundet sein.

2. Gemischte und zusammengesetzte Verträge

Im Zusammenhang mit einem Grundstückskaufvertrag werden immer wieder Vereinbarungen getroffen, die eigentlich nicht beurkundet werden müssen. So ist beispielsweise ein Kaufvertrag über Möbel nicht formbedürftig. Auch bedarf ein Werkvertrag über die Errichtung eines Hauses keiner besonderen Form. Dies kann sich jedoch ändern, wenn ein Zusammenhang mit dem Grundstückskaufvertrag besteht.

2.1 Voraussetzungen der Formbedürftigkeit

§§

Einheit der Vereinbarungen

Ein einheitlicher, formbedürftiger Gesamtvertrag liegt dann vor, wenn die Einheit von den Vertragsparteien gewollt ist oder, wie die Gerichte es zum Teil formulieren, wenn die verschiedenen Vereinbarungen miteinander »stehen und fallen« sollen. Maßgebend sind die Vorstellungen und Ziele, die Käufer und Verkäufer – für den jeweils anderen erkennbar – mit dem Vertrag verfolgen. Ein wichtiger Anhaltspunkt für diese Einheit ist eine sachliche Verknüpfung der beiden Verträge, indem beispielsweise die Erfüllung des anderen Vertrags Bedingung für die Durchführung des Kaufvertrags sein soll. Ein weiteres Indiz kann sich aus dem wirtschaftlichen Zusammenhang ergeben, denn es kann grundsätzlich davon ausgegangen werden, daß ein einheitlicher wirtschaftlicher Zweck auch durch einen einheitlichen Vertrag erreicht werden soll.

z.B.

Fertighausvertrag

Die Beurkundungspflicht kann unter diesen Voraussetzungen bedeutsam werden, wenn der Käufer das Hausgrundstück zwar erwerben will, aber erst zu einem späteren Zeitpunkt. Wird dann bereits jetzt ein Kaufvertrag geschlossen und wird für die Zeit bis zur Übergabe des Grundstücks ein Mietverhältnis vereinbart, sind die beiden Verträge regelmäßig als Einheit anzusehen. Das gleiche gilt, wenn der Verkäufer das Hausgrundstück sogleich wieder zurückmietet. Will der Verkäufer das Grundstück nur dann verkaufen, wenn zugleich ein Fertighaus bei ihm gekauft wird, oder will der Käufer einen Vertrag über die Lieferung eines Fertighauses nur dann schließen, wenn der Verkäufer ihm auch ein Baugrundstück beschafft, bilden beide Verträge eine Einheit und sind beide zu beurkunden.

2.2 Das Bauherrenmodell

Verträge beim Bauherrenmodell

Diese Grundsätze über die Formbedürftigkeit getrennter Verträge finden auch beim sogenannten Bauherrenmodell Anwendung. Dies gilt für den Vertrag über die Errichtung eines Hauses auf dem gekauften Grundstück, wenn beide Leistungen als Einheit angeboten werden. Je nach Ausgestaltung des Bauherrenmodells können aber auch noch weitere Verträge der Beurkundung bedürfen. Wird zur Durchführung der im Zusammenhang mit der Errichtung des Bauwerks vorzunehmenden Tätigkeiten ein Baubetreuer oder Treuhänder eingeschaltet, muß auch dieser Vertrag beurkundet werden. Erwerben die Bauherren nur Miteigentumsanteile und wird deshalb zur Durchführung des Projekts eine Gesellschaft der Miteigentümer gegründet, kann auch dieser Vertrag der Beurkundung bedürfen. Für jeden einzelnen im Rahmen des Bauherrenmodells abzuschließenden Vertrag ist immer zu fragen, ob der mit dem Grundstückserwerb verfolgte Zweck nur im Zusammenwirken mit den anderen Verträgen erreicht werden kann. Wird diese Frage bejaht, muß alles beurkundet werden.

3. Das Beurkundungserfordernis bei Verträgen mit Dritten

§§

Einheit der Verträge

Ausnahmsweise können auch Vereinbarungen, die im Zusammenhang des Grundstückskaufvertrags mit anderen Personen als dem Verkäufer getroffen werden, der Beurkundung bedürfen, obwohl solche Vereinbarungen bei isolierter Betrachtungsweise formfrei möglich wären, weil sie sich nicht auf die Übertragung des Eigentums an einem Grundstück beziehen. Maßgebend ist, ob beide Verträge eine Einheit bilden, also miteinander »stehen und fallen« sollen. Hier gelten die gleichen Überlegungen wie bei zusammengesetzten Verträgen. Bedeutsam wird dies beispielsweise dann, wenn das Grundstück zum Zwecke des Hausbaus gekauft und gleichzeitig ein Vertrag über die Errichtung eines Hauses mit einem Bauunternehmer abgeschlossen wird. In Betracht kommen kann das auch, wenn auf der Seite eines der Vertragspartner ein Vertreter handelt und dieser die persönliche Haftung für die Erfüllung einer der vertraglichen Verpflichtungen übernimmt, z.B. für den rechtzeitigen Auszug der Mieter. Insoweit handelt er nicht als Vertreter des Verkäufers, sondern in eigenem Namen. War dies für den Käufer so wichtig, daß er ohne die Übernahme der persönlichen Haftung den Kaufvertrag nicht abgeschlossen hätte, muß auch diese Erklärung beurkundet werden.

Fall

Verkauf einer Doppelhaushälfte mit Grundstück

Angenommen, ein Bauunternehmen bietet in einer Zeitungsanzeige eine Doppelhaushälfte einschließlich des darauf entfallenden Grundstücksanteils für 245.000 DM an. Herr Bauwillig schließt daraufhin mit dem Bauunternehmen einen Vertrag über die Errichtung der Doppelhaushälfte. Das Bauunternehmen ist nicht Eigentümer des Grundstücks. Mit dessen Eigentümer soll ein gesonderter Vertrag geschlossen werden. Später verliert Herr Bauwillig das Interesse, und der Vertrag mit dem Bauunternehmen wird nicht durchgeführt. Dieses verlangt deshalb die für diesen Fall im Vertrag vorgesehene Pauschale als Schadensersatz. Damit hat es keinen Erfolg, denn der Vertrag ist nicht wirksam, weil er nicht beurkundet wurde. Dies war aufgrund des Zusammenhangs mit dem Grundstückskaufvertrag notwendig, denn beide Verträge sollten miteinander »stehen und fallen«. Dies ergibt sich hier daraus, daß die Doppelhaushälfte auf einem ganz bestimmten Grundstück errichtet werden sollte und der dafür zu zahlende Kaufpreis bereits im Preis enthalten war, so daß bei Herrn Bauwillig der Eindruck erweckt wurde, das Bauunternehmen werde ihm auch das Grundstück verschaffen.

4. Wie wird der Kaufvertrag beurkundet?

4.1 Der Verlauf des Beurkundungsvorgangs

Zuständig für die Beurkundung eines Kaufvertrags über ein in der Bundesrepublik Deutschland gelegenes Grundstück ist der Notar. Der Beurkundungsvorgang richtet sich nach dem Beurkundungsgesetz (BeurkG). Nach der Feststellung der Beteiligten soll der Notar den Willen der Vertragsparteien erforschen, den Sachverhalt aufklären und die Beteiligten über die rechtliche Tragweite der einzelnen Vereinbarungen belehren. Zugleich soll er darauf achten, daß unerfahrene Beteiligte nicht benachteiligt werden (§ 17 BeurkG). Ist auf diese Weise geklärt, welchen Inhalt der Kaufvertrag haben soll, fertigt er eine Niederschrift an, in der die Erklärungen klar und unzweideutig wiedergegeben werden sollen. Diese wird den Vertragsparteien vorgelesen, von ihnen genehmigt und unterschrieben (§§ 9, 13 BeurkG).

§§

Zuständigkeit des Notars

Der Umfang der Belehrung ist in der Praxis unterschiedlich und hängt davon ab, ob der Notar nach dem Eindruck, den er von den Vertragspartnern hat, eine Belehrung für erforderlich hält. Kommen beide schon mit einem ausformulierten Vertragsentwurf zu ihm, so daß der Eindruck entsteht, die Parteien seien sich über die Tragweite des Geschäfts im klaren, kann die Belehrung sehr kurz ausfallen, wenn der Vertragsentwurf keine bedenklichen Regelungen enthält.

Belehrung durch den Notar

Unklare Klauseln des Vertrags sollte man sich unbedingt erklären lassen und gegebenenfalls nachfragen. Nach der Unterschrift ist es für eine Änderung zu spät. Auch wenn man eine Regelung nicht findet, die Bestandteil des Vertrags werden sollte, sollte man unbedingt nachfragen.

Tip

Unklare Vertragsklauseln

Wird in dem Vertrag auf andere Schriftstücke oder Karten, Pläne oder Zeichnungen (z.B. zur Bezeichnung eines Grundstücksteils) Bezug genommen, kann dies nur dann formwirksam geschehen, wenn diese Unterlagen der Niederschrift (der Vertragsurkunde) beigefügt werden (§ 9 Abs. 1 BeurkG). Sofern die Unterlagen dem Notar nicht vorliegen, müssen die Beteiligten sie zum Beurkundungstermin mitbringen, sonst kann eine vollständige Beurkundung nicht erfolgen.

Bezugnahme auf Unterlagen

4.2 Die Anwesenheit der Vertragspartner

Gleichzeitige Anwesenheit

Die Beurkundung eines Grundstückskaufvertrags setzt nicht voraus, daß beide Vertragsparteien gleichzeitig anwesend sind. Es können zunächst die Erklärungen des Verkäufers und dann, in einem neuen Termin, die Erklärungen des Käufers vom Notar aufgenommen werden (§ 128 BGB). Dieses Verfahren hat jedoch den Nachteil, daß ein Verhandeln über die einzelnen Vereinbarungen und ein beiderseitiges Reagieren auf eventuelle Belehrungen des Notars nicht möglich ist. Das Verkaufsangebot kann nur so, wie es niedergeschrieben wurde, angenommen werden. Wurde es geändert, kommt der Vertrag nicht zustande und das Verfahren müßte wiederholt werden.

4.3 Der Vertretungsfall

§§

Notwendigkeit einer Vollmachtsurkunde

Der Käufer oder der Verkäufer können sich auch vertreten lassen, denn die persönliche Anwesenheit der Vertragsparteien ist nicht erforderlich. Die Vorschriften über die Beurkundung sehen vor, daß die Vollmacht in Urschrift oder in beglaubigter Abschrift der Niederschrift beigefügt wird (§ 12 BeurkG). Deshalb sollte der Vertreter eine schriftliche Vollmachtsurkunde mitbringen. Die Vollmacht selbst muß nicht beurkundet werden, wenn es sich nicht um eine unwiderrufliche Vollmacht handelt, die bereits eine bindende Verpflichtung zur Veräußerung oder zum Erwerb eines Grundstücks begründet.

Tip

Umfang der Vollmacht

Der Vertreter sollte sich schon vorher genau informieren, welche Vereinbarungen er treffen darf. Dennoch kann sich die Situation ergeben, daß infolge der Belehrungen des Notars der Vertrag etwas anders abgefaßt wird, als die Parteien es sich gedacht haben. Dann kann fraglich werden, ob dieser Vertrag noch von der Vollmacht erfaßt wird, oder es kann sein, daß die Vollmacht zum Abschluß dieses Vertrags nicht berechtigt. Dann muß der Vertretene selbst entscheiden, ob er mit den Änderungen einverstanden ist. Dennoch kann es sinnvoll sein, den Vertrag vorbehaltlich der

Genehmigung des Vertretenen abzuschließen. Der Vertrag bleibt dann bis zur Erteilung der Genehmigung schwebend unwirksam. Wird sie erteilt, gilt er als von Anfang an wirksam (§ 184 Abs. 1 BGB); wird sie verweigert, ist der Vertrag endgültig unwirksam.

Offenlegung der fehlenden Vollmacht

Um sich keinen Schadensersatzansprüchen des Vertragspartners auszusetzen, sollte der Vertreter in einem solchen Fall das Fehlen der Vertretungsmacht unbedingt offenlegen und darauf bestehen, daß er als »Vertreter ohne Vertretungsmacht« in die Vertragsurkunde aufgenommen wird.

Mündliche Vollmacht

Anders liegt der Sachverhalt, wenn dem Vertreter nur eine mündliche Vollmacht erteilt wurde, so daß die vom Gesetz geforderte Beifügung der Vollmachtsurkunde (§ 12 BeurkG) nicht möglich ist. Ein solcher Vertreter ist zum Abschluß des Vertrags bevollmächtigt, kann seine Vollmacht aber nicht ordnungsgemäß nachweisen. In der notariellen Praxis behilft man sich in diesen Fällen mitunter damit, daß die betreffende Person in die Vertragsurkunde als Vertreter aufgenommen und dies mit dem Zusatz versehen wird: »mit dem Versprechen, eine schriftliche Vollmacht unverzüglich nachzureichen«.

4.4 Der Sonderfall des gerichtlichen Vergleichs

Grundstückskauf im Vergleich

Im Rahmen eines im Verlauf eines Rechtsstreits geschlossenen Vergleichs können sich die Parteien auch über die Übertragung eines Grundstücks einigen. Die Beachtung der durch die Zivilprozeßordnung vorgeschriebenen Form der Protokollierung eines Vergleichs ersetzt die sonst vorgeschriebene notarielle Beurkundung. Die Zuziehung eines Notars ist dann nicht erforderlich.

5. Die Folgen der Nichteinhaltung der Form

5.1 Nichtigkeit als Folge des Verstoßes

§§ Keine rechtliche Verbindlichkeit

Wird der Kaufvertrag nicht wie gesetzlich vorgeschrieben notariell beurkundet, ist er nichtig (§ 125 BGB). Er entfaltet keinerlei rechtliche Wirkungen. Der Käufer kann nicht die Übertragung des Eigentums und des Besitzes am Grundstück, der Verkäufer kann nicht die Zahlung des Kaufpreises fordern. Der Vertrag wird als nicht existent behandelt.

5.2 Folgen der teilweisen Nichtbeurkundung

§§ Nichtigkeit des gesamten Vertrags

Die Nichtigkeit des Vertrags tritt nicht nur dann ein, wenn überhaupt keine Beurkundung erfolgt ist. Auch wenn nur – beurkundungspflichtige – Teile des Vertrags nicht beurkundet wurden, hat diese teilweise Nichteinhaltung der Form regelmäßig zur Folge, daß der gesamte Vertrag nichtig ist. Es wäre falsch, einfach anzunehmen, der beurkundete Teil wäre wirksam, denn nach dem Gesetz erfaßt die Nichtigkeit eines Teils des Vertrags regelmäßig den ganzen Vertrag (§ 139 BGB). Deshalb ist bei der Beurkundung unbedingt auf Vollständigkeit zu achten. Besonders bedeutsam kann dies bei den zusammengesetzten und gemischten Verträgen und bei Verträgen mit Dritten werden. Sind diese ausnahmsweise beurkundungspflichtig (vgl. dazu S. 43f. und 45f.) und werden sie dennoch nicht beurkundet, ist in der Regel der gesamte Kaufvertrag nichtig.

5.3 Bewußt falsche Beurkundung

§§ Schwarzkauf

Nichtigkeit tritt auch dann ein, wenn die Parteien nicht das beurkunden ließen, was sie vereinbart haben. Der Vertrag, der gewollt ist, ist dann nicht beurkundet, und der beurkundete ist nicht gewollt. Aus keinem der beiden können Ansprüche hergeleitet werden. Einen Anwendungsfall einer solchen bewußt falschen Beurkundung stellt der sogenannte »Schwarzkauf« dar. Dabei wird entweder ein zu niedriger Kaufpreis beurkundet, um das Finanzamt zu täuschen und Grunderwerbssteuer zu hinterziehen, oder es wird ein zu hoher Kaufpreis angegeben, um die den Kauf finanzierende Bank über den wahren Wert des Grundstücks zu täuschen und um so einen durch den Wert des Grundstücks nicht gedeckten Kredit zu erlangen, was in aller Regel ein Betrug sein dürfte. Von beidem kann nur dringend abgeraten werden, weil die dabei eingegangenen Risiken in keinem Verhältnis zu den vermeintlichen Vorteilen stehen.

6. Die Heilung von Formfehlern

§§ Umfang der Heilung

Ein Grundstückskaufvertrag, der wegen der Nichteinhaltung der Form nichtig ist, kann dennoch wirksam werden, wenn es zur Eintragung des Käufers als neuer Eigentümer im Grundbuch kommt. Dies sieht das Gesetz ausdrücklich vor (§ 313 Satz 2 BGB). Man spricht dann von Heilung. Die Wirksamkeit tritt in vollem Umfang ein, d.h., der Vertrag wird mit allen Nebenabreden so wirksam, wie ihn die Parteien wirklich gewollt haben. Wurde etwa der Kaufpreis zur Täuschung des Finanzamts zu niedrig angegeben, wird der Vertrag mit dem wirklich gewollten, höheren Kaufvertrag wirksam, der dann auch zu bezahlen ist.

Kein Vertrauen auf Heilung

Es kann nur dringend davon abgeraten werden, sich auf diese Heilungsmöglichkeit zu verlassen, denn bis zu diesem Zeitpunkt können beide Vertragsparteien unter Berufung auf die sich aus der Nichteinhaltung der Form ergebenden Nichtigkeit die Vertragserfüllung verweigern und sich wieder vom Vertrag lösen. Dann sind die bereits ausgetauschten Leistungen zurückzugewähren, der Verkäufer müßte den Kaufpreis zurückzahlen und der Käufer das Grundstück wieder zurückgeben. Die bis dahin entstandenen Kosten müssen grundsätzlich nicht erstattet werden.

Nur ganz ausnahmsweise und unter ganz besonderen, sehr strengen Voraussetzungen gehen die Gerichte davon aus, daß ein nicht notariell beurkundeter Grundstückskaufver-

Wirksamkeit trotz Formfehler

trag auch vor der Eintragung des Käufers als neuer Eigentümer als wirksam zu behandeln ist, so daß eine Berufung auf den Formmangel nicht möglich ist. Nach der dabei von den Gerichten benutzten Formulierung kommt dies nur in Betracht, wenn die Nichtigkeit die betroffene Vertragspartei nicht nur hart trifft, sondern für diese schlechthin unerträglich ist und ihre Existenz gefährdet. Die Anforderungen sind derart hoch, daß diese Ausnahme praktisch nie zum Tragen kommt. Der Umstand, daß ein Vertragsteil veranlaßt hat, daß die Beurkundung unterbleibt, genügt für sich allein nicht. Selbst wenn man meint, diese Voraussetzungen lägen vor, kann man fast sicher sein, daß die Gerichte diese Ansicht nicht teilen.

7. Wann ist eine ergänzende Beurkundung erforderlich?

§§

Änderung der vertraglichen Pflichten

Soll der bereits beurkundete Kaufvertrag nachträglich ergänzt oder geändert werden, stellt sich die Frage, ob dies beurkundet werden muß. Die Antwort darauf ist äußerst schwierig; dies kann nur im konkreten Einzelfall entschieden werden. Man kann dabei nur von folgenden Anhaltspunkten ausgehen: Betreffen die Änderungen oder Ergänzungen den wesentlichen Inhalt der Käufer- und Verkäuferpflichten, insbesondere die Pflicht zur Übertragung des Grundstücks oder zur Zahlung des Kaufpreises, muß dies regelmäßig beurkundet werden. Beziehen sich die Änderungen lediglich auf die technische Abwicklung des Kaufvertrags und dienen der Beseitigung dabei aufgetretener Schwierigkeiten, besteht keine Beurkundungspflicht.

Tip

Notar hinzuziehen

Um sicherzugehen, empfiehlt es sich immer, einen Notar zu fragen, denn das Risiko einer falschen Beurteilung ist erheblich. Im Zweifel ist es immer besser, die Änderung oder Ergänzung beurkunden zu lassen, denn damit macht man garantiert nichts falsch.

Schriftliche Abfassung

Selbst wenn im Einzelfall eine Beurkundung nicht erforderlich ist, sollten die Änderungen schriftlich abgefaßt und von beiden Vertragsparteien unterschrieben werden. Nur dies bietet die Gewähr, daß der Inhalt dieser Vereinbarungen eindeutig festgelegt und im Zweifel auch beweisbar ist.

8. Konsequenzen für die Vertragsparteien

Tip

Vertragswortlaut maßgebend

Aus dem bisher Gesagten folgt, daß auf die Einhaltung der Form größter Wert gelegt werden muß. Der in die Urkunde aufgenommene Wortlaut des Vertrags bildet die maßgebliche Grundlage der wechselseitigen Ansprüche. Jede Nachlässigkeit kann die Durchsetzung dieser Ansprüche und die Abwicklung des gesamten Vertrags gefährden. Deshalb kann nur mit größtem Nachdruck davor gewarnt werden, etwaige bei der Beurkundung auftauchende Änderungswünsche nicht in die Urkunde aufzunehmen. Auch mit dem Hinweis, das ergebe sich schon aus dem Vertrag oder das sei bloße Förmelei, sollte man sich nicht zufriedengeben, denn schon der Umstand, daß man die Aufnahme dieser Änderung für notwendig hält, zeigt regelmäßig, daß man sich über den genauen Vertragsinhalt streiten kann. Auch sollte man sich nicht unter Zeitdruck setzen lassen, denn ein Grundstückskaufvertrag ist eine so wesentliche und wirtschaftlich bedeutsame Angelegenheit, daß es immer sinnvoll ist, die Zeit für Änderungen aufzubringen.

IV. Der Eigentumserwerb

§§

Kaufvertrag führt nicht zum Eigentumserwerb

Anders als bei manchen ausländischen Rechtsordnungen führt nach deutschem Recht der Abschluß des notariell beurkundeten Kaufvertrags noch nicht zum Erwerb des Eigentums an dem Grundstück durch den Käufer. Dazu bedarf es noch einer weiteren Vereinbarung, denn der Kaufvertrag begründet nur die Verpflichtung des Verkäufers, dem Käufer das Eigentum zu übertragen und den Besitz zu verschaffen.

Der Eigentumserwerb selbst hat zwei Voraussetzungen: Zum einen ist Einigung über den Eigentumswechsel erforderlich, die als Auflassung bezeichnet wird; zum andern muß der Käufer als neuer Eigentümer im Grundbuch eingetragen werden.

1. Die Auflassung

1.1 Inhalt der Auflassung

Einigung über den Eigentumsübergang

Die Auflassung ist die Einigung des bisherigen Eigentümers mit dem Erwerber darüber, daß das Eigentum an dem Grundstück auf den Erwerber übergehen soll. Wegen dieser allein auf die Herbeiführung des Eigentumsübergangs gerichteten Wirkung wird die Auflassung auch als dinglicher Vertrag bezeichnet.

Die ganze Vereinbarung besteht üblicherweise aus einem Satz, der etwa so formuliert wird:

Auflassung

> Die Erschienenen sind sich darüber einig, daß das Eigentum an dem Grundstück Flurstück-Nr. 5977/2 der Gemarkung Birkenheide auf den Käufer übergeht.

Keine Bedingung oder Befristung

Im Gegensatz zu sonstigen Verträgen kann die Auflassung weder unter einer Bedingung noch unter einer Befristung erklärt werden. Es ist deshalb ausgeschlossen, daß das Eigentum unter der Bedingung der vollständigen Zahlung des Kaufpreises (Eigentumsvorbehalt) oder auf Zeit, d.h. bis zum Eintritt eines bestimmten Datums, übertragen wird. Dies würde zu großen Problemen bei der Führung der Grundbücher führen, auf die man sich dann kaum verlassen könnte, weil sich aus ihnen nicht ergäbe, ob die

Bedingung oder Befristung eingetreten ist und ob der Eingetragene deshalb Eigentümer ist.

Die Einigung über den Eigentumsübergang kann nur der wirkliche Eigentümer wirksam vornehmen. Erklärt ein Nichtberechtigter die Auflassung, ist sie unwirksam und kann nur mit Zustimmung des Berechtigten wirksam werden. Den Kaufvertrag hingegen kann auch ein anderer als der Eigentümer wirksam abschließen. Gehört ihm das Grundstück nicht, kann er seine Verpflichtung aus dem Kaufvertrag nicht erfüllen und macht sich schadensersatzpflichtig.

§§

Nicht-eigentümer

1.2 Die Form der Auflassung

Die Auflassung muß bei gleichzeitiger Anwesenheit beider Teile, d.h. des Verkäufers und des Käufers, vor der zuständigen Stelle, dem Notar, erklärt werden (§ 925 BGB). Da die persönliche Anwesenheit vom Gesetz nicht gefordert wird, kann sich sowohl der Verkäufer als auch der Käufer vertreten lassen. Es gilt im Grunde das gleiche wie beim Abschluß des Kaufvertrags vor dem Notar. Da die Auflassung Grundlage der Eintragung des Käufers als neuer Eigentümer des Grundstücks ist, muß die Vollmacht eines Vertreters dem Grundbuchamt gegenüber durch eine öffentliche oder öffentlich beglaubigte Urkunde nachgewiesen werden.

§§

Gleichzeitige Anwesenheit

Sehr häufig wird die Auflassung zusammen mit dem Kaufvertrag in einer Urkunde beurkundet. Dies hat den Vorteil, daß dann für die Auflassung keine zusätzlichen Kosten entstehen. Es ist aber auch möglich, daß die Auflassung in einer gesonderten Urkunde erklärt wird. Man spricht in diesem Fall mitunter von einer »ausgesetzten Auflassung«. Die Auflassung muß immer dann in einer getrennten Urkunde erfolgen, wenn das zu übereignende Grundstück zum Zeitpunkt des Abschlusses des Kaufvertrags noch nicht besteht, weil es als selbständiges Grundstück noch

Einheitliche Urkunde

Getrennte Urkunden

nicht gebildet wurde, wie es beispielsweise beim Verkauf eines Teils eines einheitlichen Grundstücks der Fall ist.

Ausfertigung

Vom notariellen Kaufvertrag mit der Auflassungserklärung oder der isolierten Auflassungserklärung erhalten sowohl der Verkäufer als auch der Käufer eine Ausfertigung. Das Original verbleibt beim Notar in dessen Urkundenrollen-Sammlung. Die Ausfertigung der Urkunde hat im Rechtsverkehr die gleiche Bedeutung wie das Original, d.h., sie wird so behandelt, als sei sie das Original.

1.3 Die Auswirkungen der Unwirksamkeit des Kaufvertrags auf die Wirksamkeit der Auflassung

§§

Wirksamkeit trotz Nichtigkeit des Kaufvertrags

Der Kaufvertrag als schuldrechtliches Geschäft und die nachfolgende Auflassung als dingliches Rechtsgeschäft sind grundsätzlich voneinander unabhängig, so daß die Unwirksamkeit des Kaufvertrags nicht automatisch zur Unwirksamkeit der Auflassung führt. Diese bleibt wirksam und kann, im Zusammenwirken mit der Eintragung, zum Erwerb des Eigentums führen. Wird beispielsweise ein zu niedriger Kaufpreis beurkundet, ist der Kaufvertrag nicht formwirksam geschlossen und deshalb nichtig (näher dazu S. 50). Eine in derselben Vertragsurkunde enthaltene Auflassung ist gleichwohl wirksam und kann Grundlage der Eintragung des Erwerbers als neuer Eigentümer sein, wodurch der Kaufvertrag rückwirkend geheilt wird.

Anfechtung des Kaufvertrags

Die Auflassung bleibt aber auch wirksam, wenn der Kaufvertrag nachträglich nichtig wird, weil eine der Vertragsparteien den Vertrag wegen Irrtums oder wegen Täuschung durch den anderen angefochten hat. Die Nichtigkeit des Kaufvertrags führt auch dann nicht zum automatischen Verlust des Eigentums des bereits eingetragenen Erwerbers. Weil dadurch aber die Verpflichtung des Verkäufers zur Eigentumsübertragung entfällt, fehlt es an einem Rechtsgrund für den Eigentumserwerb. Dieser ist rechtsgrundlos erfolgt, und deshalb muß der Erwerber das Eigentum wieder auf den Verkäufer zurückübertragen. Der Erwerber ist in diesen Fällen ungerechtfertigt bereichert.

Unwirksamkeit der Auflassung

Ist umgekehrt der Kaufvertrag wirksam, aber die Auflassung unwirksam, kann es nicht zu einem Eigentumserwerb kommen. Der Käufer kann aber aufgrund des Kaufvertrags fordern, daß die Auflassung formgerecht wiederholt wird.

2. Die Eintragung im Grundbuch

Funktion des Grundbuchs

Das Grundbuch ist ein amtliches Register, in dem alle Grundstücke erfaßt sind und das Auskunft über die an den Grundstücken bestehenden Rechtsverhältnisse gibt. Insbesondere über das wichtigste Rechtsverhältnis an einem Grundstück, das Eigentum, kann man sich im Grundbuch zuverlässig informieren, weil es bei jeder Veränderung an die neue Rechtslage angepaßt wird, denn jeder Eigentumswechsel muß in das Grundbuch eingetragen werden. Die Grundbücher werden im allgemeinen von den Amtsgerichten, in Baden-Württemberg von den Gemeinden und Städten geführt (näher zum Grundbuch S. 247f.).

2.1 Der Eintragungsantrag

§§

Schriftlicher Antrag

Die Änderung des Grundbuchs durch Eintragung des neuen Eigentümers erfordert einen Antrag an das Grundbuchamt. Der Antrag kann sowohl vom Verkäufer als auch vom Käufer gestellt werden. Er bedarf grundsätzlich keiner besonderen Form (§ 30 GBO). Da auf ihm jedoch der Zeitpunkt des Eingangs vermerkt werden soll, muß er schriftlich eingereicht oder zur Niederschrift des Grundbuchbeamten, der ihn dann schriftlich aufnimmt, erklärt werden. Regelmäßig wird der Antrag vom Notar zusammen mit der Auflassung in die Urkunde aufgenommen, so daß die Vorlage dieser Urkunde beim Grundbuchamt genügt, um die Eintragung des Erwerbers als neuer Eigentümer zu erreichen. Ist dies nicht geschehen, genügt ein kurzes Schreiben an das Grundbuchamt, das etwa folgenden Wortlaut haben könnte:

Eintragungsantrag

> Ich beantrage, Herrn/Frau/die Eheleute ... (Angabe des Namens des oder der Erwerber) gemäß der beigefügten Auflassung als neuen/neue Eigentümer in das Grundbuch einzutragen.

In notariellen Verträgen findet sich häufig die Formulierung:

Eintragungsbewilligung

> Herr/Frau ... (Veräußerer) bewilligt, Herr/Frau/die Eheleute ... (Erwerber) beantragen den Vollzug des Eigentumswechsels gemäß vorstehender Auflassung im Grundbuch.

2.2 Was prüft das Grundbuchamt?

Ordnungsgemäßer Antrag

Das Grundbuchamt prüft zunächst, ob der Antrag ordnungsgemäß gestellt wurde, alle dabei zu beachtenden Formalien erfüllt sind und ob alle für die Eintragung des Eigentumswechsels notwendigen Unterlagen beigefügt wurden. Ist dies nicht der Fall, teilt das Grundbuchamt mit, welche Antragsvoraussetzungen nicht erfüllt sind, und setzt regelmäßig eine angemessene Frist zur Beseitigung des Eintragungshindernisses.

Zulässigkeit der Eintragung

Außerdem wird geprüft, ob die Eintragung zulässig ist und das Grundbuch nicht unrichtig machen würde. Ferner wird geprüft, ob eventuell erforderliche behördliche Genehmigungen vorliegen. Eine wesentliche Voraussetzung für die Eintragung des Eigentumswechsels, die immer vorliegen

Unbedenklichkeitsbescheinigung

muß, ist die Unbedenklichkeitsbescheinigung des Finanzamts. Dies ist eine Mitteilung des Finanzamts, daß gegen die Umschreibung keine steuerlichen Bedenken bestehen. Auf diese Weise soll die Zahlung der Grunderwerbssteuer, im Einzelfall auch die der Schenkungssteuer, sichergestellt werden, die das Finanzamt aufgrund der Mitteilung vom Abschluß des Kaufvertrags, zu der der Notar verpflichtet ist, berechnet hat.

Voreintragung des Verkäufers

Schließlich prüft das Grundbuchamt, ob der Veräußerer im Grundbuch als Eigentümer eingetragen ist, denn nur dann soll der Eigentumswechsel eingetragen werden (§ 39 GBO). Der Sinn dieser Regelung liegt darin, daß die Rechtsverhältnisse an einem Grundstück in allen Schritten lükkenlos im Grundbuch dokumentiert sein sollen. Nur ausnahmsweise wird auf die Voreintragung verzichtet, wenn der Berechtigte der Erbe einer noch im Grundbuch eingetragenen Person ist, denn dann wäre es unsinnig, zunächst den Erben einzutragen, um ihn gleich wieder zu löschen (§ 40 GBO).

2.3 Die Folgen der Eintragung

§§

Eigentumserwerb durch Eintragung

Die Eintragung des Erwerbers als neuer Eigentümer führt zur Vollendung des Rechtserwerbs. Erst dadurch wird der Käufer Eigentümer (§ 873 Abs. 1 BGB). Die Eintragung bewirkt zugleich, daß eine eventuelle Formunwirksamkeit des Kaufvertrags geheilt wird.

Tip

Prüfung der Richtigkeit

Von der erfolgten Umschreibung des Eigentums werden sowohl der alte als auch der neue Eigentümer unterrichtet. Sie erhalten einen Auszug aus dem Grundbuch, der die Eintragung enthält. Dieser Auszug sollte daraufhin überprüft werden, ob die Eintragung inhaltlich richtig ist und der Auflassung entspricht und ob beispielsweise auch der Name des Erwerbers richtig geschrieben wurde. Dies ist deshalb wichtig, weil die Eintragung als Eigentümer den Nachweis der Berechtigung ersetzt und der Eingetragene im Falle eines Verkaufs des Grundstück seine Eigentümerstellung nicht noch besonders nachweisen muß, denn für den Rechtsverkehr ist die Eintragung im Grundbuch maßgebend, auf deren Richtigkeit er sich verlassen darf.

2.4 Die Unrichtigkeit des Grundbuchs

Trotz aller Vorkehrungen kann es vorkommen, daß das Grundbuch unrichtig ist. In diesen Fällen ergeben sich zwei Fragen: Hindert die Unrichtigkeit den Eigentumserwerb, und wie kann die Eintragung im Grundbuch wieder berichtigt werden?

a) Der gutgläubige Erwerb

Vermutung der Richtigkeit des Grundbuchs

Der Umstand, daß der eingetragene Voreigentümer in Wirklichkeit nicht der Eigentümer ist, muß nicht zwangsläufig dazu führen, daß der Eigentumserwerb scheitert, denn der Erwerber darf auf die Richtigkeit der Eintragung im Grundbuch vertrauen. Zugunsten des Erwerbers gilt das Grundbuch als richtig mit der Folge, daß der Eigentumserwerb in gleicher Weise wirksam ist wie bei einem Erwerb vom richtigen Eigentümer. Das Gesetz spricht dann vom gutgläubigen Erwerb (§ 892 BGB). In zwei Fällen ist ein solcher Eigentumserwerb jedoch ausgeschlossen, weil der Erwerber dann nicht als gutgläubig angesehen werden kann:

Kenntnis der Unrichtigkeit

An einem schützenswerten Vertrauen in die Richtigkeit des Grundbuchs fehlt es, wenn der Erwerber die Unrichtigkeit des Grundbuchs kennt, er also positiv weiß, daß die Eintragung falsch ist. Es schadet hingegen nicht, wenn dem Erwerber aufgrund von Nachlässigkeit die Unrichtigkeit des Grundbuchs unbekannt geblieben ist. Selbst grobe Fahrlässigkeit schadet nicht.

Eingetragener Widerspruch

Ein gutgläubiger Erwerb ist auch nicht möglich, wenn ein Widerspruch gegen die Richtigkeit der Eintragung im Grundbuch eingetragen ist. Der Widerspruch soll gerade auf die Unrichtigkeit des Grundbuchs hinweisen und damit das Vertrauen in dessen Richtigkeit zerstören. Damit fehlt die Grundlage für einen gutgläubigen Erwerb. Wenn ein Widerspruch gegen den Eigentümer eingetragen ist, findet sich dieser in der zweiten Abteilung des Grundbuchs und ist etwa an folgender Formulierung zu erkennen:

> Widerspruch gegen die Eintragung des Eigentums des Maurers Gotthilf Wülich zugunsten des Gastwirts Willibald Fäßle in Urach.

b) Die Berichtigung des Grundbuchs

§§ **Berichtigung im Regelfall nur auf Antrag**

Das Grundbuchamt selbst kann nur in Ausnahmefällen die Berichtigung einer Eintragung von sich aus vornehmen, sieht man von der Berichtigung offensichtlicher Schreibfehler einmal ab. Wenn eine Eintragung unter Verletzung gesetzlicher Vorschriften erfolgte, kann das Grundbuchamt nur einen Widerspruch eintragen. Nur wenn die Eintragung inhaltlich unzulässig ist, weil eine solche Eintragung nicht vorgenommen werden darf, kann das Grundbuchamt sie auch ohne Antrag von sich aus löschen. Im Regelfall kann die fehlerhafte Eintragung im Grundbuch nur berichtigt werden, wenn der wirklich Berechtigte einen Antrag auf Berichtigung stellt und die Unrichtigkeit durch öffentliche oder öffentlich beglaubigte Urkunden (z.B. einen Erbschein) nachweist (§§ 22, 29 GBO). Kann er dies nicht, muß er gegen den Eingetragenen Klage auf Zustimmung zur Grundbuchberichtigung erheben. Einer Zustimmung des Eigentümers bedarf es immer dann, wenn die Berichtigung durch Eintragung eines anderen Eigentümers erfolgen soll (§ 22 Abs. 2 GBO).

V. Genehmigungserfordernisse

Obwohl der Eigentümer eines Grundstücks dieses in der Regel verkaufen und übereignen kann, ohne zuvor jemand um Erlaubnis fragen zu müssen, gibt es nicht wenige Fälle, in denen ein Vertrag über die Veräußerung eines Grundstücks einer behördlichen Genehmigung bedarf.

1. Die Genehmigung nach dem Grundstückverkehrsgesetz (GrdstVG)

Keine Eintragung vor Genehmigung

Ein Kaufvertrag über landwirtschaftliche oder forstwirtschaftliche Grundstücke sowie Moor- und Ödland und die Veräußerung solcher Grundstücke bedürfen grundsätzlich der behördlichen Genehmigung (§ 1 GrdstVG). Das Grundbuchamt darf bei einer genehmigungspflichtigen Veräußerung die Eintragung des neuen Eigentümers erst dann vornehmen, wenn die Unanfechtbarkeit der Genehmigung nachgewiesen wird. Nach § 8 GrdstVG ist die Genehmigung in der Regel zu erteilen, wenn das Grundstück für eine land- oder forstwirtschaftliche Nutzung nicht mehr benötigt wird. Liegt das Grundstück im Geltungsbereich eines Bebauungsplans, ist der Vertrag genehmigungsfrei (§ 4 Nr. 4 GrdstVG).

Sonderregelungen in einzelnen Bundesländern

Darüber hinaus haben einzelne Bundesländer Grundstücke bis zu einer bestimmten Größe von der Genehmigungspflicht ausgenommen. Die Ausnahmen sind allerdings von Land zu Land verschieden, so daß man sich nach der Regelung in dem betreffenden Bundesland erkundigen muß. Ähnlich uneinheitlich sind die Länder bei der Bestimmung der Genehmigungsbehörde verfahren. Zum Teil wurde diese Aufgabe den Landwirtschaftsämtern übertragen, zum Teil sind aber auch die Landkreise bzw. Landratsämter und Städte oder die Umweltbehörde zuständig. Auch insoweit muß man sich erkundigen.

2. Die Teilungsgenehmigung

Baugrundstück/ bebautes Grundstück

Wenn nur ein Grundstücksteil verkauft wurde, muß zunächst das Grundstück geteilt und es müssen zwei neue, rechtlich selbständige Grundstücke gebildet werden. Liegt das zu teilende Grundstück innerhalb des räumlichen Gel-

Zuständigkeit der Baugenehmigungsbehörde

tungsbereichs eines Bebauungsplans oder innerhalb eines im Zusammenhang bebauten Ortsteils oder liegt es zwar außerhalb des Bereichs eines Bebauungsplans oder eines Ortsteils, ist aber bebaut oder bebaubar oder die Bebauung ist beabsichtigt, muß die Teilung genehmigt werden (§ 19 Abs. 1 Nr. 1 bis 3 BauGB). Das gleiche gilt, wenn das Grundstück innerhalb des Bereichs einer Veränderungssperre liegt (§ 19 Abs. 1 Nr. 4 BauGB). Zuständig für die Erteilung der Genehmigung ist die Baugenehmigungsbehörde. In der Regel ist das die Gemeinde, bei kleineren Gemeinden mitunter auch die Kreisbehörde oder das Landratsamt. Das Grundbuchamt darf in diesen Fällen die Eintragung erst vornehmen, wenn der Genehmigungsbescheid vorliegt.

3. Die vormundschaftsgerichtliche Genehmigung

§§

Minderjährige

Ist eine minderjährige Person Eigentümer eines Grundstücks, können zwar die Eltern als gesetzliche Vertreter das Grundstück veräußern. Sie bedürfen dafür jedoch der Genehmigung des Vormundschaftsgerichts, und zwar sowohl für den Abschluß des Kaufvertrags als auch für die Auflassung (§ 1643 Abs. 1 BGB in Verbindung mit § 1821 Abs. 1 Nr. 1 und Nr. 4 BGB). Diese Genehmigung wird nur den Eltern gegenüber und nicht gegenüber dem Käufer erklärt (§ 1828 BGB).

Vormundschaft

Die gleichen Regelungen finden Anwendung, wenn ein Vormund das Grundstück seines Mündels veräußern will. Auch er bedarf dazu der vormundschaftsgerichtlichen Genehmigung.

Betreuung

Auch der Betreuer, der ein Grundstück der von ihm betreuten Person veräußern will, darf dies nur mit vormundschaftsgerichtlicher Genehmigung tun (§ 1908i BGB in Verbindung mit §§ 1821 Abs. 1 Nr. 1 und 4, 1828 BGB).

4. Familienrechtliche Genehmigungserfordernisse

§§

Grundstück als gesamtes Vermögen

Veräußert ein Ehegatte, der im Güterstand der Zugewinngemeinschaft, dem gesetzlichen Güterstand, lebt, sein gesamtes Vermögen, benötigt er die Einwilligung oder Genehmigung des anderen Ehegatten (§ 1365 Abs. 1 BGB). Das gleiche gilt, wenn er sein Grundstück, dessen Wert bei wirtschaftlicher Betrachtungsweise nahezu sein gesamtes Vermögen ausmacht, veräußern will. Fehlt die Genehmigung, kann der andere Ehegatte sich auf die Unwirksamkeit berufen und das Grundstück zurückfordern (§ 1368 BGB). Da die Vermögensverhältnisse des Verkäufers eines Grundstücks für den Käufer nicht ohne weiteres zu durchschauen sind und man ihm nicht zumuten kann, Nachforschungen anzustellen, ist die Veräußerung einzelner Gegenstände, darunter fällt auch ein Grundstück, ohne die Genehmigung des anderen Ehegatten nur dann unwirksam, wenn der Erwerber wußte, daß es sich bei dem Grundstück um nahezu das gesamte Vermögen des Veräußerers handelt. Weiß der Käufer das nicht, ist der Kaufvertrag und die Auflassung auch ohne die eigentlich erforderliche Genehmigung wirksam. Im Zweifel sollte man vorsichtig sein und die Zustimmung des Ehegatten des Verkäufers in den Kaufvertrag aufnehmen lassen, denn ein privates Hausgrundstück stellt häufig nahezu das gesamte Vermögen des Verkäufers dar.

5. Sonstige Genehmigungserfordernisse

Verkauf durch Stadt oder Gemeinde

Will beispielsweise eine Stadt oder Gemeinde ein Grundstück veräußern, muß sie sich unter Umständen den Verkauf von der Rechtsaufsichtsbehörde genehmigen lassen. Welche Veräußerungen eine Genehmigungspflicht auslösen und welche Arten von Grundstücken davon betroffen sind, ist von Bundesland zu Bundesland unterschiedlich geregelt. Der Käufer sollte sich in diesen Fällen beim Verkäufer oder beim Notar erkundigen, ob eine aufsichtsbehördliche Genehmigung erforderlich ist und ob sie erteilt wurde, denn ohne diese Genehmigung ist der Vertrag schwebend unwirksam.

Verkauf durch Kirchengemeinde

Auch eine Kirchengemeinde, die ein Grundstück veräußert, kann dazu der kirchenaufsichtsrechlichen Genehmigung bedürfen. Auch hier empfiehlt es sich, sich beim Verkäufer nach dem Genehmigungserfordernis zu erkundigen.

6. Auswirkungen der Genehmigungsbedürftigkeit

Schwebende Unwirksamkeit

Während normalerweise Verträge, die in der gesetzlich vorgeschriebenen Form abgeschlossen werden, sofort in vollem Umfang wirksam und verbindlich sind, ist dies in den Fällen, in denen der Vertrag noch genehmigt werden muß, nicht der Fall. Bis zur Erteilung der Genehmigung kann weder der Verkäufer die Zahlung des Kaufpreises noch der Käufer die Übereignung und Übergabe des Grundstücks verlangen. Insoweit entfaltet der Vertrag noch keine Wirkungen, der Vertrag ist schwebend unwirksam. Wird die Genehmigung erteilt, wird der Vertrag rückwirkend endgültig wirksam, wird die Genehmigung nicht erteilt, wird der Vertrag endgültig unwirksam.

Bindung an den Vertrag

Auch in dieser Schwebezeit ist der Vertrag aber für den Käufer und den Verkäufer bindend. Sie können sich nicht einseitig von der eingegangenen Verpflichtung lossagen. Mit der Erteilung der Genehmigung wird der Vertrag wirksam, auch wenn eine Partei es sich inzwischen anders überlegt hat und den Vertrag nicht mehr will. Der Versuch, in einem solchen Fall die Unwirksamkeit des Vertrags dadurch herbeizuführen, daß die Person, die über die Genehmigung zu entscheiden hat, zur Versagung der Genehmigung veranlaßt wird, ist gefährlich. Die Verpflichtung zur Vertragstreue verbietet es, die Wirksamkeit des Vertrags zu hintertreiben. Insbesondere wenn dies mit unlauteren Mitteln geschieht, kann dies zu Schadensersatzansprüchen der andern Vertragspartei führen.

VI. Wer kann sonst noch am Kaufvertrag oder der Auflassung beteiligt sein?

Manchmal ist es sinnvoll oder sogar notwendig, daß sich außer dem Verkäufer und dem Käufer noch andere Personen am Grundstückskaufvertrag beteiligen. Dies kommt vor allem in zwei Fällen in Betracht:

Hausbau Wird ein Grundstück zum Zwecke des Hausbaus erworben und wird deshalb zugleich mit dem Kaufvertrag ein Vertrag über die Errichtung des Hauses abgeschlossen, bedürfen in der Regel beide Verträge der notariellen Beurkundung (näher dazu S. 45f.). Sollen beide Verträge in einer Urkunde zusammengefaßt beurkundet werden, muß auch der eventuell vom Verkäufer verschiedene Bauunternehmer mitwirken, denn sonst kann die vom Gesetz geforderte Form nicht eingehalten werden.

Zugewinngemeinschaft Verfügt ein im gesetzlichen Güterstand der Zugewinngemeinschaft lebender Ehegatte über sein Grundstück und macht dieses nahezu sein gesamtes Vermögen aus, muß der andere Ehegatte zustimmen (näher dazu S. 64f.). Der Einfachheit halber empfiehlt es sich in diesen Fällen, daß die Zustimmung des anderen Ehegatten in den Kaufvertrag aufgenommen wird und dieser dazu am Kaufvertrag mitwirkt.

Makler Mitunter wünscht der Makler, der im Auftrag einer der Vertragsparteien, häufig des Verkäufers, den Abschluß des Kaufvertrags vermittelt hat, daß ihm im Kaufvertrag das Recht eingeräumt wird, seine Maklerprovision unmittelbar vom Käufer verlangen zu können. Dies erleichtert die Durchsetzung der Ansprüche des Maklers. Es ist aber nicht notwendig, daß er dazu am Kaufvertrag mitwirkt. Der Verkäufer und der Käufer können auch ohne Beteiligung des Maklers vereinbaren, daß er seine Provision unmittelbar vom Käufer fordern kann.

Die Gerichte deuten solche Klauseln in der Regeln als echten Vertrag zugunsten Dritter (§ 328 BGB), insbesondere wenn die Klausel etwa wie folgt lautet:

Provisionsversprechen

> Die Käufer verpflichten sich, an die Maklerfirma M. eine Vermittlungsgebühr in Höhe von 3% des Kaufpreises zuzüglich Mehrwertsteuer zu zahlen. Die Maklerfirma M. erhält eine Abschrift des Vertrags.

Dies hat für den Käufer zwei Konsequenzen: Die Vermittlungsgebühr ist zusätzlich zum Kaufpreis zu zahlen und der Makler kann seine Gebühren unmittelbar vom Käufer fordern. Ist dies nicht gewollt, weil beispielsweise der Maklerlohn nicht zusätzlich zum Kaufpreis gezahlt werden soll, ist von einer solchen Formulierung abzuraten. Es müßte dann deutlich zum Ausdruck gebracht werden, daß die Vermittlungsgebühr im Kaufpreis inbegriffen ist und nicht zusätzlich gezahlt werden soll.

VII. Vorkehrungen zur Sicherung der Vertragserfüllung

Zug-um-Zug-Abwicklung

Wie wir gesehen haben, ist die Übereignung eines Grundstücks keine einfache Angelegenheit. Erst die Eintragung des neuen Eigentümers in das Grundbuch verschafft dem Käufer das Eigentum. Wann dies geschieht, hängt allein vom Grundbuchamt ab und kann weder vom Käufer noch vom Verkäufer beeinflußt werden. Deshalb kann hier die Zahlung des Kaufpreises nicht zeitgleich (Zug um Zug) mit der Übertragung des Eigentums erfolgen. Gerade deshalb hat der Käufer ein erhebliches Interesse daran, den Kaufpreis erst dann zu bezahlen, wenn sein Eigentumserwerb sichergestellt ist, er also nicht Gefahr läuft, sein Geld zu verlieren und dennoch kein Eigentum am Grundstück zu erlangen. Auf der anderen Seite hat der Verkäufer ein erhebliches Interesse daran, daß der Käufer das Eigentum am

Grundstück erst erhält, wenn er den Kaufpreis in Händen hat. Wie dieser wechselseitige Wunsch nach Absicherung erfüllt werden kann, soll im folgenden gezeigt werden.

1. Sicherungsmöglichkeiten des Verkäufers

Tip

Eintragung vor Kaufpreiszahlung

Wie schon gezeigt, kann der Käufer, der die Auflassungserklärung in den Händen hat, damit beim Grundbuchamt den Antrag stellen, ihn als neuen Eigentümer einzutragen (näher dazu S. 57f.). Der Verkäufer, der dies nicht verhindern kann, läuft deshalb Gefahr, daß der Käufer als Eigentümer in das Grundbuch eingetragen wird, obwohl der Kaufpreis noch nicht bezahlt ist. Diese Gefahr besteht auch dann, wenn der Notar ermächtigt wird, den Umschreibungsantrag zu stellen und der Käufer auf ein eigenes Antragsrecht verzichtet. Der Verkäufer kann das vermeiden, wenn er den Notar anweist, eine Ausfertigung des Vertrags, die die Auflassung enthält, erst dann dem Käufer auszuhändigen, wenn die Zahlung des Kaufpreises nachgewiesen ist oder vom Verkäufer bestätigt wird, und auch erst dann einen Umschreibungsantrag beim Grundbuchamt zu stellen. Eine solche Anweisung könnte beispielsweise wie folgt formuliert werden:

Anweisungen an den Notar bzgl. der Eigentumsumschreibung

> Der Notar wird angewiesen, dem Käufer eine die Auflassung enthaltende Ausfertigung der Urkunde erst dann zu erteilen, wenn der Käufer die Zahlung des Kaufpreises nachgewiesen oder der Verkäufer den Eingang des Kaufpreises bestätigt hat. Der Notar wird weiter angewiesen, von der ihm erteilten Vollmacht, die zur Durchführung dieses Vertrags erforderlichen Erklärungen gegenüber dem Grundbuchamt abzugeben, nur dann Gebrauch zu machen und insbesondere den Antrag auf Umschreibung des Eigentums nur dann zu stellen, wenn die Zahlung des Kaufpreises erfolgt ist.

2. Die Sicherungsmöglichkeiten des Käufers

Die Sicherung des Käufers muß, um effektiv zu sein, zwei möglichen Gefahren entgegenwirken:

Erneuter Verkauf des Grundstücks

Zum einen ist der Verkäufer durch den Abschluß des Kaufvertrags nicht gehindert, das Grundstück noch ein zweites Mal zu verkaufen. Wird in Vollzug dieses zweiten Kaufvertrags zuerst ein Umschreibungsantrag gestellt, wird dieser Käufer in aller Regel auch zuerst als Eigentümer eingetragen und der erste Käufer geht leer aus. Zwar muß der Verkäufer diesem dann Schadensersatz leisten, weil er seine Verpflichtung, ihm das Eigentum am verkauften Grundstück zu verschaffen, nicht mehr erfüllen kann. Das Grundstück kann der erste Käufer auf diesem Weg aber nicht erlangen.

Gläubiger des Verkäufers

Zum anderen besteht die Gefahr, daß Gläubiger des Verkäufers auf das Grundstück zugreifen und es zu ihren Gunsten verwerten. In Betracht kommen dabei sowohl Gläubiger, denen eine Hypothek oder Grundschuld an dem Grundstück eingeräumt wurde, als auch Gläubiger, die gegen den Verkäufer ein Urteil auf Zahlung einer Geldsumme erstritten haben und nun im Rahmen der Vollstreckung aufgrund dieses Titels eine Zwangshypothek haben eintragen lassen. Der Erwerb eines derart belasteten Grundstükkes hätte für den Käufer nur wenig Wert.

2.1 Die Eintragung einer Vormerkung

Ein Weg, um dem Käufer Sicherheit zu verschaffen, besteht in der Eintragung einer Vormerkung, die auch als Auflassungsvormerkung bezeichnet wird.

a) Was ist eine Vormerkung?

§§

Definiton der Vormerkung

Eine Vormerkung ist ein besonderes Sicherungsmittel, das das Gesetz im Grundstücksrecht zur Verfügung stellt, um die Nachteile auszugleichen, die dadurch entstehen, daß das Eigentum mit dem Abschluß des Kaufvertrags noch nicht auf den Käufer übergeht. Die Vormerkung wird in das Grundbuch eingetragen und weist den Rechtsverkehr darauf hin, daß eine Eintragung einer Rechtsänderung zugunsten eines anderen bevorsteht. Wer sich trotz der Vormerkung eintragen läßt, muß damit rechnen, daß er sein Recht zugunsten des in der Vormerkung Genannten wieder verliert (§§ 883, 888 BGB).

b) Wie kommt eine Vormerkung in das Grundbuch?

Eintragungsantrag

Die Vormerkung wird aufgrund eines entsprechenden Antrags eingetragen, den der Käufer stellen kann. Die Eintragung muß allerdings vom Verkäufer als dem eingetragenen Eigentümer bewilligt werden, d.h., dieser muß sich damit einverstanden erklären. Diese Bewilligung bedarf der notariellen Beglaubigung. In aller Regel wird die Bewilligung der Vormerkung bereits in den Grundstückskaufvertrag aufgenommen, was schon aus Kostengründen zu empfehlen ist. Die Bewilligung einer Vormerkung kann etwa so formuliert werden:

> Der Verkäufer bewilligt zugunsten des Käufers die Eintragung einer Vormerkung zur Sicherung des Anspruchs auf Erwerb des Eigentums an dem verkauften Grundstück.

c) Die Wirkungen einer Vormerkung

§§

Unwirksamkeit weiterer Eintragungen

Die eingetragene Vormerkung bewirkt keine Sperre des Grundbuchs. Das Grundbuchamt kann daher trotzdem einen Dritten als Eigentümer oder zugunsten eines Gläubigers des Verkäufers eine (Zwangs-)Hypothek oder Grundschuld eintragen. Dies beeinträchtigt den Käufer aber nicht, weil er von jedem, der nach der Eintragung der Vormerkung eingetragen wurde, die Löschung seines Rechts verlangen kann, soweit es seinen Eigentumserwerb beeinträchtigen würde (§ 888 BGB). Diese Eintragungen sind ihm gegenüber unwirksam (§ 883 Abs. 2 BGB).

d) Praktische Hinweise

Tip

Empfehlung zur Eintragung einer Vormerkung

Wenn zwischen dem Abschluß des Kaufvertrags und der Umschreibung des Eigentums ein längerer Zeitraum liegt, empfiehlt es sich immer, eine Vormerkung eintragen zu lassen. Auch wenn die Bewilligung einer Vormerkung aus welchen Gründen auch immer einmal nicht mit in die Urkunde über den Kaufvertrag aufgenommen werden kann, sollten die zusätzlichen Kosten zur Sicherung des Käufers unbedingt aufgebracht werden. An einen Verzicht auf eine Vormerkung sollte man allenfalls denken, wenn sich die Kaufvertragsparteien über viele Jahre gut kennen und deshalb an der gegenseitigen Bereitschaft, den Vertrag zu erfüllen, nicht der geringste Zweifel besteht.

Kostenvorteile

Selbst wenn der Käufer ausnahmsweise nicht beabsichtigt, eine Vormerkung eintragen zu lassen, sollte man überlegen, ob man sich nicht aus Kostengründen dennoch die Eintragung einer Vormerkung im Kaufvertrag bewilligen läßt, denn die spätere Bewilligung einer Vormerkung verursacht zusätzliche Kosten. Die Notwendigkeit, dies zu tun, kann sich beispielsweise ergeben, wenn die den Kaufpreis finanzierende Bank eine solche Sicherung des Käufers wünscht.

Kauf vom Bauträger

Unbedingt erforderlich ist die Eintragung einer Vormerkung, wenn ein Grundstück von einem Bauträger erworben wurde, der darauf ein Haus errichten soll und sich schon in der Bauphase teilweise – jeweils nach Fertigstellung bestimmter Bauabschnitte – bezahlen läßt. Nur so kann der Käufer im Falle des Konkurses des Bauträgers seine Chance wahren, doch noch das Eigentum an dem Grundstück zu erlangen.

e) Die Löschung der Vormerkung

Zeitpunkt der Löschung

Die Vormerkung hat ihren Zweck erfüllt, wenn der Käufer als neuer Eigentümer in das Grundbuch eingetragen wurde. Sie verliert dann ihren Sinn, es sei denn, zwischenzeitlich sind Eintragungen erfolgt, die den Eigentumserwerb beeinträchtigen. Dann behält sie bis zu deren Löschung noch Bedeutung. Die Vormerkung wird im Grundbuch nur gelöscht, wenn dies vom Berechtigten bewilligt wurde. Mitunter schlagen deshalb die Notare zur Vermeidung der zusätzlichen Kosten, die mit der späteren Erteilung einer Löschungsbewilligung verbunden sind, vor, diese bereits in die Kaufvertragsurkunde aufzunehmen. Unbedenklich sind dabei Löschungsbewilligungen, die beispielsweise folgenden Wortlaut haben:

Bewilligung der Löschung der Vormerkung

> Der Käufer bewilligt und beantragt bereits jetzt, die Löschung dieser Vormerkung Zug um Zug gegen die Eintragung als Eigentümer im Grundbuch, sofern zwischen dem Zeitpunkt der Eintragung der Vormerkung und dem der Eintragung des Eigentumswechsels keine ihn belastenden Zwischeneintragungen er-

Keine Zwischeneintragungen

Der Käufer sollte aber darauf achten, daß er keinesfalls vor seiner Eintragung als Eigentümer und nur dann die Löschung der Vormerkung bewilligt, wenn zwischen Kaufvertragsabschluß und Eintragung als Eigentümer keine vom Verkäufer bewilligten Eintragungen erfolgt sind.

2.2 Die Sicherstellung der richtigen Verwendung der Kaufpreiszahlung

Löschung der Grundstücksbelastungen

Für den Käufer ist es nicht nur wichtig, den Kaufpreis nur bezahlen zu müssen, wenn er Besitz und Eigentum an dem Grundstück erhält. Von ebenso großer Bedeutung ist, daß die im Grundbuch eingetragenen Belastungen, die nach den Vereinbarungen im Kaufvertrag zu löschen sind, vom Verkäufer auch gelöscht werden, denn sonst erhält er ein belastetes Grundstück, obwohl er den Kaufpreis für ein unbelastetes Grundstück bezahlt hat. Außerdem kann es zu erheblichen Schwierigkeiten kommen, wenn der Käufer den Kaufpreis finanziert und dazu mit Hypotheken oder Grundschulden gesicherte Kredite aufnimmt, die nach den Vereinbarungen mit der Bank an erster Rangstelle im Grundbuch eingetragen werden sollen. Ist dies nicht möglich, weil diese Rangstelle von den noch nicht gelöschten Hypotheken oder Grundschulden besetzt ist, muß damit gerechnet werden, daß die Bank die Auszahlung des Kredits verweigert. Der Käufer sollte daher versuchen sicherzustellen, daß der Verkäufer den Kaufpreis auch tatsächlich dafür verwendet, diese Belastungen löschen zu lassen. Dies läßt sich durch eine entsprechende Ausgestaltung des Kaufvertrags unter Einschaltung des Notar erreichen.

Höhe des Restkredits

Dazu muß zunächst die Höhe der Belastung festgestellt werden. Ist beispielsweise zugunsten der Bank des Verkäufers eine Grundschuld eingetragen und hat der Verkäufer auf den ihm gewährten Kredit bereits Zahlungen geleistet, müssen diese auf die geschuldeten Zinsen und die Tilgung verrechnet und auf diese Weise der Restbetrag bestimmt werden. Aus dem Grundbuch läßt sich dieser Betrag nicht entnehmen, weil dort nur die Summe eingetragen ist, mit der das Grundstück haften soll (Nominalbetrag). Entweder die Kaufvertragsparteien oder der Notar sollten sich deshalb mit dem Gläubiger, dessen Grundpfandrecht abgelöst werden soll, in Verbindung setzen und erfragen, wieviel zur Ablösung des Grundpfandrechts zu zahlen ist.

Wenn dies geschehen ist, steht fest, welcher Teil des Kaufpreises für die Ablösung verwendet werden muß. Die Abwicklung der Zahlung kann dann auf zwei Wegen erfolgen:

a) Die Abwicklung über ein Notaranderkonto

§§

Zahlung an den Notar

Zum einen kann der Notar eingeschaltet werden. Der Käufer zahlt dann den Kaufpreis auf ein Treuhandkonto des Notars, das Notaranderkonto, das entweder schon besteht oder das dieser neu einrichtet. Aus dieser Summe zahlt der Notar den zuvor schon festgelegten oder von ihm erfragten Ablösebetrag an die Bank und erhält im Gegenzug die Löschungsbewilligung. Mitunter erteilt die Bank dem No-tar schon nach dem Eingang des Kaufpreises auf dem Notaranderkonto eine Löschungsbewilligung mit dem Auftrag, von dieser erst Gebrauch zu machen, wenn die Zahlung des Ablösebetrags an sie gesichert ist. Der Notar zahlt den Ablösebetrag dann später an die Bank.

Antrag auf Umschreibung

Gleichzeitig stellt der Notar den Antrag auf Umschreibung des Eigentums im Grundbuch, da der Käufer (und die ihn finanzierenden Banken) mit der Auszahlung des Kaufpreises an den Verkäufer nur einverstanden ist, wenn der Käufer tatsächlich Eigentümer wird. Nach dessen Eintragung können dann die Grundpfandrechte zugunsten der Banken des Käufers eingetragen werden. Der für die Ablösung der bisherigen Grundpfandrechte nicht benötigte Teil des Kaufpreises wird anschließend an den Verkäufer ausbezahlt.

Wem diese hier vereinfacht dargestellten Zahlungsvorgänge zu kompliziert erscheinen, der muß deshalb nicht auf diese Sicherung verzichten. Der Notar, dem der Wunsch nach einer solchen Sicherstellung der Kaufpreiszahlung vorgetragen wird, wird bei der Abwicklung behilflich sein.

b) Die Abwicklung von Bank zu Bank

Zahlung von Bank zu Bank

Zum anderen gibt es die Abwicklung von Bank zu Bank. Dazu trifft die Bank des Käufers eine entsprechende Vereinbarung direkt mit der Bank des Verkäufers, sofern sowohl der Käufer als auch der Verkäufer damit einverstanden sind. Die beiden Banken regeln dann die Ablösung des Grundpfandrechts und die Aushändigung der Löschungsbewilligung untereinander.

Schließlich besteht auch die Möglichkeit, daß der Käufer sich im Einverständnis mit dem Verkäufer mit dessen Bank in Verbindung setzt, den Ablösebetrag unmittelbar an diese zahlt und im Gegenzug die Löschungsbewilligung erhält.

c) Die Abwicklung bei der Beteiligung einer Vielzahl von Gläubigern

Erstellung einer Übersicht

Besondere Vorsicht ist geboten, wenn eine Vielzahl von Gläubigern befriedigt werden muß. Dann muß unbedingt schon im Vorfeld einer solchen Vereinbarung geklärt werden, ob der Kaufpreis zur Ablösung aller Rechte ausreicht. Sonst läuft der Käufer Gefahr, zwar einzelne Gläubiger befriedigen zu können, aber, da der Kaufpreis nicht zur Befriedigung aller ausreicht, trotzdem kein lastenfreies Grundstück zu erhalten. Nur nach Erstellung einer Übersicht über die Höhe aller erforderlichen Ablösebeträge läßt sich ersehen, ob der Kaufpreis ausreicht oder ob der Verkäufer den Restbetrag aus eigenen Mittel aufbringen müßte. Dazu wird er häufig nicht in der Lage sein, so daß der Käufer nur durch zusätzliche Zahlungen ein lastenfreies Grundstück erwerben könnte. Der Käufer könnte in diesem Fall auch versuchen, durch Verhandlungen mit den Gläubigern zu klären, ob diese bereit sind, die Löschung ihrer Grundpfandrechte auch dann zu bewilligen, wenn sie nur teilweise befriedigt werden. Dies sollte aber nur ein geschäftsgewandter Käufer selbst tun. Sonst sollte er diese schwierigen Verhandlungen und die gegebenenfalls zu treffenden Vereinbarungen einer sach- und rechtskundigen Person, beispielsweise einem Rechtsanwalt, übertragen.

2.3 Die Sicherung der Übertragung des Besitzes auf den Käufer

Tip

Eigentumserwerb verschafft noch keinen Besitz

Wird die Kaufpreiszahlung über ein Notaranderkonto abgewickelt, empfiehlt es sich, die Auszahlung des Kaufpreises an den Verkäufer auch davon abhängig zu machen, daß dem Käufer der Besitz an dem Kaufobjekt übertragen wurde. Allein der Umstand, daß der Käufer als Eigentümer eingetragen wurde, verschafft ihm noch nicht den Besitz am Grundstück. Probleme mit der Besitzverschaffung treten vor allem in folgender Fallkonstellation immer wieder auf: Der Verkäufer baut ein neues Haus und verkauft das alte

Haus, weil er Geld braucht. Die Fertigstellung des neuen Hauses verzögert sich, so daß der Verkäufer zu dem vereinbarten Termin nicht ausziehen kann. Der Käufer muß jedoch seine schon gekündigte Mietwohnung räumen und benötigt das gekaufte Haus. Die Eintragung als Eigentümer nützt dem Käufer hier nichts, weil er in dem gekauften Haus trotzdem nicht wohnen kann. Erhält der Verkäufer den Kaufpreis erst nach der Übergabe des Hauses, wird er sich eher darum bemühen, zum vereinbarten Zeitpunkt auszuziehen. Man kann daher in den Kaufvertrag eine Regelung aufnehmen, die etwa folgenden Inhalt haben könnte:

Anweisung für die Auszahlung des Kaufpreises durch den Notar

> Der Notar wird angewiesen, den Kaufpreis erst dann an den Verkäufer auszuzahlen, wenn dieser eine Bescheinigung des Käufers vorgelegt hat, aus der sich ergibt, daß der Käufer den Besitz an dem Kaufobjekt übernommen hat oder wenn der Besitzübergang durch öffentliche Urkunden nachgewiesen wird.

Tip

Übergabequittung

Wird eine solche Regelung in den Kaufvertrag aufgenommen, sollte sich der Verkäufer die Übergabe des Besitzes schriftlich mit dem Datum des Besitzübergangs bestätigen lassen, um diese Bestätigung dem Notar vorlegen zu können.

Erfolgt die Abwicklung der Zahlung über den Notar und ergeben sich dabei längere Verzögerungen, weil unerwartete Schwierigkeiten auftreten, beispielsweise teilen die Gläubiger der abzulösenden Grundpfandrechte den Ablösebetrag nicht mit, können sich die Vertragsparteien mit dem Notar in Verbindung setzen und mit ihm überlegen, ob der auf dem Notaranderkonto befindliche Kaufpreis nicht für eine gewisse Zeit verzinslich angelegt werden kann. Dies ist im Einverständnis aller Beteiligten möglich.

VIII. Rechte des Verkäufers bei Störungen der Vertragsabwicklung durch den Käufer

Der Käufer hat aufgrund des Kaufvertrags drei Grundpflichten zu erfüllen: Er muß den Kaufpreis zahlen, er muß das gekaufte Grundstück in Besitz nehmen, und er muß bei der Übertragung des Eigentums mitwirken (§ 433 BGB). Diese Pflichten kann er dadurch verletzen, daß er sie ganz oder teilweise nicht erfüllt oder daß er sie nicht rechtzeitig erfüllt.

1. Der Käufer kommt seinen Vertragspflichten nicht nach

1.1 Der Käufer zahlt den Kaufpreis nicht

Zurückbehaltungsrecht

Zahlt der Käufer den Kaufpreis ganz oder teilweise nicht, kann der Verkäufer die Übergabe des Grundstücks und die Abgabe der Auflassungserklärung verweigern und so versuchen, den Käufer zur Zahlung zu veranlassen. Dies führt jedoch dann nicht zum Erfolg, wenn der Käufer derzeit an einer Übergabe des Grundstücks nicht interessiert ist. Dann gerät die Durchführung des Vertrags ins Stocken.

Klage

Der Verkäufer kann den Käufer aber auch mit Hilfe der Gerichte zur Kaufpreiszahlung zwingen. Dazu muß er eine Klage auf Zahlung erheben. Dies kann er aber nur mit Erfolg tun, wenn der Käufer den Kaufpreis schon zahlen muß, er also fällig ist. Der Zeitpunkt der Fälligkeit ergibt sich aus dem Kaufvertrag. Ist dort beispielsweise vorgesehen, daß der Verkäufer zuvor alle Belastungen zu löschen hat, muß er zuerst alle Belastungen löschen lassen. Muß der Verkäufer noch Arbeiten am Haus oder am Grundstück vornehmen, müssen diese Arbeiten getan sein.

Auch wenn alle Fälligkeitsvoraussetzungen erfüllt sind, empfiehlt es sich, daß der Verkäufer den Käufer nochmals ausdrücklich zur Zahlung auffordert, denn sonst kann es

Tip

Anerkenntnis des Verkäufers

passieren, daß der Käufer im Prozeß seine Zahlungsverpflichtung sofort anerkennt und einwendet, er habe zur Klageerhebung keine Veranlassung gegeben. Dies hat zur Folge, sofern sich das Gericht dieser Argumentation anschließt, daß der Verkäufer die Kosten des Prozesses tragen muß. Als Zahlungsaufforderung genügt ein kurzes Schreiben, das etwa so lauten könnte:

Zahlungsaufforderung

> Nach den im Kaufvertrag vom … unter <Angabe der genauen Stelle, z.B. § 4 Absatz 3> getroffenen Vereinbarung ist der Kaufpreis seit dem <Datum einfügen> zur Zahlung fällig.
> Alle Voraussetzungen der Fälligkeit sind seit diesem Zeitpunkt gegeben. Ich fordere Sie daher auf, den Kaufpreis bis zum <Datum einfügen> zu bezahlen.

Einschreiben

Wenn man vermeiden will, daß der Käufer abstreitet, diesen Brief erhalten zu haben, sollte man ihn durch Einschreiben mit Rückschein übersenden, denn dann kann man den Nachweis führen, daß er ihn bekommen hat.

Fälligkeitsvoraussetzung

Bei der Erhebung einer Zahlungsklage ist zu beachten, daß der Verkäufer nur Zahlung an sich selbst verlangen kann, wenn dies im Kaufvertrag so vorgesehen ist. Soll nach dem Vertrag die Zahlungsabwicklung über den Notar erfolgen, kann der Verkäufer auch nur Zahlung an den Notar verlangen. Soll der Kaufpreis zur Ablösung von Grundpfandrechten an die Bank des Verkäufers gezahlt werden, kann der Verkäufer nur Zahlung an die Bank fordern.

Gesamtschuldner

Wurde das Grundstück von mehreren Käufern gemeinschaftlich erworben, haften sie als Gesamtschuldner. Der Verkäufer kann dann alle Käufer auf einmal verklagen. Er kann sich aber auch einen von ihnen aussuchen und nur diesen verklagen, denn jeder muß den gesamten Kaufpreis bezahlen. Der Verkäufer sollte aber nur dann nicht alle Käufer verklagen, wenn er absolut sicher ist, von dem einen den ganzen Kaufpreis bekommen zu können, denn aus einem Urteil gegen einen der Gesamtschuldner kann er auch nur gegen diesen vollstrecken. Hat dieser kein Geld, muß der Verkäufer die anderen erneut verklagen.

Unterwerfung unter die sofortige Zwangsvollstreckung

Einer Klage auf Zahlung des Kaufpreises bedarf es nicht, wenn sich der Käufer hinsichtlich der Zahlung bereits im Kaufvertrag der sofortigen Zwangsvollstreckung unterworfen hat. Liegen die in dieser Klausel genannten Voraussetzungen vor, kann der Verkäufer beim Notar die Erteilung einer vollstreckbaren Ausfertigung der Urkunde beantragen und mit dieser die Zwangsvollstreckung betreiben, ohne das Gericht anrufen zu müssen. Eine solche Klausel birgt für den Käufer eine gewisse Gefahr, weil in dem Verfahren der Klauselerteilung nicht geprüft wird, ob der Verkäufer die Zahlung des Kaufpreises zu Recht betreibt. In diesem Fall muß der Käufer, der der Auffassung ist, der Verkäufer könne die Zahlung des Kaufpreises noch nicht verlangen, Klage erheben, um die Vollstreckung zu verhindern (sogenannte Vollstreckungsgegenklage oder Vollstreckungsabwehrklage, §§ 767, 768 ZPO). Im Rahmen dieser Klage kann der Käufer versuchen, die Vollstreckung einstweilen bis zur Entscheidung über seine Klage einstellen zu lassen (§ 769 ZPO). Die Gerichte machen dies aber regelmäßig davon abhängig, daß der Käufer Sicherheit, etwa durch Beibringung einer Bankbürgschaft, leistet. Ist er dazu nicht in der Lage, muß er unter Umständen den Kaufpreis zunächst zahlen und kann ihn erst nach dem Erfolg seiner Klage wieder zurückverlangen.

Verzicht auf den Nachweis der Fälligkeit

Eine vollstreckbare Ausfertigung der Urkunde, mit der Verkäufer die Zwangsvollstreckung betreiben kann, erhält dieser vom Notar nur, wenn er die Entstehung des Kaufpreisanspruchs und dessen Fälligkeit durch öffentliche Urkunden (§ 726 ZPO) nachweist, was den Verkäufer in der Regel dazu zwingt, im einzelnen nachzuweisen, daß die im Kaufvertrag vereinbarten Voraussetzungen für die Fälligkeit des Kaufpreises alle erfüllt sind. Dadurch wird der Käufer in gewissem Umfang geschützt. Dieser Schutz entfällt aber, wenn, was zulässig ist, in der Klausel über die Unterwerfung unter die sofortige Zwangsvollstreckung zugleich auf diesen Nachweis für die Entstehung und Fälligkeit der Kaufpreisforderung verzichtet wird. Dann kann sich der Verkäufer jederzeit eine vollstreckbare Ausfertigung des Kaufvertrags erteilen lassen, selbst wenn der Kaufpreis noch nicht fällig ist. Der Käufer ist der Vollstreckung schutzlos ausgeliefert und der Verkäufer kann bei einem Streit über die Fälligkeit des Kaufpreises versuchen, vollendete Tatsachen zu schaffen. Dem Käufer bleibt in diesem Fall nur die Möglichkeit, eine Klage auf Rückzahlung des Kaufpreises zu erheben. Er trägt das Risiko, daß der Verkäufer das Geld nicht mehr hat. Von einem solchen Nachweisverzicht ist daher dringend abzuraten.

1.2 Der Käufer nimmt die Sache nicht in Besitz

Klage auf Übernahme des Besitzes

Wenn der Käufer das Kaufobjekt nicht in Besitz nimmt, kann der Verkäufer ihn ebenfalls verklagen und ihn so zwingen, den Besitz zu übernehmen. Auch hier ist erforderlich, daß der Verkäufer zuerst alle Voraussetzungen erfüllt hat, von denen nach dem Kaufvertrag die Verpflichtung des Käufers zur Übernahme des Besitzes abhängt. Eine solche Klage kann in Betracht kommen, wenn die Übergabe des Besitzes Voraussetzung für die Fälligkeit des Kaufpreises ist oder wenn der Verkäufer erreichen möchte, daß die Grundstückslasten übergehen.

Um jedes Kostenrisiko zu vermeiden, empfiehlt es sich auch hier, den Käufer zuvor zur Übernahme des Besitzes aufzufordern.

1.3 Der Käufer wirkt bei der Auflassung nicht mit

§§

Klage auf Zustimmung

Wie wir gesehen haben, setzt die Umschreibung des Eigentums an einem Grundstück voraus, daß beide Parteien die Auflassung vor einem Notar erklärt haben (näher dazu

S. 55f.). Weigert sich der Käufer, vor dem Notar zu erscheinen, kann die Auflassung nicht formgerecht erklärt und damit der Grundstückskaufvertrag nicht vollzogen werden. Wenn der Verkäufer dennoch den Eigentumsübergang herbeiführen will, muß er den Käufer auf Zustimmung zur Auflassung verklagen.

Wirkung eines Urteils

Wird der Käufer verurteilt, gilt seine Einigungserklärung als abgegeben, sobald das Urteil rechtskräftig wird (§ 894 ZPO). Der Verkäufer kann nun die Auflassung von einem Notar beurkunden lassen. Die Anwesenheit des Käufers ist nicht mehr erforderlich. Seine Erklärung wird durch das dem Notar vorgelegte Urteil ersetzt. Anschließend kann der Verkäufer den Umschreibungsantrag beim Grundbuchamt stellen und so den Eigentumsübergang herbeiführen.

1.4 Welche Besonderheiten sind bei einer Klage zu beachten?

Leistungsabwicklung Zug-um-Zug

Isolierte Klagen auf Zahlung des Kaufpreises, auf Übernahme des Besitzes oder auf Abgabe der Auflassungserklärung kommen in der Praxis nur selten vor. Zum einen wird der Käufer kaum nur eine seiner Verpflichtungen nicht erfüllen. Zum anderen muß er, sofern der Kaufvertrag nicht ausdrücklich eine andere Regelung enthält, den Kaufpreis nur zahlen, wenn er zugleich den Besitz und das Eigentum an dem Grundstück erhält. Das Gesetz spricht in einem solchen Fall davon, daß die wechselseitigen Verpflichtungen Zug um Zug zu erfüllen sind (§ 320 BGB). Dies hat zur Konsequenz, daß die Klage des Verkäufers auf Zahlung des Kaufpreises keinen Erfolg hat, wenn er nicht zugleich die Übergabe und Übereignung des Grundstücks anbietet. Dies muß der Verkäufer schon im Antrag seiner Klage zum Ausdruck bringen und dementsprechend formulieren:

- Es wird beantragt, den Beklagten zu verurteilen, 425.000 DM (Kaufpreis) Zug um Zug gegen die Übergabe und die Auflassung des im Grundbuch von ... eingetragenen Grundstücks, Flurstück-Nr. ... an den Kläger zu zahlen.

§§

Zwangsvollstreckung Zug-um-Zug

Die Zwangsvollstreckung aus einem solchen Urteil kann grundsätzlich nur dann beginnen, wenn der Gerichtsvollzieher die Zug um Zug abzuwickelnde Leistung des Verkäufers, die Besitzübergabe und die Abgabe der Auflassungserklärung, gleichzeitig dem Käufer anbietet. Etwas anderes gilt nur, wenn der Verkäufer durch öffentliche oder öffentlich beglaubigte Urkunden nachweist, daß sich der Käufer im Annahmeverzug befindet. Dies ist schwierig. Es empfiehlt sich deshalb, daß der Verkäufer seine Leistung dem Käufer vor Klageerhebung so anbietet, wie sie nach dem Kaufvertrag zu erbringen ist, und damit den Käufer, wenn er sie nicht annimmt, in Annahmeverzug versetzt (§§ 293 ff. BGB). Dazu gehört die Mitteilung eines Termins zur Beurkundung der Auflassung bei einem dazu bereiten Notar. Er kann dann im Rahmen seiner Klage zusätzlich beantragen, festzustellen, daß sich der Käufer im Annahmeverzug befindet. Dann kann die Vollstreckung des Kaufpreises betrieben werden, ohne daß die Leistungen des Verkäufers nochmals angeboten werden müssen.

Gerichtszuständigkeit

Zuständig für solche Klagen sind bei einem Streitwert über 10.000 DM die Landgerichte, bei einem Streitwert darunter die Amtsgerichte. Der Streitwert bestimmt sich nach der Höhe des Kaufpreises bzw. dem Wert des Grundstücks. Vor dem Landgericht ist eine Vertretung durch einen Rechtsanwalt zwingend vorgeschrieben. Im Prozeß vor dem Amtsgericht kann der Verkäufer auch ohne Anwalt auftreten. Davon ist jedoch dringend abzuraten, denn die Durchführung eines Rechtsstreits ist schwierig, so daß dies nur jemand mit sehr guten Rechtskenntnissen tun sollte.

2. Der Käufer kommt seinen Vertragspflichten nur verspätet nach

Mitunter erfüllt der Käufer seine vertraglichen Verpflichtungen nicht zu dem im Kaufvertrag vereinbarten Zeitpunkt, sondern erst einige Zeit später. Der Verkäufer kann verlangen, daß der Käufer ihm den durch die Verzögerung entstandenen Schaden ersetzt, wenn sich der Käufer in Verzug befunden hat.

2.1 Wann kommt der Käufer in Verzug?

§§ **Fälligkeit**

Die Leistung des Käufers muß zunächst fällig sein, d.h., er muß sie nach den Vereinbarungen im Kaufvertrag schon erbringen. Ist beispielsweise vorgesehen, daß vor der Zahlung des Kaufpreises alle Belastungen des Grundstücks zu löschen sind, wird der Kaufpreis erst fällig, wenn der Verkäufer alle Belastungen gelöscht hat. Wird – wie häufig – die Verpflichtung zur Kaufpreiszahlung an die vorherige Räumung des Grundstücks geknüpft, kann Verzug erst eintreten, wenn es geräumt ist. Außerdem müssen alle im Einzelfall erforderlichen behördlichen Genehmigungen vorliegen, wie beispielsweise die Teilungsgenehmigung bei der Veräußerung eines Teils eines Grundstücks.

Hat der Verkäufer alles getan, wozu er nach dem Kaufvertrag verpflichtet ist, und wurde somit der Kaufpreis fällig, kann der Käufer auf zwei Wegen in Verzug kommen:

a) Der Zeitpunkt der Leistungserbringung ist im Kaufvertrag genau bestimmt

§§ **Bestimmung der Leistungszeit**

Mußte der Kaufpreis nach den Vereinbarungen im Kaufvertrag an einem bestimmten Datum bezahlt werden, kommt der Käufer automatisch in Verzug, wenn er diesen Zahlungstermin nicht einhält. Dann ist in der Sprache des Gesetzes für die Leistung eine Zeit nach dem Kalender bestimmt (§ 284 Abs. 2 BGB). Die Leistungszeit ist hingegen nicht nach dem Kalender bestimmt, wenn der Zeitpunkt, zu dem der Käufer seine Leistung zu erbringen hat, nur bestimmbar ist, also beispielsweise vereinbart wurde, daß der Kaufpreis zwei Wochen nach der Räumung des Grundstücks zu bezahlen ist. Dann kommt der Käufer erst durch eine Mahnung in Verzug.

Verzinsung des Kaufpreises

Der Käufer sollte aber vorsichtig sein, wenn die Wirksamkeit des Vertrags von der Erteilung einer Genehmigung abhängt. Wird in diesen Fällen ein bestimmtes Datum für die Kaufpreiszahlung vereinbart, neigen die Gerichte dazu, dies dahin zu deuten, daß die Vertragsparteien eine Verzinsung des Kaufpreises auch schon für den Schwebezustand bis zur Erteilung der Genehmigung vereinbart haben. Dies hat für den Käufer die Konsequenz, daß er dem Verkäufer schon Zinsen für den Zeitraum zwischen der kalendermäßig bestimmten Fälligkeit und dem Zeitpunkt der Erteilung der Genehmigung zahlen muß, obwohl der Verkäufer vor Erteilung der Genehmigung in der Regel den Kaufpreis nicht fordern kann und der Käufer noch nicht die Übereignung des Grundstücks. Darüber hinaus besteht die Gefahr, daß eine solche Vertragsbestimmung dahin gedeutet wird, daß der Käufer vor der Erteilung der Genehmigung auch schon den Kaufpreis ganz oder teilweise erbringen muß. Diese für den Käufer regelmäßig unerwünschten Folgen lassen sich vermeiden, wenn man in eine entsprechende Vertragsklausel beispielsweise folgenden Zusatz aufnimmt:

> Der Kaufpreis ist am .... fällig, jedoch nicht vor Erteilung der Genehmigung.

Liegt die Genehmigung an dem vereinbarten Datum nicht vor, ist allerdings die Leistung nicht mehr genau bestimmt. Dies läßt sich aber dadurch erreichen, daß man beispielsweise noch folgenden Zusatz anfügt:

> Liegt die Genehmigung bis zum .... noch nicht vor, wird der Kaufpreis zum 1. (10., 15. usw.) des auf die Genehmigungserteilung folgenden Monats fällig.

b) Der Zeitpunkt der Leistungserbringung ist im Kaufvertrag nicht bestimmt

Enthält der Kaufvertrag kein festes Datum für die Kaufpreiszahlung, kommt der Käufer erst durch eine Mahnung

Mahnung

in Verzug. Eine Mahnung ist nichts anderes als eine unmißverständliche Aufforderung des Verkäufers an den Käufer, seine Zahlung nunmehr unverzüglich zu erbringen. Der Verkäufer muß also den Käufer an seine Zahlungsverpflichtung erinnern. Obwohl das Gesetz dies nicht fordert, sollte dem Käufer eine Frist zur Erfüllung gesetzt werden, um jeden Zweifel auszuräumen, bis wann die Zahlung zu erfolgen hat. Wie lange diese Frist sein muß, hängt von den Besonderheiten des Einzelfalls ab. Einerseits muß der Käufer genügend Zeit haben, um den Kaufpreis zu zahlen. Andererseits muß die Frist nicht so lange sein, um dem Käufer Gelegenheit zu geben, sich erst jetzt um die Beschaffung des Kaufpreises zu bemühen. In der Regel wird eine Frist von zwei Wochen ausreichend sein. Man sollte aber die Zahlungsaufforderung nicht so formulieren, daß darin eine Frist von zwei Wochen gesetzt wird, denn dies kann zu Problemen bei der Berechnung führen, wann die Frist abgelaufen ist. Besser ist es, unter Berücksichtigung der Postlaufzeit der Zahlungsaufforderung das Ende einer Zweiwochenfrist zu berechnen und dann zu formulieren:

Fristsetzung

> ... fordere ich Sie auf, die ausstehende Kaufpreiszahlung bis spätestens 15. August 2000 zu erbringen.

Einschreiben

Die Mahnung sollte sicherheitshalber per Einschreiben mit Rückschein verschickt werden, um gegebenenfalls nachweisen zu können, daß der Käufer sie auch erhalten hat.

Verzug

Läßt der Käufer die Zahlungsfrist verstreichen, ohne zu zahlen, gerät er in Verzug. Zahlt er innerhalb der Frist, wofür grundsätzlich der Eingang des Geldes beim Verkäufer oder, sofern dies vereinbart wurde, beim Notar maßgebend ist, bleibt die Verzögerung für ihn ohne Folgen.

c) Die Änderungen durch das Gesetz zur Beschleunigung fälliger Zahlungen

§§

Durch das Gesetz zur Beschleunigung fälliger Zahlungen vom 30.03.2000 wurde für Geldforderungen eine Sonderregelung geschaffen, nach der der Schuldner einer Geldforderung 30 Tage nach Fälligkeit und Zugang einer Rechnung oder einer gleichwertigen Zahlungsaufforderung in Verzug kommt (§ 284 Absatz 3 BGB). Diese Regelung, die am 1.05.2000 in Kraft getreten ist, gilt für alle danach abgeschlossenen Verträge aber auch für Geldforderungen aus davor abgeschlossenen Verträgen, wenn diese erst nach dem 1.05.2000 fällig werden. Das hat für den Verkäufer folgende Konsequenzen:

Verzugseintritt

Auch wenn im Kaufvertrag das Datum der Kaufpreiszahlung genau bestimmt ist, kommt der Käufer erst in Verzug, wenn 30 Tage seit der Fälligkeit und seit der Erteilung einer Rechnung verstrichen sind. Der Verkäufer muß dem Käufer also auch in diesem Fall künftig zunächst eine Rechnung übersenden und dann 30 Tage abwarten. Die Datumsangabe im Kaufvertrag hat nur noch die Bedeutung, die Fälligkeit der Kaufpreisforderung festzulegen. Ist kein Zeitpunkt für die Zahlung des Kaufpreises im Vertrag bestimmt worden, kommt der Käufer in Verzug, wenn der Verkäufer ihm eine Rechnung erteilt und 30 Tage seit Fälligkeit und Rechnungserteilung verstrichen sind. Eine Mahnung mit oder ohne Fristsetzung ist nicht mehr erforderlich.

Rechnung

Gerichtsentscheidungen dazu, wie die Rechnung oder die gleichwertige Zahlungsaufforderung aussehen muß, liegen noch nicht vor. Es wird aber jedenfalls erforderlich sein, daß sich aus dem Schriftstück zweifelsfrei ergibt, welche Geldforderung in Rechnung gestellt wird und wie sich diese Forderung berechnet. Für Grundstückskaufverträge wird genügen, daß der Kaufpreis genannt wird, dessen genaue Summe regelmäßig im Kaufvertrag genannt ist. Nur wenn sich der Kaufpreis daraus nicht unmittelbar ergibt, weil dort nur festgehalten ist, nach welchen Kriterien er berechnet wird (vgl. dazu S. 25f.), muß in dem Schreiben auch im einzelnen dargelegt sein, wie sich der geforderte Kaufpreis berechnet; die Angabe des Ergebnisses der Berechnung genügt nicht. Eine solche Rechnung oder gleichwertige Zahlungsaufforderung könnte bei eine feststehenden Kaufpreis etwa wie folgt aussehen:

Fristsetzung mit Ablehnungsandrohung

> Hiermit stelle ich Ihnen den Kaufpreis gemäß § 2 des notariellen Kaufvertrags vom 17.08.2000 in Höhe von DM 530.000,00 in Rechnung, den Sie bitte umgehend bezahlen wollen.

Einschreiben

Die Rechnung oder die gleichwertige Zahlungsaufforderung sollte sicherheitshalber per Einschreiben mit Rückschein übersandt werden, damit nachgewiesen werden kann, wann der Käufer das Schreiben erhalten hat. Erst ab diesem Zeitpunkt läuft die Frist von 30 Tagen. Es kann selbstverständlich auch jede andere Art der Übermittlung gewählt werden, durch die sich der Zeitpunkt des Zugangs beim Käufer sicher nachweisen läßt.

Anwendung auf den Grundstückskauf

Zur Zeit ist noch unklar, ob dieses neue Gesetz auch auf Grundstückskaufverträge, wie sie hier zu erörtern sind, anzuwenden ist, da Urteile der Oberlandesgerichte oder des Bundesgerichtshofs, an denen sich die anderen Gericht regelmäßig orientieren, noch nicht vorliegen. Es kann durchaus sein, daß die Neuregelung auf solche Verträge nicht angewandt wird, da sie dafür nicht paßt und da der Gesetzgeber eigentlich nur solche Geldforderungen im Blick hatte, über die üblicherweise eine Rechnung erstellt wird. Deshalb sollte derzeit nicht darauf verzichtet werden, im Kaufvertrag anzugeben, wann der Kaufpreis gezahlt werden soll. Dies schadet nicht und ist dann von Vorteil, wenn die Gerichte zum Ergebnis kommen, daß die Neuregelung diese Art von Verträgen nicht erfaßt und es deshalb bei dem zuvor geschilderten alten Zustand bleibt, auf dessen Darstellung deshalb auch nicht verzichtet wurde. Zur Sicherheit sollte aber auch eine Rechnung erteilt werden. Dann müßte der Käufer auf jeden Fall in Verzug sein. Diese Ungewißheit, wann Verzug eintritt, kann auch dadurch vermieden werden, daß in den Kaufvertrag eine ausdrückliche Regelung darüber aufgenommen wird, wann der Käufer mit der Kaufpreiszahlung in Verzug kommt. Dies ist zulässig. Man könnte etwa formulieren:

Regelung des Verzugseintritts

> Wird der Kaufpreis nicht bis zum <hier wäre das Datum einzusetzen, bis zu dem der Kaufpreis gezahlt werden soll> gezahlt, kommt der Käufer in Verzug, ohne daß es einer Mahnung oder der Übersendung einer Rechnung oder einer gleichwertigen Zahlungsaufforderung bedarf.

Wird ein fester Zeitpunkt für die Zahlung nicht vereinbart, könnte man formulieren:

Regelung des Verzugseintritts

> Der Käufer kommt mit der Kaufpreiszahlung in Verzug, wenn er auf eine nach Fälligkeit erfolgte Mahnung des Verkäufers nicht leistet, ohne daß es der Übersendung einer Rechnung oder einer gleichwertigen Zahlungsaufforderung bedarf.

2.2 Die Folgen des Verzugseintritts

Schadensersatzanspruch

Nach Verzugseintritt ist der Schuldner verpflichtet, dem Verkäufer den Schaden zu ersetzen, den dieser aufgrund der verzögerten Erbringung der Leistung erleidet. Hat der Verkäufer zusätzliche Kosten, weil er den Kaufpreis nicht rechtzeitig erhalten hat, kann er diese vom Käufer ersetzt verlangen. Konnte er deshalb beispielsweise einen Kredit nicht rechtzeitig ablösen, muß der Käufer ihm die während des Verzugs angefallenen Kreditkosten ersetzen. Unabhängig von der Entstehung eines weiteren Schadens kann der Verkäufer in jedem Fall zumindest verlangen, daß die Kaufpreisforderung mit 5 Prozent über dem Basiszinssatz nach § 1 des Diskontsatz-Überleitungsgesetzes pro Jahr verzinst wird (§ 288 BGB).

3. Weitere Rechte des Verkäufers

Alternativen des Verkäufers

Gelingt es dem Verkäufer nicht, den Käufer zur Zahlung zu bewegen, oder erscheint dies von vornherein aussichtslos, muß der Verkäufer einen anderen Weg beschreiten, um seine Rechte zu wahren. Das gleiche gilt, wenn der Käufer den Kaufpreis nicht innerhalb der Frist zahlt. Das Gesetz stellt ihm dazu zwei Wege zur Verfügung, je nachdem ob der Verkäufer sich mit der Rückabwicklung des Kaufvertrags begnügen will oder ob er auch beabsichtigt, Schadensersatzansprüche geltend zu machen.

3.1 Nachfristsetzung mit Ablehnungsandrohung

§§

Fristsetzung

In beiden Fällen ist zunächst Voraussetzung, daß sich der Käufer mit seiner Kaufpreiszahlung in Verzug befindet, er also die fällige Zahlung trotz Mahnung nicht erbracht hat. Außerdem muß der Verkäufer dem Käufer eine Nachfrist setzen, d.h. ihn zur Zahlung innerhalb einer bestimmten, angemessenen Frist auffordern. Dies ist hier, anders als bei der Herbeiführung des Zahlungsverzugs, unbedingt erforderlich.

Ablehungsandrohung

Mit der Setzung der Nachfrist muß die Androhung verbunden werden, daß der Verkäufer die Leistung nach dem Ablauf der Frist ablehne, was üblicherweise als Ablehnungsandrohung bezeichnet wird. Die verzugsbegründende Mahnung kann in einem separaten Schreiben erfolgen. Der Verkäufer kann aber auch die Mahnung, die Nachfristsetzung und die Ablehnungsandrohung in einem Schreiben miteinander verbinden. Die Nachfristsetzung und die Ablehnungsandrohung müssen stets in einem Schreiben erfolgen.

Eindeutige Formulierung notwendig

Die Erklärungen des Verkäufers sollten eindeutig sein und seinen Willen, nach Fristablauf die Leistung des Käufers endgültig abzulehnen und nicht mehr als Vertragserfüllung anzuerkennen, zweifelsfrei erkennen zu lassen. Ungenügend wären Erklärungen mit folgendem Wortlaut:

- Der Verkäufer behält sich vor, die Leistung nach Fristablauf abzulehnen; der Verkäufer behält sich weitere rechtliche Schritte vor; der Verkäufer wird nach Fristablauf rechtliche Konsequenzen ziehen; nach Fristablauf wird die Sache an einen Rechtsanwalt übergeben.

Ausreichend wäre eine Formulierung wie etwa die folgende:

Fristsetzung mit Ablehnungsandrohung

> Zur Zahlung des Kaufpreises erhalten Sie eine Frist bis zum <Angabe eines bestimmten Datums, ca. 2 Wochen nach Zugang des Schreibens>. Die Annahme einer Zahlung nach Ablauf dieser Frist lehne ich ab.

Aufgrund der Neuregelung des Verzugs mit Geldforderungen (siehe dazu S. 86f.) ist eine Frist von 30 Tagen nach Übersendung einer Rechnung oder einer gleichwertigen Zahlungsaufforderung einzuhalten, denn erst nach Ablauf dieser Frist tritt der Verzug ein. Während des Laufs der Frist kann der Verkäufer noch keine Nachfrist mit Ablehnungsandrohung setzen, denn dies setzt voraus, daß der Verzug bereits eingetreten ist. Er muß 30 Tage warten.

Tip

Einschreiben

Wegen der besonderen Bedeutung der Nachfristsetzung mit Ablehnungsandrohung sollte sie schon zu Beweiszwekken schriftlich erfolgen. Will der Verkäufer sicher sein, daß der Käufer diese Erklärung auch erhalten hat, sollte er sie durch Einschreiben mit Rückschein übersenden. Wurde der Kaufvertrag mit mehreren Käufern abgeschlossen, muß die Fristsetzung mit Ablehnungsandrohung gegenüber jedem Käufer erfolgen.

3.2 Die Folgen des Ablaufs der Nachfrist

§§

Erlöschen der Verpflichtung des Verkäufers

Erbringt der Käufer seine Leistung nicht innerhalb der ihm gesetzten Frist, erlischt die Verpflichtung des Verkäufers auf Übertragung des Eigentums und die des Käufers zur Kaufpreiszahlung. Das Vertragsverhältnis wird dahin umgestaltet, daß der Verkäufer nur noch zwischen dem Rücktritt vom Vertrag und der Geltendmachung von Schadensersatz wählen kann. Unabhängig von der Ausübung dieses Wahlrechts kann der Verkäufer in jedem Fall die Löschung einer eventuell schon im Grundbuch eingetragenen Auflassungsvormerkung vom Käufer verlangen, denn dessen Anspruch auf Übertragung des Eigentums an dem Grundstück ist mit Ablauf der Frist erloschen.

a) Der Rücktritt vom Vertrag

Rückgewähr der Leistungen

Wählt der Verkäufer den Rücktritt vom Vertrag, sind die bisher schon ausgetauschten Leistungen zurückzugewähren. Wurde beispielsweise dem Käufer schon der Besitz am Grundstück eingeräumt und hatte er schon einen Teil des Kaufpreises bezahlt, muß der Käufer dem Verkäufer den Besitz und der Verkäufer dem Käufer das gezahlte Geld zurückgeben. Daneben kann der Verkäufer verlangen, daß der Käufer ihm dafür, daß er das Grundstück nutzen konnte, einen Ausgleich zahlt. Die Höhe der Ausgleichszahlung richtet sich nach dem Wert der Nutzungen. Handelt es sich um ein Wohnhaus, orientiert sich der Wert an der für ein solches Haus üblicherweise zu zahlenden Miete. Den Schaden, der dem Verkäufer dadurch entstanden ist, daß der Kaufvertrag nicht vollzogen wird, kann er bei der Wahl des Rücktritts nicht verlangen.

Entschädigung für Nutzungen

b) Der Schadensersatz

§§

Umfang des Schadensersatzes

Anstatt des Rücktritts kann der Verkäufer sich für die Geltendmachung eines Schadensersatzanspruchs entscheiden. Auf diesem Weg kann er alle Nachteile ersetzt verlangen, die ihm dadurch entstanden sind, daß der Kaufvertrag nicht ordnungsgemäß durchgeführt wurde. Außerdem steht ihm ein Anspruch auf Ersatz für alle Aufwendungen zu, die er im Zusammenhang mit der Durchführung des Vertrag hatte. Dazu gehören beispielsweise bisher entstandene Vertragskosten wie Notarkosten, Kosten für die Eintragung einer Vormerkung, nutzlose Aufwendungen zur Vertragsdurchführung wie Finanzierungskosten, Bankgebühren oder Maklerkosten, zusätzliche Zinsen aufgrund einer verspäteten Ablösung eines Darlehens und Mietausfälle. Erhält der Verkäufer bei einem erneuten Verkauf nur einen geringeren Kaufpreis, kann er auch den Differenzbetrag zu dem vereinbarten Kaufpreis als Schaden geltend machen.

Tip

Belege sammeln

Will der Verkäufer Schadensersatz fordern, sollte er alle ihm durch die Nichterfüllung entstandenen Schäden auch der Höhe nach genau angeben und sich möglichst Belege beschaffen. Finanzierungskosten oder zusätzliche Zinsaufwendungen sollte er sich durch seine Bank bestätigen lassen.

4. Praktische Hinweise

Wie wir gesehen haben, hat der Verkäufer mehrere Möglichkeiten, auf die Nichterfüllung durch den Käufer zu reagieren. Welchen der verschiedenen Wege er beschreitet, sollte er sich vorher genau überlegen, denn eine vorschnelle Entscheidung könnte sich zu seinem Nachteil auswirken.

4.1 Kriterien für die Auswahl unter den verschiedenen Rechten des Verkäufers

Zahlungsklage

Versucht der Verkäufer zunächst, die Zahlung des Kaufpreises durch eine Klage vor Gericht durchzusetzen, kann er wenig falsch machen. Er geht dabei allerdings das Risiko ein, daß er trotz einer Verurteilung des Käufers nichts vollstrecken kann, weil dieser kein Geld hat. Außerdem riskiert er, die Gerichtskosten zahlen zu müssen, wenn der Käufer kein Geld hat. Schließlich kann ein solcher Prozeß lange dauern, vor allem wenn er durch mehrere Instanzen geht, weshalb der Verkäufer überlegen sollte, ob dies sinnvoll ist.

Mahnung mit Ablehnungsandrohung

Will der Verkäufer den Käufer in Verzug setzen, sollte er genau überlegen, was er im Endergebnis erreichen möchte, bevor er ihm mit der Mahnung zugleich eine Frist setzt und diese mit der Erklärung verbindet, daß er nach dem Ablauf der Frist die Erfüllung ablehne (Ablehnungsandrohung). Verstreicht die Frist, ohne daß der Käufer seine Leistung erbringt, kann der Verkäufer nur noch vom Vertrag zurücktreten oder Schadensersatz wegen Nichterfüllung fordern. Die Erfüllung des Vertrags, also Zahlung des Kaufpreises und Abnahme des verkauften Grundstücks, kann er danach nicht mehr verlangen. Soll diese Möglichkeit offengehalten werden, darf der Verkäufer noch keine mit einer Ablehnungsandrohung verbundene Nachfrist setzen.

Entscheidung zwischen Rücktritt und Schadensersatz

Hat der Verkäufer eine Nachfrist verbunden mit einer Ablehnungsandrohung gesetzt, muß er sich nach deren Ablauf zwischen dem Rücktritt und der Geltendmachung von Schadensersatz entscheiden. Die keineswegs seltene Formulierung,

> ... trete ich vom Kaufvertrag zurück und mache Schadensersatzansprüche geltend,

Exakte Formulierung beachten

ist in sich widersprüchlich und deshalb unsinnig. Man sollte sich auch nicht darauf verlassen, daß die Gerichte sie, wie es vielfach geschieht, zugunsten des Verkäufers dahin auslegen, daß er Schadensersatz fordert. In der Regel wird dies für ihn günstiger sein, weil er so alle finanziellen Nachteile ersetzt verlangen kann, die ihm durch die Nicht-erfüllung des Käufers entstanden sind. Wählt er den Rücktritt, geht dies, wie schon gezeigt (siehe S. 91ff.), nicht.

Deshalb sollte es sich der Verkäufer außerordentlich gut überlegen, ob er den Rücktritt wählt, denn zum Schadensersatz kann er dann nicht mehr übergehen. Dieser Weg bleibt versperrt. Hat der Verkäufer hingegen Schadensersatz gewählt, kann er immer noch zum Rücktritt übergehen, wenn dies ausnahmsweise einmal vorteilhafter sein sollte.

4.2 Der finanzierte Kaufpreis

Kein Vertrag ohne gesicherte Finanzierung

Grundstückskaufverträge scheitern häufig daran, daß der Käufer entgegen seinen Erwartungen den Kaufpreis nicht aufbringen kann, weil die Finanzierung nicht klappt. Auch wenn dies nicht auf sein Verschulden zurückzuführen ist, entlastet ihn das nicht, denn Geld muß man haben. Er ist unter Umständen Schadensersatzansprüchen in ganz erheblichem Umfang ausgesetzt. Deshalb kann man nur dringend davon abraten, bei noch ungesicherter Finanzierung einen Grundstückskaufvertrag abzuschließen und sich dabei von dem Gedanken lenken zu lassen, es werde schon irgendwie klappen. Das ist regelmäßig der erste Schritt ins Verderben. Vor der Unterschrift unter den Kaufvertrag muß die Finanzierung stehen. Man sollte sich auch nicht durch irgendwelche zeitliche Vorgaben unter Druck setzen lassen, denn auch der Verkäufer kann vernünftigerweise kein Interesse an einem Vertragsschluß haben, solange die Finanzierung noch ungeklärt ist, denn auch er möchte, daß der Vertrag planmäßig und ohne Schwierigkeiten durchgeführt werden kann. Deshalb sollte man die Beurkundung des Kaufvertrags notfalls um ein paar Tage verschieben.

Will der Käufer trotz dieser Gefahren den Kaufvertrag beurkunden lassen, bevor die Finanzierung gesichert ist, sollte er zumindest versuchen, für den Fall des Scheiterns seiner Bemühungen um eine Finanzierung ein vertragliches Rücktrittsrecht in den Kaufvertrag aufnehmen zu lassen. Dies könnte etwa wie folgt formuliert werden:

Tip

> Der Käufer ist berechtigt, von diesem Vertrag zurückzutreten, sofern die B-Bank den Antrag auf Gewährung eines Darlehens zur Finanzierung des Grundstückserwerbs ablehnt.

Rücktrittsklausel bei ungesicherter Finanzierung

Der Käufer muß sich dabei jedoch darüber im klaren sein, daß ein solches Rücktrittsrecht ihm keinen absoluten Schutz vor finanziellen Nachteilen bietet. Er kann sich dann zwar vom Kaufvertrag lösen, ohne Schadensersatzansprüche des Verkäufers befürchten zu müssen. Teuer kann dies aber dennoch werden. Wenn der Käufer von seinem Rücktrittsrecht Gebrauch macht, sind die Notarkosten für die Beurkundung des Kaufvertrags schon voll entstanden und müssen trotzdem von ihm bezahlt werden, es sei denn, im Kaufvertrag wurde eine andere Regelung getroffen (vgl. zur Höhe solcher Kosten S. 245f.). Auch Maklerkosten kann der Käufer trotz des Rücktritts bezahlen müssen. Deshalb kann dieser Weg immer nur eine Notlösung sein, um die finanziellen Verluste gering zu halten.

Begrenzter Schutz durch Rücktrittsrecht

Auch der Verkäufer hat ein gewisses Interesse daran, daß die Finanzierung des Kaufpreises gesichert ist, denn nur so kann der Vertrag planmäßig abgewickelt werden. Hat der Verkäufer Zweifel an der Zahlungsfähigkeit des Käufers, sollte er Erkundigungen einholen und sich unter Umständen sogar eine Finanzierungsbestätigung vorlegen lassen, wenn die eingeholten Auskünfte nachteilig ausfallen. Erhöhte Vorsicht ist geboten, wenn dem Käufer schon vor vollständiger Kaufpreiszahlung der Besitz oder sogar das

Vorsichtsmaßnahmen des Verkäufers

Eigentum an dem Grundstück übertragen wird oder wenn der Käufer schon vor der Kaufpreiszahlung Veränderungen am Grundstück vornehmen darf. Selbst wenn der Verkäufer den durch die Nichterfüllung entstandenen Schaden ersetzt verlangen kann, wobei der Erfolg bei einem finanziell schwachen Käufer sehr zweifelhaft ist, hat er doch Ärger und Mühen, die er hätte vermeiden können.

IX. Rechte des Käufers bei Störungen der Vertragsabwicklung durch den Verkäufer

1. Der Verkäufer erfüllt seine vertraglichen Verpflichtungen nicht

Der Verkäufer ist aufgrund des Grundstückskaufvertrags verpflichtet, den Besitz und das Eigentum auf den Käufer zu übertragen. Kommt der Verkäufer dieser Verpflichtung nicht freiwillig nach, kann der Käufer jede dieser Verpflichtungen einzeln oder auch alle zusammen mit Hilfe der Gerichte erzwingen.

1.1 Der Verkäufer überträgt den Besitz nicht

Klage auf Besitzverschaffung

Die Übertragung des Besitzes kann im Kaufvertrag von verschiedenen Voraussetzungen wie beispielsweise der Zahlung eines Teils des Kaufpreises abhängig gemacht werden. Sind alle diese Voraussetzungen erfüllt, kann der Käufer verlangen, den Besitz zu erhalten. Verweigert der Verkäufer dies, kann der Käufer Klage auf Verschaffung des Besitzes erheben. Zuvor sollte er aber den Verkäufer schriftlich zur Besitzübertragung auffordern und ihm dazu eine Frist setzen.

1.2 Der Verkäufer wirkt bei der Auflassung nicht mit

Klage auf Übereignung

Das gleiche gilt, wenn der Verkäufer bei der Auflassung nicht mitwirkt und dadurch die Übertragung des Eigentums verhindert. Auch hier kann der Käufer die Mitwirkung verlangen, sobald alle im Kaufvertrag festgelegten Voraussetzungen erfüllt sind. War darin beispielsweise vereinbart, daß der Kaufpreis an den Notar gezahlt wird, und ist dies geschehen, kann der Käufer nunmehr die Übereignung verlangen. Vor einer Klageerhebung sollte der Verkäufer aber schriftlich unter Fristsetzung zur Abgabe der Auflassungserklärung aufgefordert werden.

1.3 Was ist bei einer Klageerhebung zu beachten?

Zug-um-Zug-Abwicklung

Regelmäßig kann der Käufer die Übertragung des Besitzes und des Eigentums nur verlangen, wenn er gleichzeitig den Kaufpreis zahlt. Die Abwicklung erfolgt also Zug um Zug. Bei einer Klageerhebung muß dies berücksichtigt werden, denn sonst droht die Klageabweisung schon deshalb, weil der Verkäufer die Erfüllung des Kaufvertrags vor dem Erhalt des Kaufpreises nicht schuldet. Der Antrag an das Gericht könnte etwa folgenden Wortlaut haben:

Klage auf Auflassung und Besitzverschaffung

> Es wird beantragt, den Beklagten (Verkäufer) zu verurteilen, an den Kläger (Käufer) den Besitz an dem im Grundbuch von S-Stadt eingetragenen Grundstück, Flurstück-Nr. 4711, zu übertragen und dieses Grundstück an den Kläger aufzulassen, Zug um Zug gegen Zahlung des Kaufpreises in Höhe von 375.000 DM.

Mitunter wird hinsichtlich der vom Verkäufer abzugebenden Auflassungserklärung auch so formuliert:

Klage auf Auflassung

> … folgende Willenserklärung abzugeben: Ich bin damit einverstanden, daß das Eigentum an dem im Grundbuch von Heidelberg eingetragenen Grundstück … (genaue Angabe nach Grundbuchblatt usw.) auf den Kläger übergeht.

Verbindung beider Klagen

Bei dieser Formulierung wurde die Klage auf Übertragung des Besitzes mit der auf Übertragung des Eigentums verbunden. Dies bietet sich immer dann an, wenn der Käufer schon beides fordern kann, denn so kann alles in einem Prozeß entschieden werden.

Die Einschränkung »Zug um Zug« kann entfallen, wenn der Käufer den Kaufpreis schon, sofern dies im Kaufvertrag vereinbart wurde, an den Notar oder zur Ablösung von Grundpfandrechten an die Bank des Verkäufers bezahlt hat. Dann darf der Verkäufer seine Leistung nicht länger zurückhalten.

Tip

Annahmeverzug des Verkäufers

Um sich die Vollstreckung eines solchen Urteils zu erleichtern, kann der Käufer zusätzlich die Feststellung beantragen, daß der Verkäufer sich im Annahmeverzug befindet. Dies setzt voraus, daß der Käufer die Kaufpreiszahlung, so wie sie nach dem Kaufvertrag geschuldet wird, dem Verkäufer angeboten hat, der Verkäufer die Zahlung aber nicht entgegengenommen hat. Eine besondere Gefahr ist für den Käufer mit einem solchen Angebot nicht verbunden, denn auch hier wird berücksichtigt, daß der Käufer den Kaufpreis nur gegen die Übertragung des Besitzes und des Eigentums zahlen muß, so daß der Verkäufer auch dann in Verzug kommt, wenn er den Kaufpreis zwar annehmen will, aber nicht zugleich seine Gegenleistungen anbietet (§ 298 BGB). Wird der Annahmeverzug des Verkäufers im Urteil nicht festgestellt, kann der Käufer aus dem Urteil nur vollstrekken, wenn er seine Leistung im Rahmen der Zwangsvollstreckung anbietet.

Vollstreckung

Die Verurteilung zur Übertragung des Besitzes wird dadurch vollstreckt, daß der Gerichtsvollzieher dem Verkäufer das Grundstück wegnimmt und es dann dem Käufer übergibt. Die Eintragung im Grundbuch als neuer Eigentümer kann der Käufer alleine erreichen. Wird das Urteil rechtskräftig, gilt die im Rahmen der Auflassung vom Verkäufer abzugebende Erklärung als abgegeben (§ 894 ZPO). Der Käufer kann mit dem Urteil zum Notar gehen, die Auflassung beurkunden lassen und dann die Umschreibung des Grundbuchs beantragen.

2. Wie kann der Käufer sonst auf die Nichterfüllung durch den Verkäufer reagieren?

2.1 Die Geltendmachung des Verzögerungsschadens

Mahnung

Kommt der Verkäufer seinen Verpflichtungen nicht nach, obwohl sie schon fällig sind, weil alle im Kaufvertrag vereinbarten Vorbedingungen erfüllt sind, kann der Käufer ihn in Verzug setzen (§ 284 BGB). Dazu genügt eine Mahnung, d.h. eine unmißverständliche Aufforderung, die geschuldete Leistung nunmehr zu erbringen. Sinnvollerweise sollte dem Verkäufer eine Frist gesetzt werden, um jeden Zweifel auszuschließen, ab welchem Zeitpunkt er in Verzug ist. Darauf kann nur verzichtet werden, wenn schon im Kaufvertrag genau angeben ist, wann der Verkäufer zu leisten hat, dort also beispielsweise steht, bis zum 20.04.2000 oder bis Ende Mai 2000 oder bis Ende des ersten Halbjahrs 2000. Nicht genügend wäre eine Klausel im Kaufvertrag, in der es etwa heißen würde, drei Wochen nach Eingang des Kaufpreises beim Notar, denn damit wäre der Leistungszeitpunkt nicht, wie es das Gesetz verlangt, nach dem Kalender bestimmt (§ 284 Abs. 2 BGB), sondern nur nach dem Kalender berechenbar.

Tip

Fristsetzung

z.B.

Verzögerungsschäden

Befindet sich der Verkäufer im Verzug, kann der Käufer von ihm alle Schäden und Nachteile ersetzt verlangen, die durch die verspätete Leistung entstanden sind. Dazu gehören etwa die Kosten für die Anmietung einer Ersatzwohnung, wenn der Käufer seine bisherige Wohnung räumen mußte, in das gekaufte Haus aber noch nicht einziehen konnte, weil der Verkäufer noch nicht ausgezogen war. Auch zusätzliche Finanzierungskosten aufgrund der Verzögerung zählen dazu sowie alle Kosten, die dadurch entstanden sind, daß der Käufer den Verkäufer nach Verzugseintritt zur Erfüllung zu bewegen versuchte, beispielsweise auch die Kosten der Einschaltung eines Rechtsanwalts (zu den Voraussetzungen und den Folgen des Verzugs siehe auch bei S. 83f.).

2.2 Rücktritt vom Vertrag oder Schadensersatz wegen Nichterfüllung

§§

Nachfrist mit Ablehnungsandrohung

Ist der Käufer der Auffassung, daß die Vertragserfüllung nicht durchsetzbar ist oder daß die Durchsetzung nicht mehr sinnvoll ist, kann er dem Verkäufer eine Frist zur Vertragserfüllung setzen und zugleich erklären, daß er nach dem Ablauf der Frist die Erfüllung des Vertrags ablehne (§ 326 BGB). Dies setzt aber voraus, daß der Verkäufer seine Leistungen nach den vertraglichen Vereinbarungen schon erbringen muß, sie also fällig sind. Eine Nachfrist mit Ablehnungsandrohung kann dem Verkäufer gesetzt werden, wenn er mit einer seiner Hauptpflichten aus dem Kaufvertrag, beispielsweise mit der Pflicht zur Übertragung des Besitzes, in Verzug ist. Die Fristsetzung kann mit der Mahnung, die den Verzug des Verkäufers herbeiführt, verbunden werden. Sicherer ist es aber, den Verkäufer erst zu mahnen und ihm dann in einem weiteren Schreiben eine mit einer Ablehnungsandrohung verbundene Nachfrist zu setzen, weil sich dann der Käufer bei der Mahnung noch nicht überlegen muß, welche Rechte er letztendlich geltend machen will. Eine solche Fristsetzung könnte etwa folgenden Wortlaut haben:

Fristsetzung mit Ablehnungsandrohung

> Im Kaufvertrag wurde vereinbart, daß der Besitz an dem Grundstück bis spätestens 30.06.2000 zu übertragen ist. Dies ist nicht geschehen.
>
> Ich fordere Sie daher auf, das verkaufte Grundstück Schloßstraße 7 in München zu räumen und mir den Besitz an dem Grundstück spätestens zum 15.07.2000 zu übertragen. Sollte diese Frist verstreichen, ohne daß ich den Besitz erlangt habe, werde ich die Erfüllung des Kaufvertrags ablehnen.

Übersendung durch Einschreiben

Um nachweisen zu können, daß der Verkäufer das Schreiben auch erhalten hat, empfiehlt es sich, es per Einschreiben mit Rückschein zu versenden. In einem solchen Schreiben muß der Käufer noch nicht angeben werden, welche Rechte (Rücktritt oder Schadensersatz) er nach Ablauf der Frist geltend machen will. Möchte der Käufer schon Konsequenzen »androhen« , kann er eine allgemeine Formulierung wählen, die noch alles offenläßt:

Fristsetzung mit salvatorischer Klausel

> ..., werde ich die Erfüllung des Kaufvertrags ablehnen und von meinen gesetzlichen Rechten Gebrauch machen.

Der Käufer sollte sich auf gar keinen Fall ohne gründliche Überlegung für den Rücktritt oder Schadensersatz entscheiden.

Mit dem Ablauf der gesetzten Frist erlischt das Recht des Käufers auf Erfüllung des Kaufvertrags. Er kann nun nur noch vom Vertrag zurücktreten oder Schadensersatz wegen Nichterfüllung verlangen.

a) Der Rücktritt vom Vertrag

§§

Nutzungsersatz

Will der Käufer zurücktreten, muß er den Rücktritt vom Vertrag gegenüber dem Verkäufer erklären. Der Vertrag wird dann rückabgewickelt, d.h., was bereits geleistet wurde, muß zurückgegeben werden. Außerdem ist der Wert der gezogenen Nutzungen zu ersetzen. War dem Käufer schon der Besitz an dem Grundstück übergeben worden, kann der Verkäufer verlangen, daß der Käufer einen Ersatz für die Nutzung des Grundstücks zahlt. Wurde das Haus vom Käufer schon bewohnt, orientiert sich der Wertersatz an der Miete, die üblicherweise für ein solches Haus gezahlt werden müßte. Hatte der Verkäufer den Kaufpreis schon ganz oder teilweise erhalten, muß er die erzielten Zinsvorteile an den Käufer herausgeben. Der Käufer muß auch die Löschung einer zu seinen Gunsten ins Grundbuch eingetragenen Vormerkung bewillligen. Wurden noch keine Leistungen ausgetauscht, enden die vertraglichen Beziehungen, ohne daß noch etwas getan werden muß.

Kein Schadensersatz

Der Käufer muß sich darüber im klaren sein, daß er den ihm durch die Nichterfüllung entstandenen Schaden nicht ersetzt verlangen kann, wenn er den Rücktritt wählt.

b) Schadensersatz wegen Nichterfüllung

Belege sammeln

Sind dem Käufer durch die Nichterfüllung finanzielle Nachteile entstanden, die er ersetzt haben will, muß er Schadensersatz wegen Nichterfüllung wählen. Dazu richtet er am besten ein Schreiben an den Verkäufer, in dem er seine Schadensersatzforderung genau berechnet. Dem Schreiben sollten zum Beweis für die Höhe der einzelnen Beträge Belege beigefügt sein. In Betracht kommen Kopien von Rechnungen, von Kontoauszügen und von Zinsbescheinigungen. Auf keinen Fall sollten die Originale aus der Hand gegeben werden.

Der Käufer kann als Schadensersatz alle finanziellen Nachteile geltend machen, die ihm durch die Nichterfüllung

z.B.

Finanzielle Nachteile

des Kaufvertrags entstanden sind. Dazu zählen auch Ausgaben und sonstige Aufwendungen, die der Käufer im Rahmen des Vollzugs des Vertrags machte und die nun nutzlos sind, wie beispielsweise die Kosten des Vertragschlusses, d.h. vor allem die Notarkosten, bereits angefallene Kosten des Grundbuchamts (Eintragung einer Vormerkung), Maklerkosten und bereits gezahlte Grunderwerbssteuer, soweit sie vom Finanzamt nicht zurückerstattet wird. Außerdem kann der Käufer die Kosten der Finanzierung des Erwerbs, bereits angefallene Zinszahlungen, Umzugskosten und nutzlos aufgewandte Renovierungskosten ersetzt verlangen. Beschafft sich der Käufer ein anderes, gleichwertiges Grundstück, schuldet der Verkäufer auch die Erstattung der Differenz zwischen dem ursprünglich vereinbarten Kaufpreis und dem Kaufpreis, den der Käufer für das Ersatzgrundstück zahlen muß.

Anrechnung des Werts der gezogenen Nutzungen

Der Käufer, der das Hausgrundstück schon genutzt hat, muß sich allerdings auf seinen Schadensersatzanspruch den Wert anrechnen lassen, den diese Nutzungen üblicherweise haben. Dieser Wert richtet sich im Zweifel nach dem üblichen Mietzins, der für ein vergleichbares Haus gezahlt werden müßte.

Auf den Verkäufer können somit ganz erhebliche Geldforderungen zukommen, wenn er seine Verpflichtungen nicht ordnungsgemäß erfüllt. Er sollte sich daher vor Abschluß des Kaufvertrags sehr genau überlegen, ob er in der Lage sein wird, alle Vereinbarungen des beabsichtigten Vertrags vollständig und pünktlich zu erfüllen. Insbesondere wenn ein fester Räumungstermin vereinbart werden soll, ist es sehr wichtig, daß er sehr sorgfältig prüft, ob er diesen Termin wird einhalten können. Im Zweifel sollte er auf einem späteren Räumungstermin bestehen.

c) Die Bindung an die getroffene Wahl

Bevor der Käufer sich zwischen dem Rücktritt vom Vertrag und der Geltendmachung von Schadensersatz entscheidet,

Bindung an die getroffene Wahl

sollte er sich sehr genau überlegen, was für ihn vorteilhafter ist. Bevor er eine Entscheidung trifft, deren Konsequenzen er nicht überschauen kann, sollte er Rechtsrat einholen. Wählt er nämlich den Rücktritt, kann er keinen Schadensersatz mehr fordern, denn diese Wahl läßt sich nicht mehr rückgängig machen. Er muß dann seinen Schaden selbst tragen. Hat er Schadensersatz gewählt, kann er noch zurücktreten. Im Zweifel ist daher die Wahl des Schadensersatzes vorteilhafter, weil sich diese Wahl noch korrigieren läßt, sollte sie sich ausnahmsweise als nachteilig erweisen.

3. Der Verkäufer kann seine vertraglichen Verpflichtungen nicht mehr erfüllen

§§

Unmöglichkeit

In den bisher besprochenen Fällen konnte der Verkäufer seine vertraglichen Verpflichtungen noch erfüllen, er hat es nur nicht getan. Nun wollen wir uns den Rechten des Käufers zuwenden, wenn der Verkäufer dies auf Dauer nicht mehr kann. Eine nur vorübergehende Leistungsunfähigkeit führt nur zum Verzug. Bei der dauerhaften Leistungsunfähigkeit spricht das Gesetz davon, daß die Leistung (objektiv) unmöglich wurde. Gemeint ist damit, daß die Leistung von niemandem, auch vom Schuldner nicht, erbracht werden kann (z.B. die Sache existiert nicht mehr). Kann nur der Schuldner nicht mehr erfüllen, ein anderer könnte dies aber tun, spricht man von Unvermögen (subjektive Unmöglichkeit; § 275 BGB). Außerdem wird zwischen anfänglicher, d.h. schon bei Abschluß des Kaufvertrags bestehender Unmöglichkeit und nachträglicher Unmöglichkeit unterschieden. Bei der nachträglichen Unmöglichkeit sind die Rechte des Käufers bei Unvermögen und (objektiver) Unmöglichkeit gleich. Schließlich ist für die Rechte des Käufers wichtig, ob der Verkäufer die Unmöglichkeit zu vertreten hat oder nicht.

Anfängliche/ nachträgliche Unmöglichkeit

3.1 Der Zeitpunkt des Eintritts der Unmöglichkeit

Welche Rechte der Käufer hat, hängt auch davon ab, wann die Unmöglichkeit eingetreten ist:

§§

Objektive Unmöglichkeit

War die Leistung des Verkäufers schon von Anfang an, also schon bei Abschluß des Kaufvertrags, objektiv unmöglich, ist der Kaufvertrag nichtig (§ 306 BGB). Aus ihm kann keine der Vertragsparteien Rechte herleiten. Kannte der Verkäufer die Unmöglichkeit oder hätte er sie kennen müssen, wenn er sorgfältig gewesen wäre, muß er dem Käufer den Schaden ersetzen, der dadurch entstanden ist, daß dieser auf die Gültigkeit des Vertrags vertraut hat.

Schadensersatz bei anfänglicher Unmöglichkeit

Bei anfänglicher subjektiver Unmöglichkeit (Unvermögen) muß der Verkäufer Schadensersatz wegen Nichterfüllung leisten, ohne daß es auf sein Verschulden ankommt. Die Gerichte gehen davon aus, daß der Verkäufer für sein anfängliches Leistungsvermögen immer haften müsse, weil er so zu behandeln sei, als habe er garantiert, daß er dem Käufer den Besitz und das Eigentum an dem Grundstück verschaffen könne. Hinsichtlich der Art und Weise und der Höhe des Schadensersatzes finden die für die nachträgliche Unmöglichkeit geltenden Vorschriften Anwendung.

Fall

Angenommen, Frau Müller hat ihr Grundstück an Herrn Hilbert verkauft. Noch bevor er als Eigentümer im Grundbuch eingetragen wurde, verkauft er es an Frau Nölle weiter. Danach stellt sich heraus, daß der Kaufvertrag zwischen Frau Müller und Herrn Hilbert unwirksam ist. Frau Müller will jetzt ihr Grundstück lieber behalten. Frau Nölle kann nun von Herrn Hilbert Schadensersatz wegen Nichterfüllung verlangen, denn er haftet für sein Leistungsvermögen auch ohne Verschulden.

Nachträgliche Unmöglichkeit

Tritt die Unmöglichkeit nach Abschluß des Kaufvertrags ein (nachträgliche Unmöglichkeit), kommt es darauf an, ob der Verkäufer dies verschuldet hat oder nicht. Nur bei einem schuldhaften Verhalten des Verkäufers kann der Käufer Schadensersatz fordern (siehe dazu sogleich unter 3.2 und 3.3). Subjektive und objektive Unmöglichkeit werden insoweit gleich behandelt.

Unmöglichkeit nach Gefahrübergang

War dem Käufer schon der Besitz übergeben oder war er schon im Grundbuch als Eigentümer eingetragen worden, trägt der Käufer das Risiko, daß der Kaufgegenstand durch Zufall untergeht oder verschlechtert wird. Das Gesetz spricht insoweit von Gefahrübergang (§ 446 BGB). Tritt die Unmöglichkeit nach diesem Zeitpunkt ohne Verschulden des Verkäufers durch Zufall ein, kann der Käufer daraus keine Rechte herleiten. Er muß dennoch den Kaufpreis zahlen.

3.2 Der Verkäufer hat die Unmöglichkeit zu vertreten

§§

Hat der Verkäufer die Ursache dafür, daß er nicht mehr leisten kann, vorsätzlich oder fahrlässig herbeigeführt, spricht man davon, daß er dies vertreten muß.

Vorsatz

Vorsätzlich handelt er, wenn er sich bewußt und gewollt außerstande setzt, seine Leistung erbringen zu können. Vorsätzliches Handeln liegt aber auch dann vor, wenn der Verkäufer sieht, daß er aufgrund seines Tuns seine Leistung möglicherweise nicht wird erbringen können, dies aber in Kauf nimmt.

Fahrlässigkeit

Fahrlässig handelt, wer die im Verkehr erforderliche Sorgfalt nicht beachtet (§ 276 Abs. 1 BGB) und sich dadurch außerstande setzt, seine Leistung erbringen zu können, obwohl er dies bei Anwendung der gebotenen Sorgfalt hätte erkennen können und müssen und deshalb auch hätte vermeiden können.

Rücktritt oder Schadensersatz

Ist es dem Verkäufer aufgrund eines solchen sorgfaltswidrigen Verhaltens unmöglich geworden, seine Pflichten zur Besitzübertragung und Übereigung zu erfüllen, kann der Käufer entweder vom Vertrag zurücktreten oder Schadensersatz wegen Nichterfüllung fordern (§ 325 Abs. 1 BGB). Ihm stehen somit die gleichen Rechte zu wie nach einer Fristsetzung mit Ablehnungsandrohung, die hier aber nicht erforderlich ist, weil der Verkäufer nicht mehr leisten kann, so daß eine Aufforderung, die Leistung zu erbringen, sinnlos wäre. Auch der Inhalt der dem Käufer nach einem Rücktritt zustehenden Ansprüche und der Inhalt und der Umfang des Schadensersatzanspruchs sind gleich. Auf die dort gemachten Ausführungen auch zu den Überlegungen vor einer Wahl zwischen den beiden Rechten kann daher verwiesen werden (siehe dazu bei S. 100ff.).

Fall
Doppelter Verkauf

Angenommen, der Eigentümer eines Grundstücks hat dieses mit notariellem Kaufvertrag an den Käufer Müller verkauft. Dies erfährt Maier, der ebenfalls an dem Grundstück interessiert ist, und bietet dem Eigentümer 20.000 DM mehr für das Grundstück. Daraufhin schließt der Eigentümer einen weiteren Kaufvertrag mit Maier, erklärt sofort die Auflassung, und Maier wird als neuer Eigentümer im Grundbuch eingetragen. Der Verkäufer kann nun dem Käufer Müller kein Eigentum mehr übertragen, weil er nicht mehr Eigentümer ist. Dies wurde ihm unmöglich, und der Verkäufer hat die Unmöglichkeit zu vertreten, weil er sie durch die Übereignung an Maier gezielt herbeigeführt hat. Wählt Müller nun Schadensersatz wegen Nichterfüllung, muß der Verkäufer ihm die bereits bezahlten Kosten des Abschlusses des Kaufvertrags in Höhe von 4.000 DM, die Maklerkosten in Höhe von 7.500 DM und die Kosten in Höhe von 8.000 DM, die durch den Abschluß von Kreditverträgen zur Finanzierung des Kaufpreises entstanden sind, ersetzen.

3.3 Der Verkäufer hat die Unmöglichkeit nicht zu vertreten

§§
Erlöschen der Leistungspflichten

Wurde die Leistung des Verkäufers unmöglich, obwohl er sorgfältig vorgegangen ist und deshalb die Unmöglichkeit nicht zu vertreten hat, muß er seine Leistung nicht mehr erbringen. Dies hat zur Folge, daß auch der Käufer seine

Leistung, die Zahlung des Kaufpreises, nicht mehr erbringen muß (§ 323 Abs. 1 BGB). Auch er wird frei, die gegenseitigen Leistungspflichten erlöschen automatisch. Ein Schadensanspruch des Käufers entsteht nicht, da dem Verkäufer in diesem Fall keine Pflichtverletzung vorzuwerfen ist. Hat der Käufer den Kaufpreis schon ganz oder teilweise bezahlt, kann er ihn zurückfordern.

Herausgabe des Ersatzes

Erlangt der Verkäufer aufgrund des Ereignisses, das zur Unmöglichkeit führte, ausnahmsweise einen Ersatz für das geschuldete Kaufobjekt oder einen Ersatzanspruch, kann der Käufer verlangen, daß ihm dieser Ersatz herausgegeben oder der Ersatzanspruch an ihn übertragen wird. Er muß dann allerdings auch den Kaufpreis bezahlen. Ist der Wert des Ersatzes oder des Ersatzanspruchs geringer als der Wert des untergegangenen Gegenstands, mindert sich in gleichem Umfang auch der zu zahlende Kaufpreis (§ 323 Abs. 2 BGB).

3.4 Dem Verkäufer wird die Erfüllung seiner Leistungsverpflichtung nur teilweise unmöglich

Untergang des Gebäudes

Abgesehen von einer Übereignung des Grundstücks an einen anderen Käufer unter Verletzung der Pflichten aus dem ersten Kaufvertrag ist kaum ein Fall denkbar, in dem dem Verkäufer die Übertragung des Besitzes und des Eigentums an einem Grundstück insgesamt unmöglich wird. Im Gegensatz zu beweglichen Sachen, die regelmäßig leicht zerstört werden können, kann das verkaufte Grundstück selbst kaum untergehen oder vollständig zerstört werden, weil es als abgegrenztes Stück der Erdoberfläche erhalten bleibt. Zerstört werden können hingegen die Einrichtungen auf dem Grundstück, die Bebauung und die Bepflanzung. Die Frage, welche Rechte der Käufer hat, wenn die Leistung des Verkäufers nur teilweise unmöglich wurde, also beispielsweise das Haus auf dem verkauften Grundstück zerstört wurde, ist deshalb von großer praktischer Bedeutung.

Teilbarkeit

Bevor diese Frage beantwortet werden kann, muß festgestellt werden, ob die Leistung des Verkäufers teilbar ist. Dies hängt in erster Linie von den vertraglichen Vereinbarungen ab, daneben gelten die allgemeinen Anschauungen über die Teilbarkeit einer Leistung. Teilbar wäre die Leistung des Verkäufers beispielsweise dann, wenn er zwei Grundstücke verkauft hat. Nicht teilbar ist seine Leistung in der Regel, wenn er ein mit einem Haus bebautes Grundstück verkauft hat und das Haus zerstört wird, weil man das Haus nicht vom Grundstück trennen und das Grundstück nicht ohne das Haus übereignen kann.

a) Rechte des Käufers bei Unteilbarkeit der Leistung des Verkäufers

§§

Gesamtunmöglichkeit

Ist die Leistung des Verkäufers unteilbar, führt die Unmöglichkeit eines Teils der Leistung zur vollständigen Unmöglichkeit der Vertragsdurchführung, so daß dem Käufer die bereits beschriebenen Rechte bei Unmöglichkeit zustehen. Er kann also, sofern die Unmöglichkeit auf ein Verschulden des Verkäufers zurückzuführen ist, vom gesamten Vertrag zurücktreten oder Schadensersatz wegen Nichterfüllung des gesamten Vertrags verlangen (näher dazu S. 106f.). Hat der Verkäufer die Unmöglichkeit nicht zu vertreten, erlöschen die gegenseitigen Pflichten aus dem Kaufvertrag (näher dazu S. 107f.).

Festhalten am Vertrag

Ist der Käufer aber immer noch an dem Grundstück interessiert, etwa weil er das zerstörte Haus sowieso weitgehend abreißen und neu bauen wollte, kann er sich mit dem Verkäufer in Verbindung setzen und mit ihm vereinbaren, daß der Kaufvertrag dennoch erfüllt wird, und die aufgrund der Änderung der Sachlage notwendigen Änderungen des Kaufvertrags, insbesondere die Anpassung des Kaufpreises, aushandeln, die als wesentliche Änderungen des ursprünglichen Kaufvertrags oder als neuer Kaufvertrag beurkundet werden müssen.

Fall

Zerstörung des Hauses

Angenommen, Frau Gründlich hat von der Firma Bauschnell mit notariellem Kaufvertrag vom 20.03.2000 ein Hausgrundstück gekauft. In der Nacht vom 24. auf den 25.03.2000 gerät das Nachbarhaus in Brand, der Brand greift auf das gekaufte Haus über, und auch dieses brennt vollständig ab. Die Firma bekommt von ihrer Feuerversicherung als Entschädigung 600.000 DM ausgezahlt. Damit wurde der Firma die Erfüllung des Kaufvertrags teilweise unmöglich, denn sie kann das Haus, das ebenfalls Gegenstand des Kaufvertrags war, nicht mehr übergeben und über-eignen. Den Brand hat die Firma nicht verschuldet, so daß Frau Gründlich keinen Schadensersatzanspruch hat. Sie kann aber die Auszahlung der Entschädigung an sich verlangen, muß dann aber den Kaufpreis bezahlen.

b) Rechte des Käufers bei Teilbarkeit der Leistung des Verkäufers

§§

Ist die Leistung des Verkäufers wie in unserem Beispiel mit den zwei verkauften Grundstücken teilbar, erfaßt die Unmöglichkeit nicht den gesamten Vertrag. Er kann noch teilweise abgewickelt werden. Hinsichtlich der Rechte des Käufers ist zu unterscheiden:

Durchführung des Vertrags

Trifft den Verkäufer an der teilweisen Unmöglichkeit keine Schuld, wird der Vertrag grundsätzlich hinsichtlich der noch möglichen Teilleistung durchgeführt. Der Verkäufer muß die noch mögliche Teilleistung erbringen, und der Käufer muß den darauf entfallenden, reduzierten Teil des Kaufpreises bezahlen. Hat der Käufer an der Teilleistung kein Interesse, weil er mit ihr nichts anfangen kann oder weil es für ihn günstiger ist, sich nach einem neuen Grundstück umzusehen, wird der Vertrag so behandelt, als sei die Leistung des Verkäufers vollständig unmöglich geworden. Der Käufer hat dann die schon beschriebenen Rechte (siehe S. 107f.). Der Käufer sollte in diesem Fall den Verkäufer darauf hinweisen, daß er an der Teilleistung kein Interesse hat und sie daher ablehnt, damit keine Ungewißheit über die weitere Durchführung des Vertrags entsteht.

Hat der Verkäufer die teilweise Unmöglichkeit verschuldet, kann der Käufer vom ganzen Vertrag zurücktreten oder Schadensersatz wegen Nichterfüllung des ganzen Vertrags fordern. Dies setzt aber voraus, daß der Käufer dem Verkäufer gegenüber erklärt, er lehne die noch mögliche Teilleistung ab, da sie für ihn kein Interesse habe, und verlange Schadensersatz. Hat der Verkäufer schon etwas geleistet, muß es der Käufer wieder zurückgeben. Da der Verkäufer daran interessiert ist, bald zu erfahren, ob der Käufer die noch mögliche Teilleistung will, kann er ihm eine ausreichend lange Frist für diese Entscheidung setzen. Versäumt der Käufer diese Frist, kann er nicht mehr vom gesamten Vertrag zurücktreten oder Schadensersatz wegen der Nichterfüllung des ganzen Vertrags fordern. Es kommt dann zur teilweisen Abwicklung des Vertrags, und der Käufer kann nur hinsichtlich des unmöglich gewordenen Teils seine Rechte (näher dazu S. 105f.) geltend machen.

§§

Keine Vertragsdurchführung bei Verschulden

4. Die Haftung des Verkäufers für Rechtsmängel

An einem Grundstück können vielfältige Rechte dritter Personen bestehen, die den Käufer in seinen Möglichkeiten, das gekaufte Grundstück zu nutzen, beeinträchtigen (zu solchen Rechten siehe S. 153ff.). Bestehen solche Rechte, spricht das Gesetz von Rechtsmängeln. Grundsätzlich ist der Verkäufer verpflichtet, dem Käufer das Grundstück frei von Rechten Dritter zu übereignen (§ 434 BGB). Auch Rechte, die noch im Grundbuch eingetragen sind, aber nicht mehr bestehen, muß der Verkäufer löschen lassen (§ 435 BGB). Ist beispielsweise noch eine Hypothek im Grundbuch eingetragen, obwohl der Hypothekenkredit schon längst zurückgezahlt wurde und sie deshalb dem Gläubiger nicht mehr zusteht, muß der Verkäufer sie löschen lassen.

§§

Definiton Rechtsmängel

Öffentliche Lasten oder Abgaben fallen nicht unter diese Rechte. Der Verkäufer muß deshalb das Grundstück nicht frei von Grundsteuer, Kanalanschlußgebühren, sonstigen

Öffentliche Lasten und Abgaben

Anliegerbeiträgen, Erschließungsbeträgen oder sonstigen kommunalen Abgaben übereignen.

Folgen der Nichterfüllung

Erfüllt der Verkäufer seine Verpflichtung zur Übertragung frei von Rechtsmängeln nicht, hat der Käufer die gleichen Rechte wie bei der Nichtübertragung von Besitz und Eigentum an dem Grundstück. Er kann also zurücktreten oder Schadensersatz wegen Nichterfüllung verlangen (§ 440 BGB). Dabei ist aber zu unterscheiden:

Voraussetzung des Schadensersatzes

Kann der Verkäufer das den Käufer beeinträchtigende Recht des Dritten noch beseitigen, ist der Verkäufer erst dann zum Schadensersatz verpflichtet, wenn ihm eine Frist zur Beseitigung verbunden mit der Androhung, die Erfüllung des Kaufvertrags nach Ablauf der Frist abzulehnen, gesetzt wurde und diese Frist verstrichen ist (§§ 440, 326 BGB). Kann das Recht nicht beseitigt werden, ist diese Fristsetzung nicht erforderlich (§§ 440, 325 BGB). Der Käufer sollte aber sicherheitshalber immer eine Frist mit Ablehnungsandrohung setzen, denn dann kann er nach Fristablauf Schadensersatz verlangen, ohne daß der Verkäufer einwenden kann, ihm hätte Gelegenheit gegeben werden müssen, das Recht des Dritten zu beseitigen, so daß die Voraussetzungen eines Schadensersatzanspruchs nicht vorlägen.

Grundstück vermietet

Ist das Grundstück vermietet oder verpachtet, stellt dies einen Rechtsmangel dar, denn der Mieter hat ein Recht zum Besitz, das er gegenüber dem Erwerber mit Erfolg (§ 571 BGB) geltend machen kann.

Ein Schadensersatzanspruch steht dem Käufer aber nicht zu, wenn er die Rechte beim Abschluß des Kaufvertrags kannte oder wenn die Haftung des Verkäufers im Kaufvertrag ausgeschlossen wurde (dazu ausführlich unter 7.)

5. Die Haftung des Verkäufers für Sachmängel

Sehr große praktische Bedeutung haben die Rechte des Käufers, wenn das gekaufte Grundstück Sachmängel aufweist.

5.1 Was ist ein Sachmangel?

Nach dem Gesetz liegt ein Sachmangel vor, wenn das gekaufte Hausgrundstück zum Zeitpunkt der Übergabe mit einem Fehler behaftet ist, der den Wert oder die Tauglichkeit zu dem gewöhnlichen oder nach dem Vertrag vorausgesetzten Gebrauch aufhebt oder mindert, solange diese Minderung des Werts oder der Tauglichkeit nicht nur unerheblich ist (§ 459 Abs. 1 BGB). Maßgebend ist die Abweichung von der Normalbeschaffenheit oder die teilweise oder vollständige Unbrauchbarkeit zu dem Zweck, zu dem das Kaufobjekt nach dem Vertrag dienen sollte. Der Käufer kann auch ohne besondere Erklärungen des Verkäufers erwarten, daß das gekaufte Hausgrundstück den durchschnittlichen Erwartungen entspricht.

Die Gerichte haben in folgenden Fällen einen Fehler des Grundstücks oder des Hauses angenommen:

Sachmangel

Das zum Bebauen gekaufte Grundstück ist gegenwärtig nicht oder nur eingeschränkt bebaubar; der Baugrund ist ungeeignet (ungüstige Bodenverhältnisse, ehemaliges Deponiegelände usw.); die vorhandene Bebauung erfolgte ohne Genehmigung oder ist sonst baurechtswidrig; der Boden ist verseucht (Altlasten); das gekaufte Wohnhaus ist baufällig; es ist mit Schwamm oder Schimmel befallen oder der Verdacht auf Schwamm- oder Schimmelbefall besteht; das Haus steht unter Denkmalschutz; es fehlt ein ordnungsgemäßer Anschluß an die Kanalisation oder an das Stromnetz; die Heizungsanlage funktioniert auch unter Berücksichtigung ihres Alters und Erhaltungszustands nicht ordnungsgemäß; die Wasserleitungen oder das Dach sind undicht; die Bauausführung liegt erheblich unter den üblichen technischen Standards (DIN-Vorschriften), z.B. ist die Wärmedämmung völlig unzureichend.

Nach Auffassung der Gerichte sind keine Fehler:

Kein Sachmangel

Das Haus ist in Fertigbauweise errichtet; es tritt eine vorübergehende Baufeuchtigkeit auf; der Mietertrag ist geringer als angenommen; bestimmte Kosten sind steuerlich nicht absetzbar.

Angaben zur Wohnfläche

Bei Angaben zur Wohnfläche des zu erwerbenden Hauses gehen die Gerichte davon aus, daß ein Fehler vorliegt, wenn diese tatsächlich mehr als 10% kleiner ist als nach dem Vertrag geschuldet. Die Schwierigkeiten liegen aber darin, daß es keinen feststehenden Begriff der »Wohnfläche« im alltäglichen Sprachgebrauch gibt und die Wohnfläche entweder nach DIN 283 oder nach der 2. Berechnungsverordnung, die im Mietrecht gilt, berechnet werden kann. Diese unterschiedlichen Berechnungsmethoden liefern häufig unterschiedliche Ergebnisse. Legt der Käufer auf eine bestimmte Wohnfläche Wert, empfiehlt es sich deshalb, auch die Berechnungsmethode in den Vertrag aufzunehmen (z.B. 124 m^2 Wohnfläche nach der 2. Berechnungsverordnung). Dann kann ein Streit darüber, wie die Angaben zur Wohnfläche zu verstehen sind, nicht entstehen. Außerdem tauchen Angaben zur Wohnfläche häufig nicht im Text des notariellen Vertrags auf, sondern ergeben sich aus irgendwelchen im Zuge der Vertragsverhandlungen dem Käufer gezeigten Unterlagen (z.B. den Bauplänen; Exposé des Maklers usw.). Wenn der Käufer Wert darauf legt, daß das Objekt die Wohnfläche tatsächlich hat, die sich aus diesen Unterlagen ergibt, muß er dafür sorgen, daß diese Angaben in den Vertragstext aufgenommen werden.

Einzelfall maßgebend

Diese Beispiele geben aber nur ungefähre Anhaltspunkte, wann ein Mangel des gekauften Hausgrundstücks vorliegen kann. Mit Sicherheit läßt sich dies immer nur im konkreten Einzelfall unter Berücksichtigung der vertraglichen

Vereinbarungen und der mit dem Vertragsschluß verfolgten Ziele beurteilen. Deshalb kann im einen Fall etwas als Fehler angesehen werden, und im anderen Fall stellt dies keinen Fehler dar. Wird beispielsweise ein unbewohnbares Haus gekauft, um es abzureißen und an seiner Stelle ein neues zu errichten, ist die Unbewohnbarkeit kein Fehler.

Liegt ein nicht unerheblicher Fehler vor, kann der Käufer entweder wandeln oder den Kaufpreis mindern. Unter besonderen Umständen kann er auch Schadensersatz verlangen.

5.2 Die Wandelung

§§

Rückabwicklung des Kaufvertrags

Mit dem Begriff »Wandelung« umschreibt das Gesetz das Recht des Käufers, den Kaufvertrag insgesamt rückgängig zu machen (§ 462 BGB). Die Wandelung entspricht in ihren Folgen und in der Durchführung im wesentlichen dem Rücktritt. Sie muß dem Verkäufer gegenüber erklärt werden und führt dazu, daß die bereits ausgetauschten Leistungen wieder zurückgewährt werden müssen. Außerdem kann ein Ausgleich dafür verlangt werden, daß der Vertragsgegenstand schon genutzt werden konnte (§ 467 BGB).

Es können sich daher folgende Ansprüche ergeben:

Rückzahlung des Kaufpreises

Der Käufer hat einen Anspruch auf Rückzahlung des Kaufpreises zuzüglich Zinsen. Hat der Käufer Aufwendungen gemacht, die notwendig waren und zu einer Wertverbesserung geführt haben, muß der Verkäufer sie ersetzen. Dazu zählen insbesondere Reparaturkosten. Der Verkäufer muß ferner alle Vertragskosten ersetzen. Dies sind alle Kosten, die bei der Übergabe des Grundstücks entstanden sind; außerdem zählen dazu die Kosten des Kaufvertrags, der Auflassung und der Grundbucheintragung.

Rückübertragung des Eigentums

Der Verkäufer kann die Rückübertragung des Eigentums am Grundstück verlangen. Zusätzlich kann er Ersatz dafür fordern, daß der Käufer das verkaufte Hausgrundstück genutzt hat. Bei einem Wohnhaus orientiert sich dieser Erstattungsanspruch normalerweise an der üblichen Miete für ein vergleichbares Haus, denn der Käufer hat diese Mietzahlungen erspart. Außerdem kann der Verkäufer verlangen, daß der Käufer die zwischenzeitlich von ihm begründeten Belastungen des Grundstücks wieder löscht.

Erfüllung Zug-um-Zug

Diese wechselseitigen Ansprüche sind Zug um Zug zu erfüllen. Der Verkäufer kann also seine Eintragung als Eigentümer nur verlangen, wenn er gleichzeitig die Rückzahlung des Kaufpreises und die Bezahlung der weiteren Ansprüche des Käufers anbietet.

z.B.

Ansprüche des Käufers:	
Rückzahlung des Kaufpreises	400.000 DM
Verzinsung des Kaufpreises	
(6 Monate bei 8 % Jahreszinsen)	16.000 DM
Reparaturkosten Heizung	8.000 DM
Vertragskosten	5.000 DM
insgesamt:	429.000 DM
Ansprüche des Verkäufers:	
Ersatz für die Nutzung des Hauses	
für 6 Monate,	
übliche Miete ca. 2.000 DM	12.000 DM
Überschuß zugunsten des Käufers:	417.000 DM

Der Käufer kann in unserem Beispiel die Zahlung von 417.000 DM Zug um Zug gegen Rückübertragung des Eigentums an dem Grundstück verlangen.

5.3 Die Minderung

§§

Liegt ein Sachmangel vor, kann der Käufer, anstatt zu wandeln, auch mindern. Darunter versteht das Gesetz die Herabsetzung des Kaufpreises auf Verlangen des Käufers. Ist die Minderung wirksam, muß der Käufer nur noch den reduzierten Kaufpreis bezahlen. Hat der Verkäufer den

Kaufpreis schon erhalten, muß er den Teil, um den der Preis reduziert wird, zurückzahlen.

Höhe der Minderung

Die Berechnung der Höhe der Minderung ist aus tatsächlichen Gründen mitunter schwierig. Regelmäßig ist nicht nur streitig, ob überhaupt ein Mangel vorliegt, sondern auch wie schwer er wiegt und in welchem Umfang das Grundstück dadurch weniger wert ist. Steht dies fest, ist die Berechnung einfach. Dem Wert des Grundstücks in mangelfreiem Zustand wird der Wert des mit dem Mangel behafteten Grundstücks gegenübergestellt. Dabei wird vielfach als Minderwert einfach die Summe eingesetzt, die man zur Beseitigung des Mangels aufwenden müßte, bei undichten Außenwänden also beispielsweise die Kosten für die Abdichtung der Außenwände. Dann wird das Verhältnis dieser beiden Werte zueinander bestimmt, und schließlich wird im gleichen Verhältnis der Kaufpreis herabgesetzt (§ 472 Abs. 1 BGB). Dies ergibt folgende Formel: (Wert der mangelhaften Sache x Kaufpreis) : Wert der mangelfreien Sache = geminderter Kaufpreis.

z.B.

Wert in mangelfreiem Zustand	400.000 DM
Reparaturkosten	40.000 DM
Wert in mangelhaftem Zustand	360.000 DM
Kaufpreis	420.000 DM
ergibt einen geminderten	
Kaufpreis von	378.000 DM

Der Vorteil dieser Berechnungsmethode besteht darin, daß jeder Partei die Vorteile ihres Verhandlungsgeschicks erhalten bleiben. Hat der Verkäufer sein Grundstück über Wert verkauft, übersteigt auch der geminderte Kaufpreis noch den Wert des Grundstücks in mangelhaftem Zustand. Liegt der Kaufpreis unter dem Wert des Grundstücks, bleibt dies beim geminderten Kaufpreis auch noch so.

5.4 Der Schadensersatzanspruch des Käufers

Ausnahmsweise kann der Käufer auch Schadensersatz wegen Nichterfüllung verlangen, wenn das gekaufte Grundstück einen Mangel aufweist, sofern der Verkäufer diesen Mangel arglistig verschwiegen hat.

a) Die Voraussetzungen der Arglist des Verkäufers

Nur wenn drei Voraussetzungen erfüllt sind, kann dem Verkäufer arglistiges Verhalten vorgeworfen werden:

aa) Kenntnis des Fehlers

Kenntnis der Symptome

Der Verkäufer muß den Fehler kennen oder aufgrund von tatsächlichen Anhaltspunkten zumindest mit der Möglichkeit rechnen, daß der Fehler besteht. Dies kommt beispielsweise in Betracht, wenn dem Verkäufer die Symptome des Fehlers bekannt sind, er etwa weiß, daß auf dem Dachboden nach Regenfällen feuchte Stellen zu finden sind (Hinweis auf ein undichtes Dach).

bb) Verpflichtung zur Offenbarung

Bedeutung des Umstands für den Käufer

Der Verkäufer muß verpflichtet sein, den Fehler dem Käufer zu offenbaren. Eine allgemeine Aufklärungspflicht des Verkäufers besteht aber nicht. Die Gerichte gehen im Grundsatz davon aus, daß der Verkäufer nur dann zur Aufklärung verpflichtet ist, wenn offensichtlich ist, daß dieser Umstand für die Entscheidung des Käufers von Bedeutung ist und der Käufer deshalb nach der Verkehrsauffassung eine Mitteilung erwarten durfte. Dabei werden alle Umstände und Besonderheiten des Einzelfalles, wie Kenntnisse und Fähigkeiten von Käufer und Verkäufer, eventuelle Fragen des Käufers, Art, Grund und Bedeutung des Fehlers und die Möglichkeit des Käufers, ihn zu erkennen, gewürdigt. Der Verkäufer muß einerseits sein Grundstück nicht schlechtmachen, er darf aber andererseits auch keine unwahren Behauptungen aufstellen. Darüber hinaus wird man erwarten können, daß der Verkäufer über solche ihm bekannten, wesentlichen Mängel aufklärt, bei denen damit zu rechnen ist, daß die Kenntnis von diesen Mängeln die Kaufentscheidung eines vernünftigen Käufers beeinflussen könnte. Zu denken wäre dabei beispielsweise an dauernde Feuchtigkeit im Keller, Undichtigkeit des Daches, fehlende Wärmeisolierung und gravierende Einwirkungen aus der Nachbarschaft (Schmutz, Gestank, Lärm).

cc) Arglist

Definition Arglist

Schließlich muß der Verkäufer arglistig handeln. Das ist der Fall, wenn er den Fehler kennt oder für möglich hält, weiß oder damit rechnet, daß der Käufer ihn nicht kennt und sich außerdem bewußt ist, daß der Käufer den Kaufvertrag nicht oder zumindest nicht so abgeschlossen hätte, wenn er den Fehler gekannt hätte. Eine betrügerische Absicht des Verkäufers ist jedoch nicht erforderlich. Die Gerichte nehmen arglistiges Handeln auch an, wenn der Verkäufer ohne eine tatsächliche Grundlage einfach Be-hauptungen »ins Blaue hinein« aufstellt, die sich als unrichtig erweisen.

dd) Beispiele aus Gerichtsentscheidungen

Arglistiges Verhalten des Verkäufers kann bei jedem Fehler des gekauften Grundstücks in Betracht kommen. Es wurde von den Gericht beispielsweise angenommen, wenn der Verkäufer die baulichen Mängel kennt (z.B. Undichtigkeit der Hoffläche über einer Tiefgarage; Undichtigkeit des Daches; feuchte Kelleraußenwände usw.), sie aber nicht offenbart. Er muß auf den ihm bekannten Umstand hinweisen, daß das Grundstück früher als Deponie genutzt wurde, denn dann muß immer damit gerechnet werden, daß gefährliche Stoffe im Boden sind. Wurde früher in dem Haus eine chemische Reinigung betrieben, muß der Verkäufer dies nur ungefragt offenbaren, wenn er konkrete Anhaltspunkte für eine Belastung des Bodens hat. Bekannte Hindernisse für die vom Käufer beabsichtigte Bebauung sind offen zu legen. Auch der dem Verkäufer bekannte Umstand, daß der jetzige bauliche Zustand des Grundstücks oder die derzeitige Nutzung baurechtlich nicht genehmigt ist und deshalb die Gefahr droht, daß die Baubehörde einschreitet, muß dem Käufer mitgeteilt werden. Zu beachten ist aber immer, daß das Vorhandensein eines Fehlers für die Annahme von arglistigem Verhalten allein noch nicht ausreicht.

b) Inhalt und Umfang des Schadensersatzes

§§

Sind alle diese Voraussetzungen erfüllt, kann der Käufer Schadensersatz wegen Nichterfüllung verlangen (§ 463 BGB). Er ist dann so zu stellen, als wäre das Hausgrundstück von Anfang an fehlerfrei gewesen. Der Käufer kann zwischen zwei Arten der Schadensberechnung wählen:

Kleiner Schadensersatz

Der Käufer kann das Hausgrundstück behalten und verlangen, so gestellt zu werden, als ob der Verkäufer ordnungsgemäß erfüllt hätte. Der Anspruch ist dann in erster Linie auf Ersatz des Wertunterschieds zwischen dem mangelhaften und dem mangelfreien Hausgrundstück gerichtet, so daß der Käufer die Kosten, die zur Beseitigung des Mangels erforderlich sind, ersetzt verlangen kann, also beispielsweise die Kosten, die im Zusammenhang mit der Abdichtung und Trockenlegung des Kellers anfallen. Man spricht dann vom »kleinen« Schadensersatzanspruch.

Großer Schadensersatz

Der Käufer kann aber auch die Rückgängigmachung des gesamten Vertrages verlangen. Man spricht dann vom »großen« Schadensersatzanspruch. In diesem Fall gibt er das mangelhafte Hausgrundstück zurück, erhält vom Verkäufer den bereits gezahlten Kaufpreis zurück und kann zusätzlich die Erstattung aller Aufwendungen verlangen, die er im Zusammenhang mit der Durchführung des Kaufvertrags hatte oder die sich nun als nutzlos erweisen, wie beispielweise Aufwendungen für Reparaturen am Haus.

Der Käufer kann seinen Schadensersatz in gleicher Weise berechnen wie bei der Nichterfüllung des Kaufvertrags durch den Verkäufer (siehe dazu bei S. 102f.).

Überlegungen vor der Entscheidung

Für die Wahl zwischen den beiden Alternativen wird entscheidend sein, ob sich der Fehler mit vertretbarem Aufwand vollständig beseitigen läßt und der Käufer deshalb noch daran interessiert ist, das gekaufte Haus zu behalten. Ist dies nicht möglich, wird sich der große Schadensersatz empfehlen.

5.5 Was muß der Käufer beim Vorliegen von Mängeln beachten?

Weist das gekaufte Hausgrundstück Mängel auf, hat der Käufer zu überlegen, wann er seine Gewährleistungsansprüche geltend machen kann, nach welchen Kriterien er einen seiner Ansprüche auswählen soll und ob die Gewährleistung ausgeschlossen ist oder seine Ansprüche verjährt sind.

a) Ab welchem Zeitpunkt kann der Käufer seine Rechte wegen Mängeln der Kaufsache geltend machen?

§§

Gefahrübergang

Für die Rechte des Käufers ist entscheidend, ob das gekaufte Grundstück in dem Zeitpunkt Mängel aufweist, in dem ihm der Besitz übertragen oder er als Eigentümer eingetragen wird. Das Gesetz bezeichnet diesen Zeitpunkt als Gefahrübergang (§ 446 BGB). Davor stehen ihm diese Rechte grundsätzlich nicht zu, denn der Verkäufer kann die Mängel bis zur Besitzübergabe noch beseitigen. Eine Ausnahme wird dann gemacht, wenn der Mangel nicht behoben werden kann oder wenn der Verkäufer die Beseitigung des Mangels endgültig abgelehnt hat. In diesen Fällen gestehen die Gerichte dem Käufer zu, die Gewährleistungsrechte schon vorher geltend zu machen, denn es wäre unsinnig, den Käufer zur Entgegennahme der Kaufsache zu zwingen, nur damit er dann beispielsweise den großen Schadensersatz wegen Nichterfüllung verlangen kann, der wieder zur Rückübertragung der Kaufsache an den Verkäufer führt. Daneben kann er aber auch die Erfüllung des Kaufvertrags verweigern, denn er muß die mangelhafte Sache nicht als ordnungsgemäße Erfüllung akzeptieren.

b) Die Wahl zwischen den verschiedenen Rechten des Käufers

Wechsel zwischen Gewährleistungsrechten

Bevor der Käufer sich für die Wandelung, die Minderung oder den Schadensersatz entscheidet, sollte er sich reiflich überlegen, auf welchem Weg er sein Ziel am besten erreichen kann. Notfalls sollte er Rechtsrat einholen. Von der Wandelung oder der Minderung kann er so lange zum Schadensersatz übergehen, bis sich der Verkäufer mit der Wandelung oder der Minderung einverstanden erklärt hat. Dann ist sie vollzogen, und das Wahlrecht erlischt. Das gleiche gilt, wenn der Käufer von der Wandelung zur Minderung oder von der Minderung zur Wandelung übergehen möchte.

Wandelungsverlangen des Verkäufers

Behauptet der Käufer, das gekaufte Grundstück habe einen Mangel, kann der Verkäufer ihm die Wandelung anbieten und ihn auffordern, innerhalb einer angemessenen Frist zu erklären, ob er wandeln möchte. Verlangt der Käufer dann nicht innerhalb der Frist die Wandelung, verliert er dieses Recht und kann nur noch mindern oder Schadensersatz fordern.

6. Die Haftung des Verkäufers für zugesicherte Eigenschaften

Hat der Verkäufer zugesichert, daß das gekaufte Grundstück bestimmte Eigenschaften aufweist, und fehlen diese Eigenschaften, haftet der Verkäufer, selbst wenn das Grundstück keinen Mangel hat.

6.1 Was ist eine zugesicherte Eigenschaft?

Definition der Zusicherung

Von einer Zusicherung spricht man, wenn der Verkäufer eine bestimmte Eigenschaft des Grundstücks garantiert. Der Begriff »Garantie« muß aber nicht benutzt werden. Es genügt, wenn erkennbar ist, daß der Verkäufer für das Vorhandensein dieser Eigenschaft einstehen will.

Keine Zusicherung

Ob eine Eigenschaftszusicherung vorliegt, ist schwierig zu beurteilen und häufig Anlaß für Streitigkeiten zwischen Käufer und Verkäufer. Eine Zusicherung liegt jedenfalls noch nicht vor, wenn der Verkäufer sein Hausgrundstück allgemein anpreist und dessen Vorzüge herausstreicht (das schönste Haus weit und breit; beste Lage; exklusive Wohnlage; moderne Einrichtung; hochwertige Ausstattung). Deshalb stellt auch die Beschreibung eines Hauses in einem Prospekt oder in einer Zeitungsanzeige regelmäßig noch keine Zusicherung bestimmter Eigenschaften dar. Es muß zumindest hinzukommen, daß der Käufer erkennbar Wert auf diese Eigenschaft legt und der Verkäufer daraufhin erklärt, das Kaufobjekt habe diese Eigenschaft. Eine Zusicherung kann beispielsweise bei folgenden Erklärungen des Verkäufers vorliegen: Das Haus könne zu gewerblichen Zwecken genutzt werden; das Grundstück habe eine bestimmte Größe; das Grundstück sei in einer bestimmten Weise bebaubar; das Nachbargrundstück dürfe nicht bebaut werden; die Wärmedämmung entspreche den Anforderungen der derzeit geltenden Wärmeschutzverordnung; das Haus sei in einem bestimmten Jahr gebaut.

Angaben zur Wohnfläche

Auch eine bestimmte Wohnfläche kann zugesichert werden, so daß der Käufer Gewährleistungsrechte bei einer geringeren Wohnfläche schon dann geltend machen kann, wenn die tatsächliche Wohnfläche um weniger als 10% geringer ist als die vertraglich vereinbarte, also ein Fehler noch nicht vorliegt. Aber auch bei einer Zusicherung muß klargestellt werden, was mit dem Begriff »Wohnfläche« gemeint ist (vgl. S. 114).

Die Gerichte habe eine Zusicherung beispielsweise in folgenden Fällen angenommen:

Werden die tatsächlich erzielten Mieterträge in einem Grundstückskaufvertrag aufgeführt und damit ausdrücklich zum Gegenstand der Vereinbarungen gemacht, liegt regelmäßig eine Zusicherung vor, weil die erzielbare Miete einen wichtigen Maßstab für die Bestimmung des Wertes eines Hauses darstellt. Findet sich in einem Kaufvertrag der Passus, der Verkäufer versichert, daß die aufstehenden Gebäude behördlicherseits genehmigt und abgenommen sind, so ist dies dahin auszulegen, daß der Verkäufer zusichert, daß sowohl das Gebäude als auch die Art und Weise der Nutzung, so wie dies im Zeitpunkt des Vertragsschlusses war, ohne jede Einschränkung von der Baubehörde genehmigt wurde. Wird in einem Grundstückskaufvertrag versichert, das Haus sei verklinkert, so liegt darin die Zusicherung, das Haus sei mit Klinkersteinen verkleidet. Dies ist nicht der Fall, wenn es lediglich mit einer Klinkerimitation aus Kunststoffriemchen verkleidet ist. Keine Zusicherung wurde angenommen, wenn im Vertrag lediglich steht, der Verkäufer versichert, daß der gewerblichen Nutzung des gesamten Gebäudes seines Wissens nichts im Wege steht. Der Zusatz »seines Wissens« bringt zum Ausdruck, daß der Verkäufer gerade nicht mit allen Konsequenzen für die Zulässigkeit der gewerblichen Nutzung einstehen wollte, sondern nur sein Wissen weiter gegeben hat.

Tip

Aufnahme in den Vertrag

Da sich im nachhinein nur sehr schwer ermitteln läßt, welche Erklärungen bei den Vertragsverhandlungen abgegeben wurden und ob diese als Zusicherungen zu deuten sind, sollte im Kaufvertrag ausdrücklich festgelegt werden, welche Eigenschaften zugesichert werden. Zum Schutz des Verkäufers sollte außerdem die Klausel aufgenommen werden, daß im übrigen keine Zusicherungen abgegeben wurden. Dies vermeidet Unsicherheiten zwischen den Parteien und zwingt sie zugleich dazu, sich über den Inhalt ihrer Vereinbarungen noch einmal Gedanken zu machen und zu überlegen, ob alles geregelt ist, was geregelt werden sollte. So werden auch Streitigkeiten darüber vermieden, ob Erklärungen eines Maklers als Zusicherungen zu verstehen sind und den Verkäufer binden, zumal der Makler in der Regel nicht berechtigt ist, Zusicherungen abzugeben. Außerdem wird so eindeutig festgelegt, welche Absprachen beim Abschluß des Kaufvertrags noch gelten sollen. Diese kleine Mühe sollten Käufer und Verkäufer auf sich nehmen, denn sie erspart späteren Ärger.

6.2 Welche Rechte hat der Käufer beim Fehlen zugesicherter Eigenschaften?

§§

Fehlt dem gekauften Grundstück eine zugesicherte Eigenschaft, kann der Käufer wandeln oder mindern oder Schadensersatz wegen Nichterfüllung verlangen. Er hat die gleichen Rechte wie bei einem Mangel der Kaufsache (siehe dazu S. 115f.).

7. Der Ausschluß der Gewährleistung

Gesetzlicher und vertraglicher Haftungsausschluß

Der Käufer, der eine mit Sachmängeln oder Rechtsmängeln behaftete Sache erhalten hat, kann trotzdem nicht in jedem Fall Gewährleistungsrechte geltend machen. Die Gewährleistung für Mängel ist in manchen Fällen schon durch das Gesetz ausgeschlossen. Sie kann darüber hinaus auch durch eine vertragliche Vereinbarung ausgeschlossen werden.

7.1 Der Gewährleistungsausschluß durch das Gesetz

Das Gesetz kennt sowohl bei Sachmängeln als auch bei Rechtsmängeln den Verlust der Gewährleistungsrechte, wenn der Käufer nicht sorgfältig auf das Vorhandensein solcher Mängel achtet.

a) Gesetzlicher Gewährleistungsausschluß bei Sachmängeln

§§

Kenntnis

Gewährleistungsansprüche des Käufers sind ausgeschlossen, wenn er den Sachmangel beim Abschluß des Kaufvertrags kennt (§ 460 Satz 1 BGB). Der Käufer muß in diesem Fall darauf achten, daß die Existenz des Sachmangels bei der Bestimmung des Kaufpreises berücksichtigt oder daß in den Kaufvertrag die Pflicht des Verkäufers zur Beseitigung aufgenommen wird. Hat der Käufer den Mangel nur deshalb nicht bemerkt, weil er besonders leichtfertig war und damit grob fahrlässig gehandelt hat, sind Gewährleistungsansprüche ebenfalls ausgeschlossen, es sei denn, der Verkäufer hat die Abwesenheit des Fehlers zugesichert oder ihn arglistig verschwiegen (zur Arglist siehe bei S. 119). Dieses arglistige Verhalten des Verkäufers müßte im Streitfall der Käufer beweisen, was in der Regel sehr schwer ist. Der Käufer sollte dieses Risiko besser nicht eingehen und sorgfältig sein.

Grobe Fahrlässigkeit

Arglist und Kenntnis

Arglistiges Verhalten des Verkäufers führt aber nicht in jedem Fall dazu, daß der Käufer seine Gewährleistungsrechte behält. Kennt der Käufer der Mangel trotz des arglistigen Verschweigens, ist die Haftung des Verkäufers ausgeschlossen (§ 460 BGB).

Tip

Soweit der Verkäufer den Käufer über Mängel aufgeklärt hat, empfiehlt es sich, daß diese Hinweise in den Text des Kaufvertrags aufgenommen werden, denn der Verkäufer muß im Streitfall beweisen, daß der Käufer den Mangel schon bei Abschluß des Kaufvertrags kannte. Dann ergibt sich dessen Kenntnis schon aus dem Vertrag selbst und Probleme mit dem Nachweis der Kenntnis des Käufer können nicht entstehen. Der Käufer muß aber vorsichtig sein, damit im Kaufvertrag nur die Hinweise des Verkäufers aufgeführt sind, die tatsächlich erfolgt sind, wobei der Hinweis möglichst genau und wortgetreu aufgenommen werden sollte. Sonst läuft der Käufer Gefahr, seine Gewährleistungsrechte auch wegen solcher Mängel zu verlieren, über die er nicht aufgeklärt wurde, denn er hat dann den Vertragswortlaut gegen sich und der Beweis, daß dieser Text falsch ist, ist regelmäßig nur sehr schwer zu führen.

Vorbehalt bei der Übergabe und der Auflassung

Nimmt der Käufer eine mangelhafte Sache an, obwohl er weiß, daß sie einen Fehler hat, verliert er ebenfalls seine Gewährleistungsrechte, sofern er sich diese Rechte nicht vorbehält (§ 464 BGB). Bei einem Grundstückskauf liegt sowohl in der Übergabe als auch in der Auflassung eine Annahme im Sinne des Gesetzes. Alle zwischen dem Abschluß des Kaufvertrags und der Übergabe ihm bekannt gewordenen Mängel muß sich der Käufer bei der Übergabe vorbehalten; hinsichtlich aller ihm danach bis zur Auflassung bekannt gewordenen Mängel muß er einen Vorbehalt bei der Auflassung erklären.

Genaue Bezeichnung des Mangels

Zu beachten ist, daß sich der Vorbehalt auf ganz bestimmte Mängel beziehen muß, die nach ihrem Erscheinungsbild beschrieben werden können. Außerdem muß der Vorbehalt erkennen lassen, daß der Käufer aus dem Mangel Rechte herleitet will. Ein allgemeiner Vorbehalt genügt nicht. Ein ausreichender Vorbehalt könnte etwa so formuliert werden:

Vorbehalt wegen bekannter Mängel

> Der Käufer behält sich vor, wegen der Rißbildung in der nördlichen Außenwand, der Feuchtigkeit an den Außenwänden der Waschküche und der Absenkung der Decken im Erdgeschoß die Wandelung des Kaufvertrags zu erklären oder Schadensersatz wegen Nichterfüllung zu verlangen.

Grobe Fahrlässigkeit

In diesem Stadium der Vertragsabwicklung schadet dem Käufer grobe Fahrlässigkeit nicht mehr. Bleibt diesem bei der Annahme der Kaufsache oder der Auflassung der Mangel infolge grober Fahrlässigkeit unbekannt, schadet dies nicht, der Käufer behält seine Gewährleistungsrechte.

Arglist

Auch die Haftung für Mängel, die der Verkäufers arglistig verschwiegen hat, ist ausgeschlossen, wenn der Käufer den Fehler bei der Annahme des Grundstücks kennt und keinen Vorbehalt erklärt.

b) Gesetzlicher Gewährleistungsausschluß beim Fehlen zugesicherter Eigenschaften

§§

Seine Gewährleistungsrechte wegen des Fehlens zugesicherter Eigenschaften verliert der Käufer, wenn er bei Abschluß des Kaufvertrags das Fehlen der Eigenschaft kennt (§ 460 BGB). Dann ist er nicht schutzwürdig. Anders als bei der Haftung für Sachmängeln verliert der Käufer diese Rechte aber nicht schon dann, wenn er bei Abschluß des Kaufvertrags aufgrund grober Fahrlässigkeit nicht bemerkt, daß dem Grundstück die zugesicherten Eigenschaft fehlt. Auf die Zusicherung darf er sich verlassen.

Fehlt die zugesicherte Eigenschaft bei der Annahme der Kaufsache, also bei der Übergabe des verkauften Hausgrundstücks oder der Auflassung, und weiß der Käufer dies, muß er sich seine Rechte wegen des Fehlens der zugesicherten Eigenschaft vorbehalten, sonst verliert er sie (§ 464 BGB). Auch hier ist es erforderlich, daß in dem Vorbehalt die fehlende Eigenschaft genau bezeichnet wird.

Fall

Zugesicherte Wohnfläche

Angenommen, Herr Friedrich kauft von der Firma Wohnbau ein Mehrfamilienhaus. Im notariellen Kaufvertrag ist die Regelung enthalten, die Firma versichere, daß das Gebäude eine Wohnfläche von 340 qm habe. Als Herr Friedrich Pläne erstellen läßt, um die Aufteilung des Hauses in Eigentumswohnungen vorzubereiten erfährt er, daß das Haus tatsächlich nur 300 qm Wohnfläche hat. Daraufhin schreibt er im Januar 2000 an die Firma, daß er den Kaufpreis mindere, weil das Haus nicht die zugesicherte Wohnfläche habe. Die Firma lehnt das mit Schreiben vom 10.02.2000 ab. Am 2.05.2000 wird das Haus übergeben, Herr Friedrich zahlte den vollen Kaufpreis. Im Oktober 2000 erhebt er Klage und will den Kaufpreis mindern, da das Haus nicht die zugesicherte Wohnfläche habe. Das Gericht hat die Klage abgewiesen, denn Herr Friedrich habe sich seine Rechte bei der Annahme nicht vorbehalten. Die Firma habe nicht erkennen können, daß er sein vorher schriftlich erklärtes Minderungsbegehren aufrechterhalte. Aufgrund der kommentarlosen Entgegennahme des Hauses und der Zahlung des vollen Kaufpreises habe sie davon ausgehen müssen, daß Herr Friedrich seinen vorherigen Standpunkt aufgeben habe und auf seine Gewährleistungsrechte verzichte. Diese Entscheidung zeigt, daß der Käufer bei der Übergabe oder der Auflassung zur Sicherheit einen Vorbehalt erklären sollte, auch wenn er zuvor schon einmal Rechte wegen des Fehlens der zugesicherten Eigenschaft geltend gemacht hat.

c) Gesetzlicher Gewährleistungsausschluß bei Rechtsmängeln

§§

Auch bei Rechtsmängeln sind Gewährleistungsansprüche des Käufers ausgeschlossen, wenn dieser den Rechtsmangel beim Abschluß des Kaufvertrags kennt (§ 439 Absatz 1 BGB). Dann ist er nicht schutzwürdig, weil er sich durch entsprechende Vereinbarungen mit dem Verkäufer hätte schützen können. Er muß, um dennoch seine Rechte zu wahren, in den Kaufvertrag eine Verpflichtung des Käufers zur Beseitigung des Rechtsmangels aufnehmen lassen. Anders als bei Sachmängeln schadet hier grob fahrlässige Unkenntnis aber nicht. Nur wenn der Käufer Gewißheit hat, verliert er seine Rechte. Die Kenntnis des Käufers fehlt regelmäßig, wenn er sich über dem Umfang des Rechts irrt oder Tatsachen falsch deutet.

Fall

Verpachtetes Grundstück

Angenommen, dem Käufer wird gesagt, das Grundstück sei zwar verpachtet, das Pachtverhältnis sei aber gekündigt und der Pächter werde das Grundstück bis zum 31.03.2000 räumen. Daraufhin schließt der Käufer den Kaufvertrag ab. Das Grundstück wird jedoch nicht geräumt, der Pachtvertrag war auch nicht gekündigt. Der Käufer verlangt (nach Fristsetzung mit Ablehnungsandrohung, weil es sich um einen behebbaren Mangel handelt) Schadensersatz. Der Verkäufer beruft sich auf die Kenntnis des Käufers vom Pachtverhältnis. Damit hat er aber keinen Erfolg, denn aufgrund der falschen Angaben des Verkäufers irrte der Käufer über den tatsächlichen Umfang des Rechts, so daß sein Anspruch nicht gemäß § 439 Absatz 1 BGB ausgeschlossen ist.

Tip

Soweit der Verkäufer den Käufer über Rechtsmängel aufgeklärt hat, empfiehlt es sich, daß diese Hinweise in den Text des Kaufvertrags aufgenommen werden, denn der Verkäufer muß im Streitfall beweisen, daß der Käufer den Rechtsmangel schon bei Abschluß des Kaufvertrags kannte. Dann ergibt sich dessen Kenntnis schon aus dem Vertrag selbst und Probleme, die Kenntnis des Käufer nachzuweisen, können nicht entstehen. Der Käufer muß aber vorsichtig sein, damit im Kaufvertrag nur die Hinweise des Verkäufers aufgeführt sind, die tatsächlich erfolgt sind, wobei der Hinweis möglichst genau und wortgetreu aufgenommen werden sollte. Sonst läuft der Käufer Gefahr, seine Gewährleistungsrechte auch wegen solcher Rechtsmängel zu verlieren, über die er nicht aufgeklärt wurde, denn er hat dann den Vertragswortlaut gegen sich und der Beweis, daß dieser Text falsch ist, ist regelmäßig nur sehr schwer zu führen.

Fall

Hinweis auf den Mietvertrag

Angenommen, im Kaufvertrag heißt es, die bestehenden Miet- und Pachtverhältnisse gelten als bekannt und werden vom Käufer übernommen. Der an sich bis zum 30.06.2000 laufende Mietvertrag war schon vor Abschluß des Kaufvertrags bis zum 30.06.2010 verlängert worden. Der Käufer behauptet nun, diese Verlängerung sei ihm nicht bekannt gewesen, und verlangt Schadensersatz. Damit hatte er vor Gericht keinen Erfolg. Der Wortlaut der Klausel spreche nicht nur dafür, daß dem Käufer bekannt gewesen sei, daß die Wohnung vermietet sei. Der Umstand, daß er den Mietvertrag übernommen habe, spreche dafür, daß ihm auch der Inhalt des Mietvertrags und die Rechte des Mieters bekannt gewesen seien. Der Käufer müsse sich deshalb so behandeln lassen, als habe er Kenntnis von der Dauer des Mietverhältnisses (und damit auch von der Verlängerung) gehabt, auch wenn dies tatsächlich nicht der Fall gewesen sein sollte. Er müsse deshalb beweisen, daß er keine Kenntnis gehabt habe.

Auf Vollständigkeit achten

Dieses Beispiel aus einer Gerichtsentscheidung zeigt, daß eine solche Klausel für den Käufer sehr gefährlich sein kann. Er sollte deshalb nur dann damit einverstanden sein, daß sie in den Vertrag aufgenommen wird, wenn er die Mietverträge und alle späteren Ergänzungen und Zusätze wirklich kennt. Zu seiner Absicherung sollte der Käufer noch die Versicherung des Verkäufers aufnehmen lassen, daß weitere mündliche Abreden nicht existieren. Die gleich Gefahr droht bei folgender Klausel:

> Dem Käufer sind die Mietverträge bekannt.

Grundschulden und Hypotheken

Eine Ausnahme macht das Gesetz für Grundschulden, Rentenschulden und Hypotheken oder bei Vormerkungen zur Sicherung des Anspruchs auf die Bestellung eines solchen Rechts. Auch wenn der Käufer aufgrund eines Blicks in das Grundbuch weiß, daß solche Rechte bestehen, ist der Verkäufer zur Löschung verpflichtet (§ 439 Abs. 2 BGB). Die praktische Bedeutung dieser Vorschrift ist gering, denn sehr häufig übernimmt der Käufer diese Belastungen unter Anrechnung auf den Kaufpreis. Dann kann er nicht verlangen, daß sie gelöscht werden.

7.2 Der Gewährleistungsausschluß durch vertragliche Vereinbarung

Häufig versucht der Verkäufer sein Haftungsrisiko bei Sach- und Rechtsmängeln im Vertrag auszuschließen oder zumindest zu verringern.

a) Der Ausschluß der Gewährleistung für Sachmängel

Ausschluß-klauseln

Beim Verkauf gebrauchter Häuser werden häufig die Rechte des Käufers bei Mängeln der Kaufsache vollständig ausgeschlossen. Die Formulierungen eines solchen Gewährleistungsausschlusses sind unterschiedlich und in ihrer Bedeutung für einen unerfahrenen Käufer nicht immer gleich erkennbar. Vorsicht ist bei folgenden Klauseln geboten:

> Das Grundstück ist verkauft wie es steht und liegt unter Ausschluß der Gewährleistung für Sachmängel
>
> oder:
>
> Das Kaufobjekt, insbesondere dessen Lage, Größe und Zustand, ist dem Käufer bekannt. Er erwirbt das Grundstück wie es steht und liegt, insbesondere ohne Gewährleistung für Größe, Güte und Beschaffenheit.

Verdeckter Gewährleistungsausschluß

In beiden Beispielen ist ein Gewährleistungsausschluß ausdrücklich erwähnt, so daß der Käufer gewarnt ist. Aber auch ohne diesen Zusatz kann sich hinter der schlichten Klausel »gekauft, wie es steht und liegt« ein vollständiger Gewährleistungsausschluß verbergen, so daß der Käufer vorsichtig sein muß.

Sichtbare Mängel

Durch die Klauseln,

> »gekauft wie besichtigt« oder
>
> »gekauft wie gesehen«,

ist nur die Gewährleistung für solche Mängel ausgeschlossen, die der Käufer bei einer ordnungsgemäßen Besichtigung selbst erkennen konnte, ohne daß er einen Sachverständigen hinzuziehen mußte.

Vorsicht ist auch bei der folgenden Klausel geboten:

Verdeckter Gewährleistungsausschluß

> Der Verkäufer haftet nur für den ungehinderten Übergang des Besitzes und den lastenfreien Eigentumserwerb.

Hinter dem kleinen Wörtchen »nur« verbirgt sich hier der Gewährleistungsausschluß, denn daraus ergibt sich, daß der Verkäufer für alles, was in der Klausel nicht genannt wurde, also insbesondere für Sachmängel, nicht einstehen muß. Werden in einer solchen Klausel einzelne Mängel aufgezählt, ist zugleich die Haftung für alle anderen ausgeschlossen.

Beschränkung auf Nachbesserung

Auch die folgende Klausel enthält einen Gewährleistungsausschluß:

> Die Gewährleistungsansprüche werden auf das Recht der Nachbesserung beschränkt.

Aufgrund dieser Klausel kann der Käufer bei einem Fehler nicht mehr wandeln oder mindern, er kann nur verlangen, daß der Verkäufer den Fehler beseitigt.

Wirksamkeit

Ein vertraglicher Gewährleistungsausschluß ist grundsätzlich wirksam. Nur bei dem Verkauf eines neu errichteten Hauses kann die Haftung des Verkäufers nicht ausgeschlossen werden.

Arglist

Vom Gewährleistungsausschluß nicht erfaßt werden alle Mängel, die der Verkäufer arglistig verschwiegen hat (§ 476 BGB; zur Arglist siehe bei S. 119). Für solche Mängel haftet der Verkäufer, wie wenn kein Gewährleistungsausschluß im Vertrag stünde. Diese Ausnahme kommt aber nur selten in Betracht, denn dem Käufer dürfte es regelmäßig schwer fallen, die Voraussetzungen der Arglist zu beweisen.

Angenommen, Herr Alt verkauft an Herrn Nostalgisch ein unter Denkmalschutz stehendes Haus, ohne darauf hinzu-

Fall

Haus unter Denkmalschutz

weisen. Im Kaufvertrag wurde die Haftung des Herrn Alt für sichtbare und unsichtbare Mängel ausgeschlossen. Als Herr Nostalgisch erfährt, daß das Haus unter Denkmalschutz steht, verlangt er von Herrn Alt Schadensersatz. Herr Alt beruft sich im Prozeß auf den Gewährleistungsausschluß. Das angerufene Gericht hat die Klage des Herrn Nostalgisch abgewiesen. Der Denkmalschutz, der sich aus der örtlichen Lage des Hauses ergebe und sowohl die Möglichkeiten der Veränderung als auch der Nutzung des Hauses beschränke, sei als Sachmangel anzusehen, für den die Gewährleistung ausgeschlossen sei. Ein solcher Mangel müsse zwar offenbart werden. Dennoch könne ein arglistiges Verschweigen des Mangels durch Herrn Alt nicht angenommen werden, weil er davon ausgegangen sei, daß Herrn Nostalgisch bekannt gewesen sei, daß das Haus unter Denkmalschutz stehe, denn darüber sei kurz zuvor in der Presse ausführlich berichtet worden. Daran ändere auch der Umstand nichts, daß Herr Alt in fahrlässiger Weise angenommen habe, dies sei Herrn Nostalgisch bekannt.

Vorsätzliche Mängelverursachung

Bei Mängeln, die der Verkäufer nach Vertragsschluß vorsätzlich herbeigeführt hat, kann er sich ebenfalls nicht auf einen Gewährleistungsausschluß berufen.

Fall

Defekte Heizung

Angenommen, Herr und Frau Jung kauften von den Eheleuten Alt ein Hausgrundstück ohne Gewähr in dem den Käufern bekannten Zustand. Die Verkäufer zogen nach dem Abschluß des Kaufvertrags aus und fühlten sich für das Haus nicht mehr verantwortlich. Die Heizung wurde abgestellt. Die Käufer erhielten die Schlüssel zu dem Haus erst ca. 2 Monate später. Während der Zeit, in der das Haus leer stand, herrschten Außentemperaturen von bis zu minus 15 Grad. Dadurch entstanden Schäden an der Heizungsanlage. Die Käufer machten wegen dieser Mängel Gewährleistungsrechte geltend. Die Verkäufer hatten mit ihrem Hinweis auf den Gewährleistungsausschluß keinen Erfolg. Dafür haften die Verkäufer, weil sie diese Schäden in Kauf genommen und damit bedingt vorsätzlich gehandelt haben. Von der Haftung für vorsätzliches Handeln nach Vertragsschluß können sie sich nicht freizeichnen.

Tip

Will der Verkäufer die Gewährleistung ausschließen, sollte der Käufer das Hausgrundstück unbedingt zusammen mit einem Fachmann, beispielsweise einem Architekten, gründlich untersuchen. Auf den eigenen Sachverstand sollte nur vertrauen, wer solchen Sachverstand tatsächlich hat.

b) Der Ausschluß der Gewährleistung für das Fehlen zugesicherter Eigenschaften

Unwirksamkeit

Der Gewährleistung für zugesicherte Eigenschaften kann der Verkäufer sich nicht durch einen Gewährleistungsausschluß im Kaufvertrag entziehen. Diese Haftung kann nicht ausgeschlossen werden, denn dies stünde in Widerspruch zum Erklärungsgehalt der Zusicherung, mit der Verkäufer zum Ausdruck bringt, daß er das Vorhandensein der Eigenschaft garantiert. Zu beachten ist aber, daß der Gewährleistungsausschluß im übrigen wirksam bleibt.

c) Der Ausschluß der Gewährleistung für Rechtsmängel

§§

Auch für Rechtsmängel kann die Gewährleistung im Kaufvertrag wirksam ausgeschlossen werden. Große praktische Bedeutung kommt dieser Möglichkeit nicht zu. In der Regel wird die Gewährleistung nur für Sachmängel ausgeschlossen. Dies schließt die Haftung des Verkäufers für Rechtsmängel noch nicht aus. Der Gewährleistungsausschluß muß ausdrücklich und eindeutig auch auf Rechtsmängel erstreckt werden. Die zuvor (S. 132f.) mitgeteilten Formulierungen betreffen alle nur Sachmängel. Lediglich ein umfassender Gewährleistungsausschluß, wie er in der Formulierung »unter Ausschluß jeder Gewährleistung« zum Ausdruck käme, würde auch die Haftung für Rechtsmängel entfallen lassen.

Arglist

Rechtsmängeln, die der Verkäufer arglistig verschwiegen hat (zur Arglist siehe bei S. 119), werden vom Gewährleistungsausschluß nicht erfaßt (§ 443 BGB). Für solche Mängel haftet der Verkäufer, wie wenn kein Gewährleistungsausschluß im Vertrag stünde. Für alle übrigen Rechtsmängel bleibt der Ausschluß aber wirksam.

8. Die Verjährung

Der Käufer kann seine Gewährleistungsrechte nicht zeitlich unbegrenzt geltend machen, sondern muß bestimmte Fristen beachten, wenn er nicht Gefahr laufen will, diese Rechte nicht mehr durchsetzen zu können.

8.1 Die Verjährung der Gewährleistungsansprüche wegen Sachmängeln

Übergabe entscheidend

Nach Ablauf von einem Jahr seit der Übergabe des Hausgrundstücks kann der Verkäufer Wandelung und Minderung verweigern (§ 477 Abs. 1 BGB), es sei denn, im Kaufvertrag ist eine längere Verjährungsfrist vorgesehen. Der Käufer muß unbedingt beachten, daß der Zeitpunkt der Übergabe für den Beginn der Verjährung entscheidend ist und nicht der Zeitpunkt, zu dem der Mangel aufgetreten ist oder entdeckt wurde.

Arglist

Wurde der Mangel vom Verkäufer arglistig verschwiegen, beträgt die Verjährungsfrist 30 Jahre ab der Übergabe des Hausgrundstücks. Dies gilt auch für den Schadensersatzanspruch, der dem Käufer in diesem Fall zusteht.

Leistungsverweigerungsrecht

Hat der Käufer dem Verkäufer den Mangel innerhalb der Verjährungsfrist angezeigt, kann er auch noch nach Ablauf der Verjährungsfrist die Zahlung des Kaufpreises insoweit verweigern, als er aufgrund der Wandelung oder Minderung dazu berechtigt wäre (§ 478 BGB). Diese Anzeige muß den Mangel genau bezeichnen und erkennen lassen, daß der Käufer Rechte aus dem Mangel herleiten will. Ein

Schreiben mit der Mitteilung,

> das Haus ist, wie Sie selbst wohl am besten wissen, in schlechtem Zustand, nichts funktioniert richtig, und durchgehend mit Mängeln behaftet,

genügt nicht. Jeder einzelne Mangel müßte genau beschrieben werden.

Inhalt des Leistungsverweigerungsrechts

Hat der Käufer die Mängel fristgerecht und ordnungsgemäß angezeigt und beruft er sich gegenüber einer Kaufpreisklage der Verkäufers auf sein Recht zur Minderung, wird der Kaufpreis auch nach Eintritt der Verjährung entsprechend dem Umfang der Minderung reduziert. Beruft er sich gegenüber einer solchen Klage auf sein Recht zur Wandelung, wird die Klage insgesamt abgewiesen. Der Käufer kann aber nicht aus eigener Kraft die Wandelung oder Minderung betreiben. Dieses Recht hat er mit Ablauf der Verjährung endgültig verloren. Will sich der Käufer diese Möglichkeit erhalten, muß er, sofern der Verkäufer sich nicht mit der Wandelung oder Minderung einverstanden erklärt, vor Ablauf der Verjährungsfrist Klage erheben

Schadensersatz

Der Ablauf der Verjährungsfrist hindert den Käufer nicht, mit einem Schadensersatzanspruch, der auf das arglistige Verschweigen eines Mangels gestützt wird, aufzurechnen. Dazu muß er dem Mangel noch nicht einmal innerhalb der Verjährungsfrist anzeigen (§ 479 Satz 2 BGB).

8.2 Die Verjährung der Gewährleistungsansprüche wegen des Fehlens einer zugesicherten Eigenschaft

Übergabe entscheidend

Der Schadensersatzanspruch des Käufers wegen des Fehlens einer zugesicherten Eigenschaft verjährt ebenfalls in einem Jahr ab der Übergabe des Grundstücks (§ 477 BGB).

Mit diesem Schadensersatzanspruch kann der Käufer auch noch nach Ablauf der Verjährungsfrist aufrechnen, wenn er das Fehlen der zugesicherten Eigenschaft dem Verkäufer

§§ Mängelanzeige

fristgerecht und ordnungsgemäß angezeigt hat (§ 479 BGB). Macht er gegenüber einer Kaufpreisklage des Verkäufers von diesem Recht Gebrauch, wird der Kaufpreis auch nach Eintritt der Verjährung entsprechend der Höhe des Schadensersatzanspruchs reduziert. Schadensersatz kann der Käufer aber nicht mehr einklagen. Dieses Recht hat er mit Ablauf der Verjährung endgültig verloren. Will sich der Käufer diese Möglichkeit erhalten, muß er vor Ablauf der Verjährungsfrist Klage erheben.

8.3 Die Verjährung der Gewährleistungsansprüche wegen Rechtsmängeln

Die Ansprüche des Käufer wegen Rechtsmängeln verjähren nicht in einem Jahr ab der Übergabe, denn die Sonderregelung für Sachmängel (§ 477 BGB) gilt dafür nicht. Es gelten die allgemeinen Vorschriften, so daß die Verjährungsfrist 30 Jahre beträgt (§ 195 BGB).

9. Die Besonderheiten beim Kauf neuer Häuser

Beim Kauf neuer Häuser gelten zum Teil abweichende Regelungen für die Gewährleistung des Verkäufers beim Vorliegen eines Sachmangels.

9.1 Die Einordnung solcher Verträge

§§ Einordnung als Werkvertrag

Für den Erwerb des Grundstücks selbst gelten die schon dargestellten Regeln über die Sachmängelhaftung des Verkäufers beim Kaufvertrag. Hinsichtlich des auf dem Grundstück errichteten Hauses gelten jedoch die Regeln des Werkvertrags, und zwar auch dann, wenn das Haus beim Abschluß des Vertrags schon vollständig fertiggestellt war. Die Gerichte stehen auf dem Standpunkt, daß in diesen Fällen die vom Verkäufer geschuldete Vertragserfüllung auch die – für den Werkvertrag typische – Verpflichtung zur mangelfreien Errichtung umfaßt, insbesondere wenn im Vertrag Ansprüche des Käufers auf Mängelbeseitigung vereinbart wurden, denn bei neu errichteten Häusern zeigen sich erfahrungsgemäß Mängel erst dann richtig, wenn das Haus bewohnt wird. Dabei ist ohne Bedeutung, ob die Fertigstellung des Hauses schon einige Monate zurückliegt oder ob der Verkäufer das Haus schon vorübergehend bewohnt hatte.

Sanierte Häuser

Ob es sich um ein neues Haus oder um ein altes Haus handelt, kann bei sanierten und modernisierten Häusern schwierig zu beurteilen sein, weil dort alte und neue Bausubstanz vermischt wird. Ob dann ein Kaufvertrag oder ein Werkvertrag vorliegt, richtet sich nach dem Umfang der Baumaßnahmen. Sind die Eingriffe in die alte Bausubstanz gravierend, wird diese beispielsweise weitgehend entkernt und werden umfangreiche Veränderungen bei den Außen- und Innenwänden vorgenommen, gehen die Gerichte in der Regel von einem Werkvertrag aus. Handelt es sich hingegen lediglich um weniger einschneidende Maßnahmen, wie sie im Verlauf des Lebens eines Hauses üblicherweise von Zeit zu Zeit vorgenommen werden (z.B. neue Dacheindeckung, neuer Außenputz; neue Fenster; neue Leitungen usw.), gehen die Gerichte in der Regel von einem Kaufvertrag aus.

Bezeichnung als Kaufvertrag

Die Anwendung des Werkvertragsrechts kann nicht dadurch verhindert werden, daß der Vertrag ausdrücklich als Kaufvertrag und die Parteien als Käufer und Verkäufer bezeichnet werden. Maßgebend ist allein, daß sich der Vertrag auf den Erwerb eines neu errichteten Hauses bezieht. Im folgenden wird der Einfachheit halber dennoch von Käufer und Verkäufer gesprochen.

9.2 Die Gewährleistung für Sachmängel beim Werkvertrag

Sachmangel

Zunächst ist darauf hinzuweisen, daß ein Verstoß gegen die allgemein anerkannten Regeln der Technik und der Baukunst (z.B. DIN-Normen, VDE-Bestimmungen, Unfallverhütungsvorschriften usw.) als Sachmangel angesehen wird, selbst wenn dadurch der Gebrauch des Hauses gegenwärtig noch nicht spürbar beeinträchtigt ist. Die Haftung für Sachmängel beim Werkvertrag weist zudem einige Besonderheiten auf, die unbedingt geachtet werden muß.

§§

Zugesicherte Eigenschaften

Auch das Werkvertragsrecht kennt den Begriff der zugesicherten Eigenschaft, allerdings hat er hier eine etwas andere Bedeutung als im Kaufrecht. Die Zusicherung ist hier das Versprechen, das Werk habe eine bestimmte Eigenschaft. Nicht erforderlich ist, daß der Veräußerer zum Ausdruck bringt, er werde für alle Folgen einstehen, wenn die Eigenschaft fehlt. Tut er dies zusätzlich, haftet er aus einem selbständigen Garantieversprechen, das nur selten vorkommt und das dann nicht unter die Gewährleistungsregeln fallen würde. Auch hier genügt aber die bloße Beschreibung noch nicht. Die Abgrenzung zwischen bloßer Beschreibung und Eigenschaftszusicherung ist wie im Kaufrecht vorzunehmen, so daß ein wichtiger Anhaltspunkt für eine Eigenschaftszusicherung die Bedeutung dieser Eigenschaft für den Käufer ist. Das Fehlen einer zugesicherten Eigenschaft wird dem Fehler gleich gestellt und unter dem Oberbegriff des Mangels zusammengefaßt. Deshalb muß bei den Gewährleistungsrechten im Werkvertragsrecht nicht zwischen einem Fehler und einer zugesicherten Eigenschaft unterschieden werden, die Rechte des Erwerbers sind in beiden Fällen gleich.

a) Der Nachbesserungsanspruch

§§

Nachbesserung

Im Gegensatz zur Regelung beim Kaufvertrag kann nach dem Recht des Werkvertrags der Erwerber die Beseitigung des Mangels und damit Nachbesserung verlangen (§ 633 Abs. 2 BGB). Ausgeschlossen ist der Nachbesserungsanspruch nur dann, wenn die Beseitigung des Mangels einen unverhältnismäßig hohen Aufwand erfordern würde (§ 633 Abs. 2 Satz 2 BGB) oder unmöglich ist.

Fristsetzung

Der Käufer kann den Verkäufer zur Beseitigung der vorhandenen Mängel auffordern und ihm dazu eine Frist setzen. Mit dem Ablauf der Frist kommt der Verkäufer in Verzug. Der Käufer hat dann das Recht, den Mangel selbst beseitigen zu lassen. Der Verkäufer muß die dem Käufer dadurch entstandenen Kosten ersetzen. Will der Käufer so vorgehen, empfiehlt es sich, dies dem Verkäufer gleich mit der Mahnung anzudrohen und ihm etwa folgendes Schreiben zu schicken:

Fristsetzung zur Mangelbeseitigung

> Der Fußboden im Wohnzimmer ist im Bereich der Tür zur Terrasse feucht und bildet Wellen, da unter der Tür Feuchtigkeit eindringt. Ich fordere Sie auf, diesen Mangel bis spätestens zum 15. Juni 2000 zu beseitigen. Sollten Sie diesen Mangel nicht innerhalb der Frist beseitigen, werde ich dies durch eine Fachfirma vornehmen lassen und Ihnen die Kosten in Rechnung stellen.

b) Die Abnahme

Definition der Abnahme

Die Abnahme ist im Werkvertragsrecht ein überaus wichtiger Vorgang, von dem entscheidend abhängt, welche Rechte dem Erwerber zustehen. Unter Abnahme versteht man die Entgegennahme der Sache, hier des Hauses, durch den Erwerber verbunden mit der Erklärung, daß er das Haus als im wesentlichen vertragsgemäße und damit mangelfreie Erfüllung anerkennt, es also in Ordnung ist. Dies kann durch eine ausdrückliche Erklärung geschehen, die meist in einem sogenannten Abnahmeprotokoll enthalten ist. Die Abnahme kann aber auch stillschweigend erfolgen, indem der Erwerber das Haus eine gewisse Zeit bewohnt, ohne irgendwelche Mängel zu rügen oder sonst zum Ausdruck zu bringen, daß er es so nicht als ordnungsgemäße Erfüllung akzeptiert.

Die Abnahme führt zu einer einschneidenden Änderung in den vertraglichen Beziehungen zum Verkäufer. Bis zur

§§ Änderung der Beweislast

Abnahme muß der Verkäufer beweisen, daß das Haus keine Mängel aufweist, wenn er den Käufer auf Zahlung des Kaufpreises verklagt und dieser mit dem Hinweis auf Mängel die Zahlung verweigert. Nach der Abnahme kehrt sich die Beweislast um. Nun müßte der Käufer das Vorhandensein von Mängeln beweisen, wenn er sich erfolgreich gegen eine Kaufpreisklage verteidigen will. Schon deshalb sollte der Käufer alles vermeiden, was auf eine Billigung des Hauses als vertragsgemäß und mangelfrei hindeuten könnte, es sei denn, das Haus weist tatsächlich keine Mängel auf.

Eingehende Untersuchung

Dazu empfiehlt es sich, zusammen mit dem Verkäufer das Haus eingehend zu besichtigen und dabei alle Mängel schriftlich festzuhalten. Unter Umständen sollte der Käufer eine sachkundige Person hinzuziehen. Kommt es dazu nicht, sollte der Käufer alsbald nach der Inbesitznahme das Haus genau untersuchen, alle dabei gefundenen Mängel dem Verkäufer umgehend schriftlich mitteilen, damit nicht der Eindruck entsteht, eine stillschweigende Abnahme sei erfolgt. Wenn der Käufer nicht sicher ist, ob etwas einen Mangel darstellt, sollte er es zur Sicherheit in seine Mängelliste aufnehmen, um sich die Geltendmachung als Mangel offenzuhalten, denn hier gilt der Grundsatz lieber einen Mangel zuviel als einen zu wenig rügen.

Fälligkeit

Schließlich führt die Abnahme dazu, daß der Verkäufer, wenn nichts anderes im Vertrag vereinbart ist, spätestens jetzt den gesamten Kaufpreis fordern kann, dieser wird fällig (§ 640 Abs. 1 BGB).

§§ Abnahmefiktion

Hat das Haus nur unwesentliche Mängel, darf der Käufer die Abnahme nicht verweigern. Tut er es trotzdem, kann der Verkäufer ihm eine Frist setzten, innerhalb derer die Abnahme erfolgen muß. Kommt es auch innerhalb dieser Frist nicht zur Abnahme, so wird der Käufer so behandelt, als habe er das Haus abgenommen. Die zuvor geschilderten Folgen treten allerdings nur ein, wenn der Käufer tatsächlich zur Abnahme verpflichtet war, das Haus also allenfalls unwesentliche Mängel hatte. Ist dies nicht der Fall, treten die Wirkungen einer Abnahme nicht ein. Der Käufer, der die Abnahme wegen wesentlicher Mängel verweigern kann, muß eine Fristsetzung zur Abnahme nicht fürchten. Problematisch kann es aber werden, wenn es fraglich ist, ob der Mangel wesentlich ist oder nicht. Dies kann sehr leicht passieren, weil man darüber trefflich streiten kann, denn feste Abgrenzungskriterien gibt es nicht. Es kommt auf den Einzelfall an. Nur so viel läßt sich sagen: Der Mangel ist so lange unwesentlich, als er die Funktionstüchtigkeit und die Nutzbarkeit des Hauses nicht beeinträchtigt und ihm deshalb praktisch kaum Bedeutung zukommt. In solchen Zweifelsfällen dürfte es besser sein, eine Abnahme durchzuführen und alle Mängel zu rügen.

§§

Neue Gesetzesregelung

Durch das Gesetz zur Beschleunigung fälliger Zahlungen vom 30.03.2000 wurde ein weiteres kompliziertes Verfahren eingeführt, mit dem trotz fehlender Abnahme die Fälligkeit herbeigeführt werden kann. Da dieses Verfahren mehr auf die Fälle zugeschnitten ist, in denen das Haus nach Vertragsschluß erst errichtet wird, sollen hier nur die Grundzüge erläutert werden: Statt der Abnahme kann sich der Veräußerer eine Fertigstellungsbescheinigung von einem Sachverständigen, auf den sich Veräußerer und Erwerber geeinigt haben oder der auf Antrag des Veräußerers aus dem Kreis öffentlich bestellter Sachverständiger bestimmt wird, ausstellen lassen. Dieser hält einen Besichtigungstermin ab und prüft dabei, ob alles fertig ist und ob Mängel vorhanden sind. Der Käufer muß den Zutritt gestatten. Weigert er sich, ist die Bescheinigung zu erteilen. Sollte es einmal zu einem solchen Verfahren kommen, ist dringend zu empfehlen, daß der Käufer sich daran beteiligt und alle seine Einwendungen gegen die Fertigstellung und alle Mängel vorbringt, denn sonst kann sich dies ganz erheblich zu seinem Nachteil auswirken.

Leistungsverweigerungrecht

Hat das Haus Mängel, so kann der Käufer trotz der Abnahme und der spätestens damit eingetretenen Fälligkeit des gesamten Kaufpreises einen Teil bis zur Beseitigung der Mängel zurückhalten und insoweit einstweilen die Zahlung verweigern. Die Höhe des Betrags errechnet sich aus den Kosten für die Beseitigung der Mängel. Einen Betrag in Höhe der dreifachen Mängelbeseitigungskosten darf der Käufer vorläufig zurückhalten (§ 641 Abs. 3 BGB).

c) Die Ansprüche wegen Mängel des Hauses im einzelnen

Fristsetzung mit Ablehnungsandrohung

Die Geltendmachung aller Gewährleistungsansprüche des Erwerbers setzt zunächst voraus, daß dem Veräußerer eine angemessene Frist zur Beseitigung des Mangels gesetzt wurde und der Käufer zugleich erklärt, daß er nach dem Ablauf der Frist die Beseitigung des Mangels ablehne (§ 634 Abs. 1 BGB). Es handelt sich hier um die bereits aus dem Kaufvertragsrecht bekannte Fristsetzung mit Ablehnungsandrohung (näher dazu bei S. 100). Wie lange die Frist sein muß, um angemessen zu sein, hängt von der Art des Mangels ab, der zu beseitigen ist, denn dem Veräußerer muß genug Zeit verbleiben, um nachzubessern. Zeigt sich der Mangel schon vor der Übergabe des Hauses an den Käufer, kann der Käufer die Frist sofort bestimmen. Sie darf aber nicht schon ablaufen, bevor der Verkäufer das Haus übergeben muß, denn erst dann muß das Haus mangelfrei sein. Eine Fristsetzung ist nicht notwendig, wenn die Beseitigung des Mangels unmöglich ist oder wenn der Verkäufer die Beseitigung endgültig und unmißverständlich verweigert hat (§ 634 Abs. 2 BGB). Im Zweifel sollte man auch bei einer Erfüllungsverweigerung eine Frist zur Beseitigung setzen, um einem Streit darüber aus dem Weg zu gehen, ob die Weigerung ernsthaft und endgültig war.

§§

Erlöschen des Mangelbeseitigungsanspruchs

Mit dem Ablauf der Frist erlischt der Anspruch des Käufers auf Beseitigung des Mangels. Er kann dann nur noch Wandelung oder Minderung verlangen. Die Wandelung und die Minderung erfolgt in gleicher Weise wie beim Kaufvertrag, so daß auf die dort gemachten Ausführungen verwiesen werden kann (vergleiche dazu bei S. 115ff. und S. 116f.). Bei einem nur geringfügigen Mangel ist die Wandelung ausgeschlossen; es bleibt dann nur die Minderung (§ 634 Abs. 3 und 4 BGB).

Schadensersatz

Hat der Veräußerer den Mangel verschuldet, kann der Käufer auch Schadensersatz wegen Nichterfüllung verlangen (§ 635 BGB), der in gleicher Weise wie beim Kaufvertrag berechnet wird (vergleiche dazu bei S. 120ff.). Ein Verschulden liegt immer dann vor, wenn der Veräußerer bei ausreichend sorgfältiger Vorgehensweise den Mangel hätte vermeiden können, was in der Regel vermutet wird, wenn ein Mangel feststeht.

Zugesicherte Eigenschaft

Im Hinblick darauf, daß im Werkvertragsrecht das Fehlen einer zugesicherten Eigenschaft dem Fehler des Hauses gleichgestellt wird, kann der Erwerber auch in diesen Fällen – anders als beim Kaufvertrag – nur dann Schadensersatz fordern, wenn ein Verschulden des Veräußerers vorliegt.

9.3 Der Ausschluß der Gewährleistung

Tip

Mängel schriftlich festhalten

Die Gewährleistung ist kraft Gesetzes ausgeschlossen, wenn der Käufer die Mängel kennt und dennoch das Haus abnimmt, also als vertragsgemäß billigt, ohne sich seine Rechte wegen dieser Mängel vorzubehalten (§ 640 Abs. 2 BGB). Er sollte deshalb bei der Abnahme alle Mängel schriftlich festhalten und diese Mängelliste mit dem Zusatz versehen, daß er sich wegen dieser Mängel seine Rechte vorbehalte. Der Käufer muß aber nicht gleich entscheiden, welchen Gewährleistungsanspruch er wählt oder ob er Nachbesserung verlangen will. Dies kann er sich in aller Ruhe überlegen. Unterbleibt ein solcher Vorbehalt, kann der Käufer zwar Schadensersatz wegen Nichterfüllung (§ 635 BGB) fordern. Dies ist aber nur unter besonderen Voraussetzungen möglich.

Kein vollständiger Gewährleistungsausschluß im Formularvertrag

Beim Verkauf neuer Häuser gestatten es die Gerichte dem Verkäufer regelmäßig nicht, die eigene Gewährleistung einzuschränken oder gar auszuschließen. Ein vollständiger Gewährleistungsausschluß in einem Formularvertrag oder durch allgemeine Geschäftsbedingungen ist unwirksam. Häufig wird der Gewährleistungsausschluß damit verbunden, daß der Verkäufer seine Gewährleistungsansprüche gegen die Handwerker an den Käufer abtritt. Dies ist nur dann wirksam, wenn sich der Käufer bei den Handwerkern tatsächlich schadlos halten kann, er also diesen gegenüber die Gewährleistungsansprüche erfolgreich durchsetzen kann. Gelingt dem Käufer dies nicht, etwa weil die Gewährleistunganspriiche schon verjährt sind oder weil die Baufirma inzwischen in Konkurs gefallen ist oder weil der Verkäufer dem Käufer die dafür erforderlichen Informationen nicht gibt, leben die Gewährleistungsansprüche gegen den Verkäufer wieder auf, und der Käufer kann sich trotz der Abtretung und trotz des Ausschlusses der Gewährleistung an den Verkäufer halten.

§§

Individualvertrag

Handelt es sich nicht um einen Formularvertrag und nicht um allgemeine Geschäftsbedingungen, setzt die Wirksamkeit eines Gewährleistungsausschlusses in der Regel voraus, daß dieser Gegenstand einer besonderen Vereinbarung war und der Käufer über die sich daraus ergebenden einschneidenden Folgen eingehend und ausführlich belehrt wurde. Es genügt nicht, daß diese Vereinbarung nur verlesen wurde. Sind diese Voraussetzungen nicht erfüllt, ist der Gewährleistungsausschluß auch hier unwirksam.

Bezeichnung als Kaufvertrag

In einem Formularvertrag oder einem Vertrag, dem Allgemeine Geschäftsbedingungen zugrunde liegen, sind die Möglichkeiten, die Gewährleistung zu beschränken, weiter eingeschränkt. Eine dort enthaltene Klausel, daß der Vertrag dem Kaufrecht unterstellt wird, ist unwirksam. Eine Beschränkung auf das Recht der Nachbesserung ist nur dann wirksam, wenn dem Käufer für den Fall, daß die Nachbesserung fehl schlägt, Minderungs- oder Wandlungsrechte oder sonstige Gewährleistungsrechte, die genau bezeichnet werden müssen, eingeräumt werden, der Käufer also nicht rechtlos gestellt wird. Sonst ist die Beschränkung unwirksam. Mißlungen ist die Nachbesserung, wenn sie scheitert, wenn sie unmöglich ist oder wird, wenn sie unzumutbar verzögert oder wenn sie verweigert wird. In der Regel müssen dem Veräußerer zwei Nachbesserungsversuche zugestanden werden, bevor der Käufer auf die anderen Rechte zugreifen kann. Werden Schadensersatzansprüche ausgeschlossen, so kann der Käufer in der Regel dennoch Schadensersatz wegen schuldhafter Verletzung der Nachbesserungspflicht fordern, wenn ihm durch die Art und Weise der Nachbesserung (oder weil nicht nachgebessert wurde) ein Schaden entstanden ist. Umstritten ist, ob der Käufer diese Rechte erst geltend machen kann, wenn er eine Frist zur Durchführung der Nachbesserung gesetzt hat. Sicherheitshalber sollte er das tun, denn sonst läuft er Gefahr, einen Rechtsstreit um seine Gewährleistungsrechte zu verlieren, weil es an einer Fristsetzung fehlt.

Beschränkung auf Nachbesserung beim Individualvertrag

In einem Vertrag, der kein Formularvertrag ist oder dem keine Allgemeinen Geschäftsbedingungen zugrunde liegen, ist eine Beschränkung der Gewährleistung auf Nachbesserung wirksam, auch wenn dem Käufer für den Fall des Scheiterns keine weitergehenden Gewährleistungsrechte eingeräumt werden. Wird in diesen Fällen die Nachbesserung nicht durchgeführt, schlägt sie fehl oder ist sie unmöglich, kann der Käufer grundsätzlich Schadensersatz wegen schuldhafter Verletzung der Nachbesserungspflicht fordern. Selbst dieser Anspruch kann aber wirksam ausgeschlossen werden, wenn dem Käufer statt dessen das Recht eingeräumt wird, vom Vertrag zurückzutreten oder zu wandeln oder zu mindern. Wird der Schadensersatzanspruch ausgeschlossen, ohne daß dem Käufer eines oder mehrere dieser Rechte belassen wird, ist dies unwirksam.

Zugesicherte Eigenschaft

Selbst die Gewährleistung für zugesicherte Eigenschaft kann beim Werkvertrag – wiederum anders als beim Kaufvertrag – grundsätzlich ausgeschlossen oder eingeschränkt werden. Dies gilt auch bei einem Formularvertrag oder einem Vertrag, dem Allgemeine Geschäftsbedingungen zugrunde liegen. In diesem können zwar die Ansprüche auf Nachbesserung, Wandelung oder Minderung ausgeschlossen werden, nicht jedoch der Schadensersatzanspruch, der sich bei Verschulden des Verkäufers an dem Fehlen der zugesicherten Eigenschaft ergibt (§ 635 BGB). Eine Beschränkung der Gewährleistungsrechte findet im übrigen dort ihre Grenze, wo der Verkäufer vorsätzlich oder grob fahrlässig das Vorhandensein bestimmter Eigenschaften falsch zugesichert hat.

Zugesicherte Eigenschaft und Individualvertrag

In einem Vertrag, der kein Formularvertrag ist oder dem keine Allgemeinen Geschäftsbedingungen zugrunde liegen, kann die Gewährleistung für zugesicherte Eigenschaften umfassend, d.h. ohne die bei einem Formularvertrag geltende Einschränkung, ausgeschlossen werden. Der Käufer könnte sich aber auch hier nicht auf den Gewährleistungsausschluß berufen, wenn er vorsätzlich oder grob fahrlässig das Vorhandensein bestimmter Eigenschaften falsch zugesichert hat. Im übrigen ist jede Einschränkung zulässig, die noch nicht gegen die guten Sitten verstößt (§ 138 BGB) oder die den Käufer nicht in derart gravierender Weise rechtlos stellt, daß die Berufung auf den Gewährleistungsausschluß einen Verstoß gegen Treu und Glauben darstellen würde. Beides dürfte nur in Ausnahmefällen der Fall sein.

Arglist

Jeder Ausschluß und jede Einschränkung der Gewährleistung des Verkäufers ist aber nichtig, wenn der Verkäufer einen Mangel bei der Abnahme arglistig verschwiegen hat (§ 637 BGB).

Genaue Prüfung

Wie dieser Überblick über die wichtigsten Fälle der Beschränkung der Gewährleistung des Verkäufers zeigt, können solche Vertragsbestimmungen überaus nachteilig für den Käufer sein. Der Käufer sollte deshalb vorsichtig sein und sich vor Abschluß des Vertrags die Frage vorlegen, welche effektiven Möglichkeiten ihm bleiben, sein Recht, eine mangelfreie Sache zu erhalten, durchzusetzen oder sich schadlos zu halten. Zumindest muß ihm eine Möglichkeit offen stehen, sich beim Vorliegen von Mängeln wieder vom Vertrag lösen zu können, beispielsweise durch Wandelung oder Rücktritt. Ist weder das eine noch das andere der Fall, geht der Käufer ein hohes Risiko ein.

9.4 Die Verjährung

§§

Abweichend von der Regelung beim Kaufvertrag verjähren die Gewährleistungsansprüche des Erwerbers beim Kauf eines neuen Hauses in fünf Jahren nach der Abnahme (§ 638 BGB). Wie im Kaufrecht kann der Käufer durch eine rechtzeitige Mängelanzeige sicherstellen, daß er auch nach Eintritt der Verjährung die Zahlung des Kaufpreises wegen der in der Anzeige genannten Mängel verweigern kann (§§ 639 Abs. 1, 478 BGB; näher dazu S. 136f.).

Keine Verkürzung durch Formularvertrag

Die Verjährungsfrist kann durch einen Formularvertrag oder durch allgemeine Geschäftsbedingungen nicht verkürzt werden, auch nicht durch eine Verweisung auf die Regelung in der Verdingungsordnung für Bauleistungen, Teil B (VOB/B).

Gewährleistungsausschluß

Wurde die Gewährleistung des Verkäufers ausgeschlossen und dessen Ansprüche gegen die Bauhandwerker an den Käufer abgetreten, kann der Käufer Gewährleistungsansprüche gegen den Veräußerer erst geltend machen, wenn der Versuch, Nachbesserung, Wandelung, Minderung oder Schadensersatz von den Bauhandwerkern zu erlangen, gescheitert ist. Erst dann beginnt die Verjährung der Gewährleistungsansprüche gegen den Verkäufer.

Ablauf der Verjährungsfrist

Während des Zeitraums, innerhalb dessen der Veräußerer oder der Bauhandwerker den Mangel zu beseitigen versucht, ist die Verjährung gehemmt. Dies bedeutet, daß dieser Zeitraum bei der Berechnung der Verjährungsfrist nicht eingerechnet wird. Diese Hemmung endet, wenn der Veräußerer erklärt, der Mangel sei beseitigt, oder wenn er die Fortsetzung der Beseitigung ablehnt (§ 639 Abs. 2 BGB).

10. Die Besonderheiten beim Kauf vom Bauträger

Wird ein bereits errichtetes Gebäude von einem Bauträger gekauft, richtet sich dessen Gewährleistung für Sachmängel nach den soeben dargestellten Regeln.

Noch zu errichtendes Haus

Soll das Gebäude erst noch errichtet werden, wie beim Kauf schlüsselfertiger Häuser, liegt kein Kaufvertrag im Rechtssinn vor, auch wenn der Vertrag als Kaufvertrag bezeichnet wird. Es handelt sich dann um einen reinen Werkvertrag (§§ 631 ff. BGB), denn ein solcher Vertrag beinhaltet die Verpflichtung des Veräußerers (richtig: des Werkunternehmers), ein Gebäude zu errichten und dieses nach Fertigstellung zusammen mit dem dazugehörenden Grundstück auf den Käufer (richtig: Auftraggeber oder Besteller) zu übertragen.

Werkvertrag

Die wechselseitigen Rechte und Pflichten aus einem mit einem Bauträger abgeschlossenen Werkvertrag und alle Gesichtspunkte, die dabei zu beachten sind, können hier nicht im einzelnen dargestellt werden. Die vollständige Erörterung der Problemfälle und die Behandlung dieser zum Teil schwierigen Rechtsfragen würde den Rahmen dieses Ratgebers sprengen. Einige Hinweise zu den Besonderheiten des Werkvertragsrechts wurden schon im Rahmen der Darstellung des Kaufs neu errichteter Häuser gegeben. Dies soll durch einige weitere kurze Hinweise ergänzt werden:

VOB/B

Sehr häufig enthält ein solcher Vertrag in den Vorbemerkungen den Hinweis, daß die Verdingungsordnung für Bauleistungen, Teil B (abgekürzt VOB/B), gelten solle bzw. Vertragsbestandteil sei. Die VOB/B ist ein umfangreiches Regelwerk, das eine eingehende und komplizierte Regelung der wechselseitigen Rechte und Pflichten zum Inhalt hat, die zum Teil deutlich von der gesetzlichen Regelung des Werkvertrags abweicht. Ein solcher schlichter Hinweis auf die VOB/B führt aber gegenüber einem im Baubereich nicht sachkundigen und bewanderten Erwerber nicht dazu, daß dieses Regelwerk Vertragsbestandteil wird. Dies ist nur dann der Fall, wenn diesem die VOB/B bekannt ist. In allen anderen Fällen ist die Einbeziehung nur dann wirksam, wenn dem Erwerber vor Vertragsschluß Gelegenheit gegeben wurde, sich über die VOB/B zu informieren. Dazu ist aber nicht erforderlich, daß dem Erwerber ein Text der

VOB/B ausgehändigt wird. Wie dem Erwerber die Kenntnis vom Inhalt der VOB/B vermittelt wird, ist egal, solange er die Möglichkeit hat, sich ohne Aufwand an Zeit und Kosten zu informieren, beispielsweise weil der Text zur Einsicht ausgelegt oder ihm ausgeliehen wurde. Klauseln wie

unwirksame Klauseln

> der VOB-Text ist in jeder Buchhandlung erhältlich

oder

> sollten sie die VOB nicht kennen, dann sende ich Ihnen kostenlos ein Exemplar zu,

erkennen die Gerichte nicht als ausreichend an. Die Möglichkeiten zur Information über die VOB/B sollte der Erwerber in jedem Fall nutzen und sich vorher genau über die einzelnen Regelungen unterrichten, sonst läuft er Gefahr, seine Rechte nicht richtig wahrnehmen zu können und sie deshalb zu verlieren. Wenn es möglich ist, sollte er auf der Aushändigung eines Textes bestehen.

Architekt

Ein schlichter Hinweis auf die Geltung der VOB/B genügt aber, wenn der Erwerber durch einen Architekten vertreten wird oder ein Architekt auf der Seite des Erwerbers an den Vertragsverhandlungen mitwirkt, weil die Gerichte dann davon ausgehen, daß dieser den Erwerber über die Regelungen der VOB/B aufgeklärt hat, was auch zu dessen Pflichten gehört, so daß die Sachkunde des Erwerbers vorausgesetzt wird.

Nur für Bauleistungen

Wird die VOB/B wirksam im Ganzen in den Vertrag einbezogen, gilt sie dennoch nur für die eigentlichen Bauleistungen des Bauträgers, nicht hingegen für die sonstigen Leistungen, die dieser zusätzlich zu erbringen hat, wie beispielsweise Architekten- und Ingenieurleistungen.

Makler- und Bauträger-Verordnung

Daneben gilt häufig auch die Makler- und Bauträger-Verordnung, ein ebenfalls umfangreiches Regelwerk, das hauptsächlich dem Schutz des Erwerbers dient und insbesondere Regelungen für die Abwicklung der Zahlungsverpflichtungen des Erwerbers und die Löschung von auf dem Grundstück zugunsten des Bauträgers eingetragenen Belastungen enthält. Die vollständige Erörterung der Problemfälle und die Behandlung dieser zum Teil schwierigen Rechtsfragen würde ebenfalls den Rahmen dieses Ratgebers sprengen. Deshalb soll auch insoweit nur auf eine wichtige Besonderheit hingewiesen werden:

Nachweisverzicht

In allen Fällen, in denen die Makler- und Bauträger-Verordnung gilt, ist eine Klausel in dem notariellen Vertrag, durch die sich der Erwerber hinsichtlich seiner Zahlungsverpflichtungen der sofortigen Zwangsvollstreckung in sein gesamtes Vermögen unter Verzicht auf den Nachweis der Fälligkeit der Forderung unterwirft (zu dieser Möglichkeit siehe S. 79f.), nichtig, weil dies in Widerspruch dazu stünde, daß der Bauträger nur unter ganz genau festgelegten Voraussetzungen in Abhängigkeit vom Baufortschritt Zahlungen verlangen kann. Aus dieser Klausel kann nicht vollstreckt werden.

Baubeschreibung

Beim Kauf vom Bauträger wird das zu errichtende Gebäude regelmäßig durch die Bezugnahme auf eine Baubeschreibung oder ein Leistungsverzeichnis beschrieben. Allein daraus ergibt sich, in welcher Art und Weise und mit welcher Ausstattung das schlüsselfertige Haus geschuldet ist. Es ist deshalb für den Erwerber überaus wichtig, daß er diese Unterlagen genau studiert und eventuell einen Fachmann hinzuzieht und sich nicht auf die beeindruckenden Hochglanzprospekte verläßt. Sonst kann es ihm passieren, daß sein Haus ganz anders aussieht, weil er nur die Standardausführung gekauft hat, während der Prospekt eine – aufpreispflichtige – Luxusausführung zeigt. Das genaue Studium des Leistungsverzeichnisses ist auch deshalb unbedingt erforderlich, weil sich der Bauträger regelmäßig jeden nachträglichen Änderungswunsch teuer bezahlen läßt, so daß sich der letztendlich zu bezahlende Preis leicht um mehrere 10.000 DM erhöhen kann. Mit diesen Hinweisen soll es hier sein Bewenden haben.

X. Die Belastungen des Grundstücks

Dringliche Belastung

Auf Grundstücken können aus verschiedenen Gründen und zu verschiedenen Zwecken dingliche Lasten ruhen. Von einer dinglichen Belastung spricht man in diesem Zusammenhang deshalb, weil es sich nicht nur um eine – lediglich schuldrechtlich wirkende – Verpflichtung einer bestimmten Person oder eines bestimmten Eigentümers handelt. Die Verpflichtung ist vielmehr mit dem Eigentum an einem Grundstück verknüpft und trifft deshalb den jeweiligen Eigentümer des Grundstücks, wer auch immer das sein mag. Diese Besonderheit wird in der Formulierung zum Ausdruck gebracht, die Belastung ruhe auf dem Grundstück. Mit den in der Praxis wichtigsten Belastungen eines Grundstücks wollen wir uns im folgenden kurz beschäftigen.

1. Die Hypothek

Sicherungsmittel

Die Hypothek ist neben der Grundschuld das bevorzugte Sicherungsmittel für Kreditgeber, die im Zusammenhang mit dem Erwerb eines Grundstücks oder dem Bau eines Hauses ein Darlehen gewähren. Daneben wird die Hypothek gern zur Absicherung größerer Kredite verwendet. Sie gibt dem Kreditgeber im Grunde ein Pfandrecht an dem Grundstück, an dem sie bestellt wurde.

1.1 Wie entsteht eine Hypothek?

Einigung über die Bestellung

Zunächst einigen sich der Kreditnehmer und der Kreditgeber, regelmäßig eine Bank, über die Bedingungen, unter denen der Kredit gewährt wird, und daß der Kredit durch eine Hypothek gesichert werden soll. Dann erklärt der Eigentümer vor dem Notar, meist unter Benutzung eines Formulars der kreditgebenden Bank, daß er zugunsten dieser Bank eine Hypothek in einer bestimmten Höhe mit einem bestimmten Zinssatz nebst Nebenforderungen in einer bestimmten Höhe bestellt. Der Notar wird dann lediglich die

Unterschrift des Eigentümers beglaubigen. Diese Urkunde nennt man Eintragungsbewilligung. Unter Vorlage dieser Eintragungsbewilligung wird schließlich beim Grundbuchamt beantragt, die Hypothek einzutragen. Mit der Eintragung im Grundbuch entsteht die Hypothek. Die Eintragung enthält die Angabe, daß es sich um eine Hypothek handelt, nennt den Gläubiger, den Forderungsbetrag, die Zinsen und den Betrag eventueller Nebenforderungen. Im übrigen kann auf die Eintragungsbewilligung Bezug genommen werden (§§ 1113, 1115 BGB).

Die Hypothek muß nicht am Grundstück des Kreditnehmers eingetragen werden. Dies kann auch am Grundstück eines Dritten erfolgen. Dann muß dieser als Eigentümer die Eintragung bewilligen. Am Darlehensvertrag muß er sich aber nicht beteiligen.

§§

Aushändigung des Hypothekenbriefs

Mit der Eintragung hat der Gläubiger die Hypothek noch nicht erworben. Handelt es sich wie im gesetzlichen Regelfall um eine Briefhypothek (über die Hypothek wird eine Urkunde, der Hypothekenbrief, ausgestellt; § 1116 BGB), erlangt der Gläubiger die Hypothek erst dann, wenn ihm dieser Brief vom Eigentümer ausgehändigt wurde (§ 1117 BGB). Die Banken vereinbaren jedoch regelmäßig mit dem Schuldner, daß das Grundbuchamt den Hypothekenbrief unmittelbar an sie übersenden soll, und lassen sich den Anspruch des Schuldners gegen das Grundbuchamt auf Aushändigung des Briefs abtreten. Das Grundbuchamt schickt dann den Brief unmittelbar an den Gläubiger. Dadurch wollen die Banken verhindern, daß der Schuldner die für die Bank bestimmte Hypothek unter Übergabe des Briefs an einen anderen abtritt. Außerdem muß der zu sichernde Kredit ausgezahlt worden sein. Bis dahin steht die Hypothek dem Eigentümer zu (§ 1163 Abs. 1 BGB).

§§

Buchhypothek

Bei der Buchhypothek ist die Erteilung eines Briefes ausgeschlossen. Sie ist daran erkennbar, daß die Eintragung im Grundbuch Vermerke enthält wie »Hypothek ohne Brief«,

»brieflos« oder »Die Erteilung eines Briefs ist ausgeschlossen« . Der Gläubiger erwirbt diese Art der Hypothek durch die Auszahlung des Kredits (§ 1163 Abs. 1 BGB).

1.2 Das Verhältnis zwischen gesicherter Forderung und Hypothek

§§

Höhe der Belastung

Die Belastung des Grundstücks durch die Hypothek besteht nur in dem Umfang, in dem die gesicherte Forderung noch besteht. Nur in dieser Höhe kann der Gläubiger Befriedigung durch Verwertung des Grundstücks suchen. Der im Grundbuch eingetragene Betrag gibt deshalb nur den ursprünglichen Umfang der Haftung an, der sich durch teilweise Tilgung des Darlehens schon deutlich reduziert haben kann. Dies ist die Folge der Abhängigkeit der Hypothek vom Bestand der Forderung, die nicht aufgelöst werden kann. In der Fachsprache wird dies mit dem Begriff der Akzessorietät beschrieben.

Fall

Teilweise Tilgung

Angenommen, der Schuldner hat das ursprüngliche Darlehen von 100.000 DM in Höhe von 50.000 DM getilgt. Dem Gläubiger steht dann nur noch eine Restforderung in Höhe von 50.000 DM zu. Auch die im Grundbuch mit dem Betrag von 100.000 DM angegebene Hypothek steht ihm nur noch in dieser Höhe zu. In Höhe von 50.000 DM ist sie auf den Eigentümer des Grundstücks übergegangen (§ 1163 Abs. 1 BGB). Insoweit spricht man von einer Eigentümergrundschuld, da der Eigentümer keine (für die Hypothek zwingend notwendige) zu sichernde Forderung gegen sich selbst hat.

Übergang auf den Grundstückseigentümer

Auch wenn der Eigentümer und der Schuldner verschieden sind, geht die Hypothek in der Regel in dem Umfang auf den Eigentümer über, in dem der Schuldner die gesicherte Forderung tilgt. Der Eigentümer erwirbt die Hypothek nur dann nicht, wenn im Verhältnis zum Schuldner er selbst und nicht der Schuldner zur Tilgung der Forderung verpflichtet ist. Dann geht die Hypothek auf den Schuldner über und sichert dessen Anspruch auf Erstattung der geleisteten Zahlungen gegen den Eigentümer (§ 1164 BGB).

§§ Übertragung der Briefhypothek

Diese Verbindung zwischen gesicherter Forderung und Hypothek bleibt auch bestehen, wenn die Hypothek auf eine andere Person übertragen wird, denn die Hypothek kann nicht ohne die Forderung und die Forderung kann nicht ohne die Hypothek übertragen werden (§ 1153 BGB). Die Briefhypothek wird durch schriftliche Abtretung der gesicherten Forderung und die Übergabe des Briefs übertragen, wobei die Abtretung regelmäßig notariell beglaubigt wird, damit der neue Inhaber seine Berechtigung nachweisen kann (§ 1154 BGB). Bei einer Briefhypothek kann man sich deshalb nie sicher sein, daß der im Grundbuch eingetragene Gläubiger noch Inhaber der Hypothek ist. Dies ist bei der Buchhypothek anders, denn diese wird durch die Abtretung der Forderung und die Eintragung des neuen Inhabers im Grundbuch übertragen. Wegen der Änderung des Grundbuchs muß die Abtretung in diesem Fall immer notariell beglaubigt werden (§ 1154 Abs. 3 BGB).

1.3 Art und Umfang der Hypothekenhaftung

§§ Zubehör und Bestandteile

Die Hypothek begründet eine Haftung des Grundstücks einschließlich aller seiner wesentlichen Bestandteile, also insbesondere der auf dem Grundstück errichteten Gebäude, für die gesamte Forderung. Sie erstreckt sich aber auch auf das Zubehör und auf Erzeugnisse, solange sich diese Gegenstände auf dem Grundstück befinden und im Eigentum des Grundstückseigentümers stehen (§ 1120 BGB). Wurde beispielsweise ein landwirtschaftlich genutztes Grundstück mit einer Hypothek belastet, erstreckt sich die Haftung auf die Gebäude (wesentliche Bestandteile), die landwirtschaftlichen Maschinen einschließlich des Fuhrparks, das Vieh, die Vorräte (Zubehör) und das geerntete Getreide (Erzeugnisse). Auf alles kann der Hypothekengläubiger zugreifen. Ist das Grundstück vermietet oder verpachtet, erstreckt sich die Haftung grundsätzlich auch auf Mietzins- oder Pachtforderungen (§ 1123 BGB).

1.4 Die Durchsetzung der Hypothekenhaftung

§§ Zwangsversteigerung

Der Gläubiger einer Hypothek hat das Recht, gegebenenfalls nach einer Kündigung der Hypothek (§ 1141 BGB), das Grundstück einschließlich der mithaftenden Gegenstände zu seinen Gunsten zu verwerten und den Erlös zur Befriedigung seiner Forderung zu verwenden. Dies erfolgt im Wege der Zwangsvollstreckung in das Grundstück (§ 1147 BGB). Er kann dazu das Grundstück öffentlich versteigern lassen (Zwangsversteigerung). Der Erlös aus einer solchen Versteigerung wird dann an die Grundpfandgläubiger, deren Rechte infolge der Versteigerung untergehen, verteilt. Dies geschieht in der Reihenfolge der Eintragung im Grundbuch. Wer an erster Stelle steht, erhält aus dem Erlös so viel, bis seine Forderung befriedigt ist. Dann wird der an Rangstelle zwei eingetragene Gläubiger befriedigt, dann der an Rangstelle drei usw. Ist der Erlös aufgrund der Befriedigung vorrangiger Gläubiger aufgebraucht, geht der vollstreckende Gläubiger leer aus.

Zwangsverwaltung

Bei der selten gewählten Zwangsverwaltung wird ein Zwangsverwalter bestellt, der die Einkünfte aus dem Grundstück, also insbesondere Miet- oder Pachteinnahmen, zur Befriedigung der Forderung verwendet.

§§ Vollstreckungstitel

Die Durchführung der Zwangsvollstreckung setzt voraus, daß der Hypothekengläubiger einen Vollstreckungstitel hat. Einen solchen Titel kann er sich dadurch beschaffen, daß er den Eigentümer auf Duldung der Zwangsvollstreckung in das Grundstück verklagt. Aus dem so erstrittenen Urteil kann er dann vollstrecken.

Dieser Weg ist den Banken meistens zu umständlich. Sie verlangen deshalb häufig, daß sich der Schuldner der sofortigen Zwangsvollstreckung in das Grundstück und in sein sonstiges Vermögen unterwirft. Dazu wird vom Notar eine Urkunde errichtet, meist im Zusammenhang mit der Bestellung der Hypothek, in der der Schuldner erklärt, daß er sich wegen einer bestimmten Forderung der sofortigen

Unterwerfung unter die sofortige Zwangsvollstreckung

Zwangsvollstreckung unterwirft. Dies kann hinsichtlich der gesicherten Forderung oder hinsichtlich des Anspruchs auf Duldung der Zwangsvollstreckung aus der Hypothek oder hinsichtlich beider Ansprüche geschehen (§ 794 Abs. 2 ZPO). Will der Gläubiger vollstrecken, beantragt er beim Notar die Erteilung einer vollstreckbaren Ausfertigung der Urkunde (§ 797 ZPO). Damit kann er wie aus einem Urteil vollstrecken, ohne den langen und zeitraubenden Weg einer Klage beschreiten zu müssen.

Vollstreckungsabwehrklage

Eine solche Klausel ist für den Schuldner nicht ungefährlich, weil – anders als bei einer Klage – vor der Erteilung der Vollstreckungsklausel nicht geprüft wird, ob der Gläubiger nach den getroffenen Vereinbarungen vollstrecken darf. Will der Schuldner sich gegen die Vollstreckung wehren, muß er Klage, die sogenannte Vollstreckungsabwehrklage (§ 767 ZPO), erheben. Die Erhebung dieser Klage hindert den Gläubiger aber nicht automatisch an der Vollstreckung. Dazu muß der Schuldner einen besonderen Antrag auf einstweilige Einstellung der Zwangsvollstrekkung stellen (§ 769 ZPO). Regelmäßig wird das Gericht die Zwangsvollstreckung nur dann bis zur Entscheidung über die Vollstreckungsabwehrklage einstweilen einstellen, wenn der Schuldner Sicherheit leistet, also beispielsweise eine Bürgschaft stellt.

Unterwerfung des jeweiligen Eigentümers

Grundsätzlich ist nur derjenige der sofortigen Zwangsvollstreckung aus der Urkunde unterworfen, der diese Erklärung abgegeben hat. Wechselt der Eigentümer des Grundstücks, müßte der neue Eigentümer verklagt werden und die Vollstreckung wäre erst aufgrund eines Urteils möglich. Dies wollen die Banken meist vermeiden. Deshalb lassen sie die Klausel so fassen, daß der jeweilige Eigentümer der sofortigen Zwangsvollstreckung unterworfen ist (§ 800 ZPO). Dann können sie sich auch ihm gegenüber eine vollstreckbare Ausfertigung der Urkunde beschaffen und damit in das Grundstück vollstrecken. Die Formulierung lautet dann etwa:

Der jeweilige Eigentümer ist der sofortigen Zwangsvollstreckung unterworfen.

Da diese Klausel für den Erwerber eines Grundstücks sehr gefährlich ist, denn er muß jederzeit befürchten, das gekaufte Grundstück durch die sofortige Zwangsvollstrekkung des Hypothekengläubigers wieder zu verlieren, wird eine solche Klausel in das Grundbuch bei der Hypothek, auf die sie sich bezieht, eingetragen, so daß der Käufer gewarnt ist.

1.5 Sonderformen der Hypothek

a) Die Gesamthypothek

Haftung mehrerer Grundstücke

Normalerweise wird eine Hypothek an einem Grundstück bestellt. Daneben gibt es aber auch die Möglichkeit, daß für eine Forderung eine Hypothek an mehreren Grundstücken bestellt wird. Man spricht dann von einer Gesamthypothek (§ 1132 BGB). Diese Art der Hypothek hat für den Gläubiger den Vorteil, daß alle Grundstücke für die gesamte Forderung haften. Will er vollstrecken, kann er sich unter diesen Grundstücken eines auswählen. Genügt der dabei erzielte Erlös zur Befriedigung der Forderung nicht, kann er in das nächste Grundstück vollstrecken, dann in das dritte und so weiter, bis der Erlös ausreicht.

b) Die Sicherungshypothek

Gutgläubiger Erwerb

Die Sicherungshypothek (§ 1184 BGB) ist eine Buchhypothek, bei der die Berechtigung des Gläubigers besonders stark mit dem Bestehen und der Höhe der gesicherten Forderung verknüpft ist. Dazu muß man wissen, daß das Gesetz auch den gutgläubigen Erwerb einer Hypothek zuläßt. Hat der Erwerber der Hypothek gutgläubig darauf vertraut, daß die im Grundbuch eingetragene Hypothek noch in vollem Umfang besteht, die gesicherte Forderung also auch noch in voller Höhe besteht, dann erwirbt er die Hypothek in voller Höhe, auch wenn die Forderung schon ganz oder teilweise erloschen ist (§ 1138 BGB). Der Eigentümer des Grundstücks kann sich dann dem Erwerber der Hypothek gegenüber nicht mehr darauf berufen, daß er die Forderung schon erfüllt und der Gläubiger deshalb keine Rechte aus der Hypothek habe. Durch die Bestellung einer Sicherungshypothek, die im Grundbuch auch als solche bezeichnet wird, kann ein solcher gutgläubiger Erwerb ausgeschlossen werden. Sie bietet dem Eigentümer deshalb ein Höchstmaß an Sicherheit.

c) Die Zwangshypothek

Die Zwangshypothek wird auf Antrag des Gläubigers im Wege der Zwangsvollstreckung in das Grundbuch eingetragen. Sie verschafft dem Gläubiger das Recht, wegen seiner durch einen Vollstreckungstitel (Urteil, Vollstreckungsbescheid, vollstreckbare Urkunde) festgestellten Forderung die Verwertung des Grundstücks zu betreiben. Die Zwangshypothek ist immer eine Sicherungshypothek (§ 867 ZPO).

d) Die Höchstbetragshypothek

Höhe der gesicherten Forderung

Auch die Höchstbetragshypothek ist kraft Gesetzes Sicherungshypothek. Ihre Besonderheit besteht darin, daß schon eine Hypothek in das Grundbuch eingetragen werden kann, obwohl zu diesem Zeitpunkt weder die zu sichernde Forderung noch deren genaue Höhe angegeben werden kann (§ 1190 BGB). Diese Feststellungen können erst später getroffen werden. Steht etwa der Eigentümer eines Grundstücks in laufender Geschäftsbeziehung zu einer Bank, können die Forderungen der Bank gegen ihn, beispielsweise auf Rückzahlung verschiedener Kredite, durch eine Höchstbetragshypothek gesichert werden. Die Eintragungsbewilligung könnte in einem solchen Fall lauten:

Bewilligung einer Höchstbetragshypothek

> Ich, Hans Müller, stehe in laufender Geschäftsbeziehung zur X-Sparkasse. Zur Sicherung jedweder gegenwärtigen oder künftigen Forderung der X-Sparkasse aus dieser Geschäftsverbindung bewillige und beantrage ich die Eintragung einer Höchstbetragshypothek in Höhe von 250.000 DM auf meinem Grundstück.

Eingetragen wird sie unter Bezugnahme auf die Eintragungsbewilligung als Sicherungshypothek zum Höchstbetrag von 250.000 DM unter Angabe des Gläubigers.

Feststellung der Forderung

Diese Flexibilität der Höchstbetragshypothek endet in dem Moment, in dem die Forderung »festgestellt« wird, was regelmäßig durch einen Vertrag zwischen dem Eigentümer und dem Gläubiger erfolgt, im Streitfall aber auch durch ein Urteil geschehen kann (§ 1190 Abs. 1 BGB). Ab diesem Zeitpunkt wird sie wie eine normale Sicherungshypothek behandelt. Große praktische Bedeutung hat sie nicht erlangt.

1.6 Was sollte der Käufer beachten?

§§

Befriedigungsrecht des Eigentümers

Wie wir gesehen haben, lastet die Hypothek auf dem Grundstück. Daran ändert der Übergang des Eigentums auf den Käufer nichts. Deshalb kann der Inhaber einer Hypothek auch noch nach dem Eigentumsübergang vollstrecken, wenn der Schuldner seinen Kredit nicht zurückzahlt. Wird das Grundstück zwangsversteigert, verliert der Käufer das Eigentum an dem Grundstück wieder. Deshalb gibt das Gesetz dem neuen Eigentümer das Recht, den Gläubiger zu befriedigen, selbst wenn der Schuldner widerspricht (§ 1142 BGB). Er kann also die restliche Schuld bezahlen und erwirbt dann die Forderung des Gläubigers gegen den Schuldner. Von diesem kann er dann die Erstat-

Löschungsunterlagen

tung des aufgewandten Betrags verlangen. Durch die Zahlung verliert der Gläubiger seine Forderung, und der Eigentümer erwirbt die Hypothek (§ 1163 Abs. 1 BGB). Auf diese Weise kann er die Vollstreckung abwenden. Bei einer Zahlung sollte der Eigentümer unbedingt klarstellen, daß er auf die Forderung und die Hypothek zahlt. Außerdem kann er verlangen, und davon sollte er die Zahlung ebenfalls abhängig machen, daß ihm der Hypothekenbrief und die sonstigen Unterlagen zur Löschung der Hypothek ausgehändigt werden. Bei der Briefhypothek sind das außer dem Brief in der Regel eine löschungsfähige Quittung, die in öffentlich beglaubigter Form erstellt werden und den Zahlenden angeben muß, denn sonst kann nicht nachgewiesen werden, daß die Hypothek auf den Eigentümer übergegangen ist. War die Briefhypothek abgetreten worden, müssen auch alle Unterlagen übergeben werden, aus denen sich ergibt, daß der jetzige Gläubiger Inhaber der Hypothek ist. Bei der Buchhypothek genügt in der Regel die Übergabe einer löschungsfähigen Quittung. Mit diesen Unterlagen kann der Eigentümer gegenüber dem Grundbuchamt nachweisen, daß er nun Inhaber der Hypothek ist, und kann sie löschen lassen.

Übernahme unter Anrechnung auf den Kaufpreis

Hat der Käufer die Hypothek unter Anrechnung auf den Kaufpreis übernommen, wird regelmäßig vereinbart, daß der Käufer dem Schuldner gegenüber zur Rückzahlung des restlichen Kredits, den die Hypothek sichert, verpflichtet ist. Deshalb sollte sich der Käufer zuvor über die genaue Höhe der Restforderung erkundigen. Eine solche Vereinbarung ändert aber nichts daran, daß nur der Verkäufer Schuldner ist. Die kreditgewährende Bank erlangt dadurch keinen Anspruch auf Rückzahlung des Kredits gegen den Käufer. Im Fall einer Vollstreckung in das Grundstück hat der Käufer die gerade beschriebenen Rechte. In diesem Fall erlangt er durch die Zahlung keinen Anspruch auf Erstattung gegen den Verkäufer, weil er im Verhältnis zum Verkäufer selbst zur Rückzahlung verpflichtet war. Einen solchen Anspruch erwirbt er aber dann, wenn er Geld an den Verkäufer gezahlt hat, damit dieser den Kredit zurückzahlt, der Verkäufer das Geld aber anderweitig verwendet hat. Dann hat der Käufer wegen dieser abredewidrigen Verwendung des Geldes einen Schadensersatzanspruch, in dessen Höhe die Forderung des Gläubigers auf ihn übergeht. So etwas kann dadurch vermieden werden, daß der Käufer im Einverständnis mit dem Verkäufer die einzelnen Raten unmittelbar an die kreditgewährende Bank zahlt. Dann können auch Gläubiger des Verkäufers darauf nicht zugreifen und so verhindern, daß der Verkäufer die Zahlung zur Rückzahlung seines Kredits verwenden kann.

Entlassung des Verkäufers aus der Haftung

Übernimmt der Käufer die Hypothek unter Anrechnung auf den Kaufpreis, kann vereinbart werden, daß die restliche Darlehenschuld auf den Käufer übertragen und der Verkäufer aus der Schuld entlassen wird. Dazu muß aber die kreditgewährende Bank mitwirken. Diese wird dazu aber nur ausnahmsweise bereit sein, weil Banken nur ungern auf einen Schuldner verzichten, denn je mehr Personen ihnen haften, desto größer ist ihre Chance, daß sie ihr Geld erhalten. Erklärt sich die Bank mit dem Austausch des Schuldners einverstanden, ist nur noch der Käufer zur Rückzahlung des restlichen Kredits verpflichtet. Er erfüllt dann eine eigene Schuld. Die Folgen einer Befriedigung des Gläubigers sind aber die gleichen, die Hypothek geht auf ihn über. Um die Hypothek löschen lassen zu können, empfiehlt es sich, daß der Käufer die letzte Zahlung nur gegen Aushändigung der zur Löschung erforderlichen Unterlagen, also insbesondere des Hypothekbriefs und einer löschungsfähigen Quittung, erbringt.

Blick in das Grundbuch

In allen Fallgestaltungen sollte sich der Käufer die Eintragung der Hypothek im Grundbuch genau ansehen. Ist dort eingetragen, daß der jeweilige Eigentümer der sofortigen Zwangsvollstreckung unterworfen ist, geht der Erwerber unter Umständen kein geringes Risiko ein, denn die Zwangsversteigerung des Grundstücks kann ohne einen vorherigen Prozeß betrieben werden. Um sich dagegen zu verteidigen, muß der Eigentümer selbst einen Prozeß anstrengen, dessen Ausgang möglicherweise ungewiß ist. Der

Erwerber sollte sich dann besonders sorgfältig nach dem aktuellen Stand des Kredits und auch der bisherigen Abwicklung (zahlte der Verkäufer immer pünktlich?) erkundigen, um das Risiko abschätzen zu können. Notfalls sollte er sich unmittelbar mit dem Gläubiger in Verbindung setzen.

2. Die Grundschuld

Die Grundschuld wird in zunehmendem Maße das wichtigste Sicherungsmittel bei der Kreditgewährung im Zusammenhang mit Grundstücksgeschäften.

2.1 Der Unterschied zwischen Hypothek und Grundschuld

§§ **Bestellung**

Auch die Grundschuld gewährt ihrem Inhaber das Recht, das belastete Grundstück im Wege der Zwangsvollstreckung zu verwerten und sich aus dem bei einer Versteigerung erzielten Erlös in einer bestimmten Höhe zu befriedigen (§ 1191 BGB). Sie wird wie die Hypothek entweder als Briefgrundschuld oder als Buchgrundschuld bestellt. Darüber einigen sich der Schuldner und der Gläubiger meist unter Verwendung eines Formulars der Bank. Die Eintragung in das Grundbuch erfolgt aufgrund einer notariell beglaubigten Eintragungsbewilligung des Eigentümers. Nur wenn sich der Eigentümer zugleich der sofortigen Zwangsvollstreckung unterwirft, ist die notarielle Beurkundung erforderlich.

§§ **Keine Akzessorietät**

Der entscheidende Unterschied besteht zur Hypothek darin, daß die Grundschuld nicht von einer Forderung abhängig ist, sie ist nicht akzessorisch (§ 1192 BGB). Sie besteht deshalb auch dann, wenn die Forderung, die sie sichern soll, nicht entstanden ist oder nicht mehr besteht, weil sie schon getilgt wurde. Außerdem kann die Grundschuld ohne die Forderung abgetreten werden. Sie eignet sich deshalb besser als die Hypothek zur Übertragung und wird aus diesem Grund von den Banken und Sparkassen als Sicherungsmittel bevorzugt. Auch die Kredite von sogenannten Hypothekenbanken werden heute meist durch Grundschulden abgesichert.

2.2 Die Sicherungsgrundschuld

Vertragliche Akzessorietät

Die Sicherungsgrundschuld stellt heute den Normalfall der Grundschuld dar. Sie ist dadurch gekennzeichnet, daß durch eine Vereinbarung zwischen dem Schuldner und dem Gläubiger die Abhängigkeit zwischen der gesicherten Forderung und der Grundschuld hergestellt und sie so der Hypothek wieder angenähert wird. Durch eine Vereinbarung wird geregelt, daß die Grundschuld zur Sicherung einer oder mehrerer Forderungen bestellt wird und daß der Gläubiger verpflichtet ist, die Grundschuld an den Schuldner zu übertragen oder eine Löschungsbewilligung auszuhändigen, wenn die gesicherte Forderung getilgt ist. Eine solche Vereinbarung wird als Grundschuldzweckerklärung bezeichnet. Sie bedarf keiner notariellen Beurkundung und muß auch nicht in die Eintragungsbewilligung aufgenommen werden. Meist ist sie in einem Formular der Bank oder Sparkasse enthalten, das dem Kunden zusammen mit den Vereinbarungen über die Kreditgewährung vorgelegt wird.

Tip

Miteigentum

Der Kunde sollte den Inhalt der Grundschuldzweckerklärung genau prüfen, denn aus ihr ergibt sich der Umfang seiner Haftung mit dem Grundstück. Dies gilt in besonderem Maße, wenn der Grundstückseigentümer zur Sicherung von Krediten eines Dritten eine Grundschuld an seinem Grundstück bestellt. Dann sollte er besonders darauf achten, zur Sicherung welcher Forderungen die Grundschuld bestellt werden soll, um sein Risiko überschauen und kalkulieren zu können. Auch wenn eine Grundschuld an einem im Miteigentum stehenden Grundstück für Forderungen gegen einen der Miteigentümer bestellt werden soll, empfiehlt es sich, auf eine Begrenzung des Risikos zu achten. Banken und Sparkassen verwenden häufig Formulare, wonach die Grundschuld für alle gegenwärtigen und

Rechtsrat einholen

künftigen Forderungen bestellt werden soll. Dann ist das Grundstück so lange belastet, bis alle Forderungen der Bank in vollem Umfang befriedigt sind und auch keine mehr entstehen können. Es liegt auf der Hand, daß bei einer solchen Zweckerklärung praktisch kaum eine Chance besteht, daß die Grundschuld einmal gelöscht werden kann. Zwar haben die Gerichte die Wirksamkeit einer so umfassenden Zweckerklärung beschränkt, insbesondere wenn die Klausel für den Grundstückseigentümer eine Überraschung darstellt, weil er nach den Vertragsverhandlungen damit nicht rechnen mußte. Darauf sollte man sich aber nicht verlassen, denn ob man mit einem solchen Einwand in einem Prozeß Erfolg haben wird, ist ungewiß. Der weitaus bessere Schutz besteht darin, das Formular der Bank, das die Grundschuldzweckvereinbarung enthält, genau zu lesen und sich notfalls von einer rechtskundigen Person beraten zu lassen.

Unterwerfung unter die sofortige Zwangsvollstreckung

Auch bei der Grundschuld verlangen die Banken und Sparkassen regelmäßig, daß sich der Eigentümer der sofortigen Zwangsvollstreckung in das Grundstück unterwirft, damit sie auf das Grundstück zugreifen können, ohne einen unter Umständen langwierigen Prozeß führen zu müssen. Diese Erklärung ist meist ebenfalls in dem Formular der Bank enthalten. Sie bedarf der notariellen Beurkundung. Die Unterwerfung unter die sofortige Zwangsvollstreckung kann auch hier zu Lasten des jeweiligen Eigentümers erfolgen. Dies wird dann zusammen mit der Grundschuld in das Grundbuch eingetragen (vergleiche dazu auch die Erläuterungen bei der Hypothek, S. 157f.).

2.3 Was muß der Käufer beachten?

Zahlung auf die Forderung

Meist haben die Banken und Sparkassen formularmäßig vereinbart, daß die Zahlungen des Schuldners nicht auf die Grundschuld, sondern nur auf die persönliche Kreditschuld verrechnet werden. Weil die Grundschuld in ihrem Bestand von der gesicherten Forderung unabhängig ist, hat dies zur Konsequenz, daß die Grundschuld nicht in gleichem Umfang getilgt wird, sondern in vollem Umfang als Sicherungsmittel des Kreditgebers erhalten bleibt. Dies sollte der Käufer bedenken, wenn er die Grundschuld unter Anrechnung auf den Kaufpreis übernimmt. Um dieses Risiko sachgerecht abschätzen zu können, muß der Käufer sich unbedingt über den Inhalt der Grundschuldzweckerklärung, die Tilgungsbestimmungen und den Stand der Tilgung genau informieren.

Tip

Befriedigungsrecht

Die Rechte des Grundstückserwerbers bei einem Zugriff des Gläubigers auf das Grundstück im Wege der Vollstreckung sind im wesentlichen die gleichen wie bei der Hypothek (siehe dazu S. 161f.). Er hat ein vom Willen des Verkäufers (Schuldners) unabhängiges Recht, den Grundschuldgläubiger durch Zahlung des Grundschuldbetrags (oder des Restbetrags der gesicherten Forderung) zu befriedigen. Bei dieser Zahlung sollte er unbedingt darauf achten, daß er als Zweckbestimmung angibt, Zahlung auf die Grundschuld, denn sonst läuft er Gefahr, daß der Gläubiger seine Zahlung nur auf die persönliche Forderung verrechnet. Dann hätte der Käufer die Grundschuld nicht getilgt und könnte auch nicht die Aushändigung der zur Löschung erforderlichen Unterlagen, insbesondere der Löschungsbewilligung, verlangen. Im ungünstigsten Fall müßte er nochmals zahlen.

Kein automatischer Forderungserwerb

Da die Grundschuld nicht in gleicher Weise wie die Hypothek mit der gesicherten Forderung verknüpft ist, erwirbt der Eigentümer durch die Zahlung nicht automatisch die Forderung des Gläubigers gegen den Schuldner. Er kann aber verlangen, daß der Gläubiger ihm diesen Anspruch abtritt, wenn er seinerseits einen Anspruch gegen den Schuldner auf Erstattung des gezahlten Betrags hat.

Sofortige Zwangsvollstreckung

Auch hier sollte der Käufer besonders vorsichtig sein, wenn er im Grundbuch eine Eintragung über die Unterwerfung des jeweiligen Eigentümers unter die sofortige Zwangsvollstreckung findet.

3. Die Rentenschuld

Die Rentenschuld ist eine Grundschuld, bei der das Grundstück mit einer Rente, d.h. einer zu regelmäßig wiederkehrenden Terminen (beispielsweise zum 1.7. eines jeden Jahres, zum 15. eines jeden Monats usw.) zu zahlenden Geldsumme, belastet wird (§ 1199 BGB). Sie kann als Brief- oder Buchrentenschuld bestellt werden. Woher der Eigentümer diese Beträge nimmt, ist gleichgültig. Er muß sie nicht aus den Erträgen des Grundstücks, etwa aus Miet- oder Pachteinnahmen bezahlen. Wird die Rente nicht gezahlt, kann der Inhaber der Rentenschuld die Zwangsvollstreckung in das Grundstück betreiben. Dies geschieht in gleicher Weise wie bei einer normalen Grundschuld, so daß auf die dort gemachten Ausführungen verwiesen werden kann.

Kein automatischer Übergang der Zahlungsverpflichtung

Die Zahlungsverpflichtung aus einer Rentenschuld geht nicht automatisch zusammen mit dem Eigentum an dem Grundstück auf den Erwerber über. Zahlt der Schuldner nicht, muß der Käufer aber damit rechnen, daß der Gläubiger in das Grundstück vollstreckt. Er kann dann, wie bei der normalen Grundschuld, die Vollstreckung dadurch abwenden, daß er den von diesem geschuldeten Betrag zahlt. Nur wenn er sich durch eine besondere Vereinbarung unter Beteiligung des Rentenberechtigten dazu verpflichtet, haftet er auch persönlich.

Ablösesumme

Die Rentenschuld weist die Besonderheit auf, daß bei ihr von Anfang an eine Summe festgelegt sein muß, die der Eigentümer zahlen kann, um die Rentenschuld abzulösen (Ablösesumme, § 1199 Abs. 2 BGB). Um von diesem Recht Gebrauch machen zu können, muß der Eigentümer vorher kündigen. Die Kündigungsfrist beträgt sechs Monate, sofern bei der Bestellung der Rentenschuld nichts anderes vereinbart wurde. Das Kündigungsrecht kann für maximal dreißig Jahre ausgeschlossen werden (§ 1202 BGB). Der Inhaber der Rentenschuld kann die Zahlung der Ablösesumme nicht von sich aus verlangen (§ 1201 BGB). Erst wenn der Eigentümer gekündigt hat und die Kündigungsfrist abgelaufen ist, steht ihm ein entsprechender Anspruch zu. Der Käufer muß also nicht befürchten, daß der Inhaber der Rentenschuld plötzlich die Zahlung der Ablösesumme fordert und dadurch seinen Finanzierungsplan gefährdet.

4. Die Grunddienstbarkeit

Zweck

Die Grunddienstbarkeit unterscheidet sich von der Hypothek und der Grundschuld dadurch, daß der Inhaber einer Grunddienstbarkeit nicht die Zahlung einer bestimmten Geldsumme aus dem Grundstück fordern kann. Durch die Bestellung einer Grunddienstbarkeit wird geregelt, in welcher Weise der Berechtigte das belastete Grundstück nutzten darf. Diese Belastung erfolgt nicht zugunsten einer bestimmten Person, sondern zugunsten des jeweiligen Eigentümers eines anderen Grundstücks, so daß die Berechtigung aus der Grunddienstbarkeit mit dem Eigentum an dem anderen Grundstück verbunden ist und damit auch auf den Erwerber dieses Grundstücks übergeht. Man bezeichnet das belastete Grundstück auch als das dienende Grundstück und das andere Grundstück als das herrschende Grundstück. Die Grunddienstbarkeit währt deshalb in einem gewissen Sinn ewig.

4.1 Wie wird eine Grunddienstbarkeit bestellt?

Vereinbarung und Eintragungsbewilligung

Grunddienstbarkeiten werden durch eine Vereinbarung des Eigentümers des belasteten Grundstücks mit dem Eigentümer des anderen Grundstücks bestellt. Aus dieser Vereinbarung ergibt sich der Inhalt der Grunddienstbarkeit. Außerdem müssen sie in das Grundbuch eingetragen werden. Dazu ist die Eintragungsbewilligung des Eigentümers des belasteten Grundstücks erforderlich, die in einer öffentlichen oder öffentlich beglaubigten Urkunde enthalten sein muß. Eine Eintragung beim herrschenden Grundstück ist möglich, hat aber keine rechtliche Bedeutung.

4.2 Der Inhalt der Grunddienstbarkeit

Vorteil für das herrschende Grundstück

Grunddienstbarkeiten können einen sehr unterschiedlichen Inhalt haben. Erforderlich ist aber immer, daß die Belastung für die Benutzung des herrschenden Grundstücks und nicht nur für dessen Eigentümer einen Vorteil bietet.

a) Die Erlaubnis zur Nutzung des belasteten Grundstücks

§§

Nutzungsrecht

Ein Grundstück kann durch eine Grunddienstbarkeit in der Weise belastet werden, daß der jeweilige Eigentümer eines anderen Grundstücks dieses in einer bestimmten Weise nutzen darf. Dazu gehört beispielsweise das Recht, das belastete Grundstück zu befahren, auf diesem einen Weg anzulegen, Leitungen (Wasser, Strom, Fernwärme usw.) über das Grundstück zu führen oder dem Grundstück Wasser, Steine oder Kies zu entnehmen. Aber auch jede andere Nutzung kann Inhalt einer Grunddienstbarkeit sein.

Tip

Ausübungsstelle

Obwohl das gesamte Grundstück belastet ist, führt beispielsweise der Weg nur über eine bestimmte Stelle des Grundstücks, die als Ausübungsstelle bezeichnet wird. Bei der Bestimmung des Inhalts der Grunddienstbarkeit sollte die Stelle, die genutzt werden darf, möglichst genau, zweckmäßigerweise durch eine Bezugnahme auf Karten oder Skizzen, die der notariellen Urkunde beigefügt werden müssen, beschrieben werden. Auch empfiehlt es sich, gleich zu regeln, wer beispielsweise den Weg zu unterhalten hat oder in welcher Form das Grundstück nach der Entnahme von Kies wieder herzurichten ist.

In der Eintragung wird der Inhalt der Grunddienstbarkeit häufig nur stichwortartig beispielsweise als Wegerecht bezeichnet. Im übrigen wird regelmäßig auf die Eintragungsbewilligung Bezug genommen.

b) Das Verbot der Vornahme bestimmter Handlungen

§§

Verbot bestimmter Nutzungen

Eine Grunddienstbarkeit kann auch ohne Einräumung eines Nutzungsrechts in der Weise bestellt werden, daß dem Grundstückseigentümer eine bestimmte, eigentlich zulässige Nutzung seines Grundstücks untersagt wird. Er darf beispielsweise sein Grundstück nicht oder nicht in einer bestimmten Art und Weise (Gaststätte, Fabrik) bebauen; er darf nicht höher als 15 Meter bauen (Sicherung der Aussicht), oder er darf eine Einfriedung oder Hecke nicht anlegen oder entfernen. Von nicht unerheblicher praktischer Bedeutung sind Grunddienstbarkeiten, durch die dem Eigentümer untersagt wird, einen bestimmten gewerblichen Betrieb oder ein bestimmtes Handwerk auf dem Grundstück zu betreiben. Damit soll meist unliebsame Konkurrenz verhindert werden.

Genaue Bestimmung des Inhalts

Auch bei solchen Grunddienstbarkeiten sollte der Inhalt so genau wie nur möglich angegeben werden, da damit ganz erhebliche Einschränkungen des Eigentümers verbunden sein können. Der Inhalt wird in der Eintragung nur stichwortartig angeben, so daß der Käufer den genauen Inhalt nur der Eintragungsbewilligung entnehmen kann.

c) Der Ausschluß der Ausübung bestimmter Rechte des Eigentümers

§§

Abwehrrechte des Eigentümers

Eine Grunddienstbarkeit kann schließlich in der Weise bestellt werden, daß der Eigentümer Rechte, die ihm an sich zustünden, nicht ausüben darf. Bedeutsam ist dies insbesondere für die Rechte des Eigentümers, mit denen er Eingriffe in sein Eigentum abwehren kann. Er kann grundsätzlich verlangen, daß Beeinträchtigungen seines Grundstücks beseitigt werden (§ 1004 BGB). Außerdem kann er verbieten, daß seinem Grundstück Gase, Dämpfe, Gerüche, Rauch, Ruß, Wärme, Geräusche, Erschütterungen und ähnliche Einwirkungen zugeführt werden, sofern dadurch die Benutzung nicht nur unwesentlich beeinträchtigt wird und dies nicht ortsüblich ist (§ 906 BGB). Ferner kann er

z.B.

verlangen, daß auf den Nachbargrundstücken keine Anlagen errichtet werden, bei denen mit Sicherheit vorauszusehen ist, daß ihr Betrieb solche unzulässigen Einwirkungen hervorrufen wird. Durch die Bestellung einer Grunddienstbarkeit kann ausgeschlossen werden, daß der Eigentümer des belasteten Grundstücks diese Rechte geltend machen und damit eine bestimmte Nutzung des Nachbargrundstücks verbieten kann. In der Praxis versuchen sich neu errichtete Industriebetriebe so gegen Unterlassungsansprüche ihrer Nachbarn zu sichern. Sie zahlen den Eigentümern eine Abfindung und lassen sich dafür eine Grunddienstbarkeit eintragen, so daß sich die Eigentümer der belasteten Grundstücke nicht mehr gegen Emissionen oder die Erweiterung des Betriebs wehren können. Dies kann zu einschneidenden Beeinträchtigungen der Nutzung des belasteten Grundstücks führen, die seinen Wert erheblich mindern.

4.3 Die Baulast

§§

Öffentliches Baurecht

Keine Grunddienstbarkeit ist die Baulast. Dies ist eine öffentlich-rechtliche Verpflichtung, die ein Grundstückseigentümer gegenüber der Baubehörde eingeht, um die Erschließung eines anderen Grundstücks zu sichern. Da es auch hier meist um das Recht geht, Leitungen (Strom, Wasser, Gas, Fernwärme usw.) oder einen Weg über das Grundstück führen zu dürfen, besteht eine gewisse Parallele zur Grunddienstbarkeit. Der Bestellungsvorgang, der Inhalt und die Rechte aus einer Baulast bestimmen sich jedoch allein nach öffentlichem Baurecht, wie es den entsprechenden Regelungen der einzelnen Bundesländer zu entnehmen ist. Deshalb werden Baulasten auch nicht in das Grundbuch eingetragen, so daß der Käufer sich dort über Baulasten nicht informieren kann. Regelmäßig existiert aber bei der Gemeinde ein Baulastenverzeichnis, in das der Käufer Einblick nehmen kann.

4.4 Was muß der Käufer beachten?

Ewige Belastung

Der Käufer muß sich zunächst darüber im klaren sein, daß eine Grunddienstbarkeit auf dem gekauften Grundstück ewig lastet. Grundsätzlich kann er die Grunddienstbarkeit nur löschen lassen, wenn er sich mit dem derzeitig Berechtigten über ihre Aufhebung einigt. Daneben gibt es noch zwei Fälle, in denen sie erlischt, die aber beide kaum praktisch werden:

Beeinträchtigende Anlage

Wurde auf dem belasteten Grundstück eine Anlage errichtet, durch die die Ausübung der Grunddienstbarkeit beeinträchtigt wird (der Eigentümer hat beispielsweise auf dem Weg ein Gartenhäuschen errichtet), erlischt sie, wenn die Anlage dreißig Jahre bestanden hat. Sie erlischt ferner, wenn der Vorteil für das herrschende Grundstück auf Dauer wegfällt. Wurde beispielsweise einem Gewerbebetrieb ein Wegerecht eingeräumt, dieser Betrieb aber aufgegeben und auf dem Grundstück eine Wohnanlage errichtet, die auf der Seite zum belasteten Grundstück keinen Zugang hat, wäre der Vorteil für das herrschende Grundstück auf Dauer entfallen.

Veränderung der Verhältnisse

Im übrigen hat die Änderung der tatsächlichen Verhältnisse keinen Einfluß auf den Bestand der Grunddienstbarkeit. Allerdings kann sich die Art und Weise der Nutzung des belasteten Grundstücks mit der Zeit ändern, denn für den Umfang der Dienstbarkeit kommt es auf das jeweilige Bedürfnis des Berechtigten und nicht auf die Verhältnisse zur Zeit der Bestellung an. Dies gilt nur bei willkürlichen oder völlig unvorhersehbaren Veränderungen auf dem herrschenden Grundstück nicht.

Fall

Veränderung der tatsächlichen Verhältnisse

Angenommen, zur Zeit der Bestellung des Wegerechts wurde auf dem herrschenden Grundstück ein kleiner Baustoffhandel betrieben, der drei Pferdefuhrwerke zur Auslieferung der Baustoffe an die Kunden einsetzte. Heute wird auf dem Grundstück ein großer Baustoffhandel nebst Baumarkt betrieben, und der Inhaber hat zehn Lastzüge. Dies muß der Eigentümer des belasteten Grundstücks hinnehmen, denn die Art des Gewerbes ist gleich geblieben.

Das gleiche würde gelten, wenn sich eine kleine Gaststätte zu einem Hotel entwickelt hat.

Ausdrückliche Beschränkungen

Nur ausdrückliche Beschränkungen, die im Grundbuch oder in der Eintragungsbewilligung enthalten sind, behalten stets ihre Wirksamkeit. Wäre in unserem Beispiel das Wegerecht nur für das Befahren mit Pferdefuhrwerken eingeräumt worden, dürften heute keine Lastwagen das Grundstück befahren.

Blick in das Grundbuch

Ist im Grundbuch eine Grunddienstbarkeit eingetragen, muß sich der Käufer unbedingt über den Inhalt der Eintragungsbewilligung informieren, denn nur dort findet er genaue Angaben über deren Inhalt und Umfang. Diese befindet sich in den Grundakten, in denen alle Schriftstücke gesammelt werden, die den Eintragungen zugrunde liegen und mit dem Eintragungsantrag vorgelegt wurden. Erst wenn er das weiß, kann er beurteilen, in welcher Weise ihn die Grunddienstbarkeit bei der Nutzung des Grundstücks beeinträchtigen kann und ob er den Kaufvertrag abschließen sollte.

5. Die beschränkt persönliche Dienstbarkeit

Durch eine beschränkt persönliche Dienstbarkeit kann ein Grundstück in der Weise belastet werden, daß einer bestimmten Person das Recht eingeräumt wird, das Grundstück in einer bestimmten Weise zu nutzen, oder daß ihr eine sonstige, auf das Grundstück bezogene Befugnis eingeräumt wird (§ 1090 BGB).

5.1 Worin besteht der Unterschied zur Grunddienstbarkeit?

Die beschränkt persönliche Dienstbarkeit unterscheidet sich von der Grunddienstbarkeit dadurch, daß sie nicht zugunsten des jeweiligen Eigentümers eines anderen Grundstücks, sondern zugunsten einer bestimmten Person bestellt wird, die zudem nicht Eigentümer eines Grundstücks sein muß. Deshalb ist nicht erforderlich, daß durch die Belastung einem anderen Grundstück ein Vorteil erwächst. Es genügt ein Vorteil für den Berechtigten.

§§ **Bezug zu einer bestimmten Person**

Bestellung

Die beschränkt persönliche Dienstbarkeit entsteht wie die Grundschuld durch Einigung des Eigentümers mit dem Berechtigten und Eintragung im Grundbuch. Dazu ist die Eintragungsbewilligung des Eigentümers des belasteten Grundstücks erforderlich, die in einer öffentlichen oder öffentlich beglaubigten Urkunde enthalten sein muß.

5.2 Der Inhalt der beschränkt persönlichen Dienstbarkeit

Nutzungsrecht oder Verbot

Die beschränkt persönliche Dienstbarkeit kann jeden Inhalt haben, der Inhalt einer Grunddienstbarkeit sein könnte. Durch die Bestellung kann somit ein Recht zur Nutzung des belasteten Grundstücks oder ein Verbot der Vornahme bestimmter Handlungen begründet werden, oder es kann die Ausübung bestimmter Rechte des Eigentümers ausgeschlossen werden. Da die Belastung nicht voraussetzt, daß ein anderes Grundstück einen Vorteil erlangt, kann darüber hinaus jedes eigene oder fremde Interesse durch die Belastung mit einer Dienstbarkeit geschützt werden. Dies hat zur Folge, daß beschränkt persönliche Dienstbarkeiten die unterschiedlichsten Inhalte haben können. Der Phantasie der Beteiligten sind kaum Grenzen gesetzt. Eine Siedlungsgesellschaft kann beispielsweise eine Dienstbarkeit des Inhalts eintragen lassen, daß alle Häuser in einem bestimmten Stil und ohne Zäune errichtet werden müssen. Eine Stadt kann sich so das Recht einräumen lassen, daß eine oder mehrere Wohnungen eines Hauses nur an Personen vermietet werden dürfen, die die Stadt benennt. Auf diese Weise kann auch verboten werden, daß auf dem Grundstück ein bestimmtes Gewerbe ausgeübt werden darf.

Erlöschen

Die beschränkt persönliche Dienstbarkeit erlischt mit dem Ablauf der Zeit, die vereinbart war, oder mit dem Tod des Berechtigten. Sie kann weder vererbt noch übertragen werden. Die Ausübung der Rechte aus der Dienstbarkeit kann einem anderen nur dann überlassen werden, wenn die Überlassung ausdrücklich gestattet ist (§ 1092 Abs. 1 Satz 2 BGB).

5.3 Das Wohnungsrecht

§§

Umfang des Nutzungsrechts

Eine Sonderform der beschränkt persönlichen Dienstbarkeit stellt das Wohnungsrecht dar. Es beinhaltet das Recht, ein Gebäude oder einen Teil des Gebäudes unter Ausschluß des Eigentümers als Wohnung zu nutzen (§ 1093 BGB). Bei der Bestellung sind die Räume, auf die sich das Recht erstreckt, genau zu bezeichnen. Auch sollte eine Regelung getroffen werden, welche sonstigen Gebäudeteile (Keller, Speicher, Garage usw.) oder Teile des Grundstücks (Garten, Hof usw.) eventuell mitbenutzt werden dürfen. Enthält die Einigung über die Bestellung über diese Punkte keine besonderen Regelungen, ist der Inhaber des Wohnungsrechts im Zweifel berechtigt, die gemeinschaftlichen Anlagen und Einrichtungen mitzubenutzen. Dieses Mitbenutzungsrecht erstreckt sich bei einer Umgestaltung auf die Anlagen in ihrem jeweiligen Bestand, denn der Eigentümer ist nicht verpflichtet, diese unverändert beizubehalten, er darf sie nur nicht ersatzlos beseitigen.

Fall

Veränderungen am Haus

Angenommen, das Haus wird umgestaltet und dabei der bisherige Raum zum Trocknen der Wäsche durch einen anderen ersetzt. Außerdem wird der Speicher durch Trennwände abgeteilt, so daß der Wohnungsberechtigte einen anderen Zugang benutzen muß. Er wehrt sich deshalb gegen die Umgestaltung. Solange sein Mitbenutzungsrecht durch die Verlegung des Zugangs nicht beeinträchtigt wird, muß er die mit der Verlegung verbundenen kleinen Mühen hinnehmen. Auch gegen die Umgestaltung des Trockenraumes kann er sich nicht wehren, solange der neue Raum ebenfalls zum Wäschetrocknen geeignet ist.

Erhaltung der Wohnung

Sind keine besonderen Vereinbarungen getroffen, hat der Wohnungsberechtigte für die Erhaltung der Wohnung zu sorgen. Ausbesserungen und Erneuerungen muß er aber nur insoweit vornehmen, als sie zur gewöhnlichen Unterhaltung gehören. Für übliche Veränderungen und für die übliche Verschlechterung, die mit dem Wohnen normalerweise einhergeht, schuldet er keinen Ersatz.

Erlöschen

Auch das Wohnrecht kann weder vererbt noch übertragen werden und erlischt mit dem Tod des Berechtigten oder mit dem Ablauf der vereinbarten Zeit. Dieser darf die Wohnung nur dann einem anderen überlassen, wenn ihm dies ausdrücklich gestattet wurde. Ohne eine solche Gestattung ist die Vermietung nicht erlaubt. Der Berechtigte darf aber seine Familie (auch seinen Lebensgefährten/seine Lebensgefährtin) oder die zu seiner Pflege erforderlichen Personen in die Wohnung aufnehmen (§ 1093 Abs. 2 BGB). Wenn das Wohnrecht zugunsten von Ehegatten bestellt wurde, erlischt es erst mit dem Tod des zuletzt Versterbenden.

5.4 Was muß der Käufer beachten?

Dauer

Bei einer beschränkt persönlichen Dienstbarkeit muß der Käufer in der Regel nicht befürchten, daß diese ewig währt. Wurde sie aber zugunsten einer juristischen Person (z.B. Aktiengesellschaft, GmbH, Stiftung, Gemeinde, Stadt usw.) bestellt, kann auch sie ewig währen. Sonst endet die Belastung spätestens mit dem Tod des Berechtigten.

Eintragungsbewilligung einsehen

Wie bei der Grunddienstbarkeit muß sich der Käufer unbedingt über den genauen Inhalt der Eintragungsbewilligung informieren, um Inhalt und Umfang der Dienstbarkeit zutreffend beurteilen zu können. Dabei sollte er immer bedenken, daß die persönlichen Bedürfnisse des Berechtigten für die Bestimmung des Umfangs der Dienstbarkeit maßgebend sind und nicht das, was als üblich anzusehen ist. Nur dann kann er abschätzen, ob der Kauf für ihn Sinn hat und was das Grundstück mit der Belastung wert ist.

6. Der Nießbrauch

Ziehung der Nutzungen

Wird ein Grundstück mit einem Nießbrauch belastet, hat der Berechtigte das Recht, die Nutzungen des Grundstücks zu ziehen. Es handelt sich um ein dingliches Nutzungsrecht (§ 1030 BGB).

Der Nießbrauch hat eine recht große praktische Bedeutung. Ein Nießbrauch wird häufig dann eingeräumt, wenn Eltern das künftige Erbe schon zu ihren Lebzeiten auf ihre Kinder übertragen, sich selbst aber bis zu ihrem Tode noch die Nutzungen erhalten wollen.

Bestellung

Der Nießbrauch wird wie alle anderen Belastungen des Grundstücks durch die Einigung des Eigentümers mit dem Berechtigten bestellt. Weiter ist die Eintragung in das Grundbuch erforderlich, die aufgrund einer Eintragungsbewilligung des Eigentümers des belasteten Grundstücks erfolgt, die in einer öffentlichen oder öffentlich beglaubigten Urkunde enthalten sein muß.

6.1 Der Inhalt eines Nießbrauchs

§§

Vermietung

Der wesentliche Inhalt des Nießbrauchs ist das Nutzungsrecht. Der Nießbraucher ist in der Regel zum Besitz und zur Nutzung des Grundstücks befugt. Der Nießbrauch kann aber in der Weise beschränkt werden, daß einzelne Nutzungen ausgeschlossen sind (§ 1030 Abs. 2 BGB). So ist es etwa möglich, den Nießbrauch an einem großen Hausgrundstück mit Garten in der Weise zu bestellen, daß der Berechtigte das Haus, aber nicht den Garten nutzen darf. Dem Berechtigten stehen auch die Früchte des Grundstücks zu, so daß er beispielsweise die auf dem belasteten Grundstück stehenden Obstbäume abernten darf. Er darf das Grundstück aber auch vermieten oder verpachten, selbst wenn es der Eigentümer nicht vermietet oder verpachtet hatte. Die Einnahmen stehen dem Nießbraucher zu, der im Verhältnis zu dem Mieter oder Pächter die gleiche Stellung wie ein Eigentümer hat.

Dauer; Übertragung

Das Nießbrauchsrecht kann für einen bestimmten Zeitraum bestellt werden und erlischt dann mit Ablauf dieses Zeitraums. Im übrigen erlischt der Nießbrauch mit dem Tode des Berechtigten. Er kann nicht übertragen oder vererbt werden. Eine Ausnahme gilt, wenn der Nießbrauch zugunsten einer juristischen Person bestellt wurde. Geht deren Vermögen durch Gesamtrechtsnachfolge auf einen anderen über oder wird das von ihr betriebene Unternehmen ganz oder teilweise auf einen anderen übertragen, so ist auch der Nießbrauch übertragbar, in der zweiten Fallgruppe aber nur, wenn die oberste Landesbehörde (Ministerium) oder die sonst zuständige Behörde feststellt, daß die Voraussetzungen einer solchen Übertragung vorliegen. Der Nießbraucher darf aber sein Nutzungsrecht einem Dritten zur Ausübung überlassen.

6.2 Die Rechte und Pflichten des Nießbrauchers

§§

Schadensersatz

Der Nießbraucher ist ähnlich wie ein Mieter oder Pächter nur zur Nutzung des Grundstücks berechtigt. Deshalb unterliegt seine Rechtsstellung gewissen Beschränkungen. Er hat die wirtschaftliche Bestimmung des Grundstücks zu erhalten, darf es also nicht wesentlich umgestalten oder in seiner Substanz verändern (§§ 1037, 1039 BGB). Er hat das Grundstück ordnungsgemäß zu bewirtschaften und gegebenenfalls zu versichern. Überschreitet er diese Grenzen, ist er verpflichtet, Schadensersatz zu leisten. Handelt es sich beispielsweise um ein Waldgrundstück, darf er die Bäume nicht alle abholzen. Während der Dauer des Nießbrauchs trägt der Berechtigte auch die öffentlichen Lasten des Grundstücks (§ 1047 BGB).

Erhaltungsmaßnahmen

Zur Pflicht, das Grundstück in seinem wirtschaftlichen Bestand zu erhalten, gehört auch die Verpflichtung, auf eigene Kosten die zur Erhaltung der Sache notwendigen Maßnahmen, d.h. Ausbesserungen und Erneuerungen, vorzunehmen, sofern diese zur gewöhnlichen Unterhaltung der Sache gehören (§ 1041 BGB). Außergewöhnliche Ausbesserungs- oder Erneuerungsmaßnahmen muß er nicht vornehmen, sofern nichts anderes vereinbart wurde. Er muß aber dulden, daß dies der Eigentümer tut. Weist beispielsweise das Dach des Hauses, an dem der Nießbrauch bestellt ist, einige schadhafte Ziegel auf, muß der Nießbraucher sie auf eigene Kosten ersetzen. Das ganze Dach muß er aber nicht neu decken lassen. Bezieht sich der Nießbrauch auf ein Grundstück mit Inventar, so hat er die im Rahmen einer ordnungsgemäßen Wirtschaft abgenutzten und deshalb unbrauchbaren Inventarstücke auf eigene Kosten zu ersetzen (§ 1048 BGB). Für Veränderungen oder Verschlechterungen, die auf der ordnungsgemäßen Ausübung des Nießbrauchs beruhen, muß der Berechtigte aber keinen Ersatz leisten.

Aufwendungen zur Erhaltung der Sache, zu denen der Berechtigte nicht verpflichtet ist, kann er ersetzt verlangen, wenn diese Maßnahmen dem mutmaßlichen Willen und Interesse des Eigentümers entsprechen, weil es sich beispielsweise um Notmaßnahmen zur Erhaltung gehandelt hat. Hat der Nießbraucher das Grundstück mit einer Einrichtung (z.B. einer Schutzhütte) versehen, darf er diese wieder wegnehmen.

6.3 Was muß der Käufer beachten?

Besondere Vereinbarungen

Der Käufer sollte sich unbedingt über den genauen Inhalt der Eintragungsbewilligung informieren, denn nur daraus kann er ersehen, welche einzelnen Nutzungen er für die Dauer des Nießbrauchs nicht selbst ziehen kann. Außerdem sollte er sich beim Verkäufer danach erkundigen, ob Vereinbarungen existieren, durch die die Rechte und Pflichten des Nießbrauchers eventuell in Abweichung vom gesetzlichen Regelfall festgelegt wurden. Das gilt insbesondere hinsichtlich eventueller Vereinbarungen zur Tragung der Lasten des Grundstücks oder der Kosten für Erhaltungsmaßnahmen. Schließlich empfiehlt es sich, Art und Umfang der tatsächlichen Nutzung einmal anzusehen, um sich so ein Bild über die »Abnutzung« des Grundstücks zu machen, denn dies dürfte dessen Wert maßgebend beeinflussen. Dann kann der Käufer auf solider Grundlage entscheiden, ob sich der Kauf des Grundstücks für ihn lohnt, obwohl er es derzeit nicht nutzen kann.

7. Die Reallast

Definition

Wird ein Grundstück in der Weise belastet, daß an denjenigen, zu dessen Gunsten die Belastung erfolgt, wiederkehrende Leistungen aus dem Grundstück zu erbringen sind, spricht man von einer Reallast (§ 1105 BGB).

7.1 Der Inhalt der Reallast

Erbringung von Leistungen

Charakteristisch für die Reallast ist, daß Leistungen aus dem Grundstück zu entrichten sind. Sie unterscheidet sich damit von den anderen Belastungen eines Grundstücks vor allem dadurch, daß der Eigentümer nicht den Gebrauch des Grundstücks in einer bestimmten Weise dulden muß, er muß hier selbst aktiv werden. Anders als bei der Rentenschuld (siehe dazu S. 168f.) brauchen diese Leistungen nicht in Geld zu bestehen, und sie müssen auch nicht regelmäßig erbracht werden. Im Rahmen einer Reallast kann auch die Erbringung von Sachleistungen oder Diensten geschuldet sein. Wie der Grundstückseigentümer diese Leistungen erbringt, bleibt ihm überlassen. Die Reallast führt zu keiner Einschränkung der Nutzungsbefugnis.

Zwangsvollstreckung

Mit der Formulierung »aus dem Grundstück« ist nicht gemeint, daß es sich um Leistungen handeln müßte, die unter Verwendung des Grundstücks erwirtschaftet werden. Damit soll nur zum Ausdruck gebracht werden, daß der Berechtigte die Zwangsvollstreckung in das Grundstück betreiben kann, wenn der Eigentümer die Leistungen nicht erbringt.

z.B.

Durch eine Reallast kann der Eigentümer beispielsweise zur Zahlung einer Rente, zur Lieferung von Nahrung, Wasser oder Energie, zur Unterhaltung einer Wohnung oder Leistung von Diensten verpflichtet werden.

Bestellung

Die Bestellung einer Reallast setzt die Einigung des Eigentümers mit dem Berechtigten und die Eintragung im Grundbuch voraus. Für die Eintragung ist die Erteilung einer Eintragungsbewilligung des Eigentümers des belasteten Grundstücks erforderlich, die in einer öffentlichen oder öffentlich beglaubigten Urkunde enthalten sein muß.

Erlöschen

Die Reallast kann zugunsten einer bestimmten Person bestellt werden (§ 1111 BGB), ist dann aber trotzdem vererblich und übertragbar, sofern sich aus dem Grundbuch nichts anderes ergibt. In diesem Fall erlischt sie mit dem Tode des Berechtigten nicht. Bei der Bestellung zugunsten einer bestimmten Person kann sie auch als unvererbliches und nicht veräußerbares Recht bestellt werden, so daß sie mit dem Tod dieser Person erlischt. Sie kann schließlich zugunsten des jeweiligen Eigentümers eines anderen Grundstücks bestellt werden und geht dann mit dem Eigentum an diesem Grundstück auf den neuen Eigentümer über. Ohne das Eigentum an diesem Grundstück kann sie aber nicht übertragen werden (§ 1110 BGB).

7.2 Das Altenteilsrecht

§§

Sonderform der Reallast

Das Altenteilsrecht stellt eine praktisch wichtige Form der Reallast dar, die vor allem im bäuerlichen Bereich verbreitet ist. In manchen Gegenden wird dieses Recht auch als Leibzucht, Leibgedinge oder Auszug bezeichnet. Hinter all diesen Begriffen verbirgt sich meist eine Vielzahl von Regelungen, deren genauer Inhalt sich nur feststellen läßt, wenn man Einblick in die Eintragungsbewilligung nimmt, denn alle diese Regelungen werden im Grundbuch nur unter der Bezeichnung Altenteilsrecht eingetragen. Neben der Gewährung eines Wohnrechts (beschränkte persönliche Dienstbarkeit) wird meist die Verpflichtung zur Unterhaltung der Wohnung und zur Versorgung mit Wasser, Strom und Heizung vereinbart. Hinzu kommt regelmäßig die Verpflichtung zur Zahlung einer Rente (eventuell Rentenschuld) und die Erbringung persönlicher Betreuungsleistungen, insbesondere der Pflege im Alter oder im Krankheitsfall (Reallast).

7.3 Was muß der Käufer beachten?

Blick in das Grundbuch

Der Käufer muß sich zunächst über den genauen Inhalt der Reallast informieren, der sich nur aus der Eintragungsbewilligung ergibt. Bleiben auch dann noch Unklarheiten bestehen, sollte er sich alle Unterlagen ansehen, die der Eintragung zugrunde lagen.

Persönliche Haftung des Eigentümers

Die Reallast weist im Gegensatz zu den anderen Belastungen des Grundstücks die Besonderheit auf, daß der Eigentümer nicht nur mit dem Grundstück, sondern auch persönlich mit seinem sonstigen Vermögen haftet. Dies bedeutet für den Käufer, daß er für die Leistungen, die nach seiner Eintragung fällig werden, notfalls mit seinem gesamten Vermögen einstehen muß (§ 1108 BGB). Für die vor dem Eigentumserwerb bereits entstandenen Ansprüche des Berechtigten haftet der Erwerber nicht.

Landesrechtliche Besonderheiten

Bei der Reallast bestehen auch heute noch manche landesrechtlichen Besonderheiten, die zum Teil noch auf Regelungen aus der Zeit vor dem Inkrafttreten des Bürgerlichen Gesetzbuchs zurückgehen. Es empfiehlt sich, daß der Käufer sich nach solchen Besonderheiten beispielsweise bei einem Notar erkundigt. So ist in manchen Bundesländern etwa vorgesehen, daß eine Ausgleichszahlung zu erfolgen hat, wenn die Rechte aus dem Altenteilsrecht aus zwingenden Gründen nicht ausgeübt werden können.

8. Das Vorkaufsrecht

Im Gegensatz zu den bisher erörterten Belastungen eines Grundstücks gibt ein Vorkaufsrecht weder ein Recht zur Befriedigung aus dem Grundstück, noch ist der Eigentümer des belasteten Grundstücks zur Vornahme von Handlungen oder zu deren Duldung verpflichtet.

8.1 Was ist ein Vorkaufsrecht?

Definition

Verkauft der Eigentümer sein mit einem Vorkaufsrecht belastetes Grundstück, hat der Berechtigte das Recht, das Grundstück zu den gleichen Bedingungen zu erwerben, die in dem Kaufvertrag zwischen dem Eigentümer und dem Käufer vereinbart wurden. Ein solches Vorkaufsrecht wird häufig bei langjährigen Miet- oder Pachtverhältnissen vereinbart, damit der Mieter oder Pächter, der sich darauf eingerichtet hat, das Objekt auf Dauer nutzen zu können, und eventuell erheblich investiert hat, davor geschützt ist, im Falle eines Verkaufs die Nutzungsmöglichkeit und den Wert seiner Investitionen zu verlieren. Auch wenn der Eigentümer eines Grundstücks an dem benachbarten Grundstück interessiert ist, der Nachbar aber im Moment nicht verkaufen will, kommt die Einräumung eines Vorkaufsrechts in Betracht. Angenommen, ein Unternehmer möchte seinen Betrieb erweitern oder sich zumindest die Fläche für eine künftige Erweiterung sichern. Seine Nachbarn möchten aber jetzt nicht verkaufen. Gegen eine Vergütung räumen sie dem Unternehmer das Vorkaufsrecht an ihren Grundstücken ein, so daß dieser das Recht zum Erwerb hat, wenn sie später doch verkaufen wollen.

8.2 Wie wird ein Vorkaufsrecht bestellt?

Bestellung

Das Vorkaufsrecht wird wie alle anderen Belastungen des Grundstücks durch eine Einigung zwischen dem Berechtigten und dem Eigentümer des Grundstücks und die Eintragung im Grundbuch bestellt. Die Eintragung erfolgt aufgrund einer Eintragungsbewilligung des Eigentümers, die den Inhalt des Vorkaufsrechts genau bezeichnet und die in einer öffentlichen oder öffentlich beglaubigten Urkunde enthalten sein muß.

Das Vorkaufsrecht kann in unterschiedlicher Weise bestellt werden. Es kann nur für einen Verkaufsfall bestellt werden. Dann erlischt es, wenn der Eigentümer sein Grundstück verkauft und der Berechtigte nicht von seinem Vorkaufsrecht Gebrauch gemacht hat. Es kann aber auch für mehrere oder alle Verkaufsfälle bestellt werden (§ 1097 BGB). Dann hat der Berechtigte auch bei jedem weiteren Verkauf des Grundstücks durch die neuen Eigentümer die Möglichkeit, das Grundstück zu den Bedingungen des dann abgeschlossenen Kaufvertrags zu erwerben.

§§

Ein oder mehrere Verkaufsfälle

Ein Vorkaufsrecht zugunsten einer bestimmten Person erlischt mit dem Tod dieser Person, denn das Vorkaufsrecht ist nicht übertragbar oder vererblich. Es kann aber vereinbart werden, daß es übertragbar und vererblich ist. Dies muß dann im Grundbuch eingetragen werden, was im Regelfall durch die Bezugnahme auf die Eintragungsbewilligung geschieht, so daß man erst aus dieser den genauen Inhalt ersehen kann. Schließlich kann das Vorkaufsrecht zugunsten des jeweiligen Eigentümers eines anderen Grundstücks bestellt werden. Dann geht es zusammen mit dem Eigentum auf den Erwerber dieses Grundstücks über, weil es vom Eigentum an diesem Grundstück nicht wieder getrennt werden kann (§ 1103 BGB).

Person des Vorkaufsberechtigten

8.3 Welche Wirkung hat die Ausübung des Vorkaufsrechts?

Durch die Ausübung des Vorkaufsrechts kommt ein Kaufvertrag zwischen dem Verkäufer und dem Berechtigten zustande, der den gleichen Inhalt hat wie der Vertrag zwischen dem Verkäufer und dem Käufer. Am besten läßt sich dies durch ein Fallbeispiel erläutern:

§§

Angenommen, Herrn Moser wurde ein Vorkaufsrecht am Grundstück des Herrn Maier eingeräumt. Dieser verkauft sein Grundstück für 300.000 DM an Herrn Fritz. Außerdem soll Herr Fritz die Fassade des neuen Hauses von Herrn Maier anmalen. Übt Herr Moser sein Vorkaufsrecht aus,

Fall

Ausübung des Vorkaufsrechts

kommt der gleiche Kaufvertrag zwischen ihm und Herrn Maier zustande, so daß er die Übereignung des Grundstücks gegen Zahlung des Kaufpreises in Höhe von 300.000 DM und Durchführung der Malerarbeiten verlangen kann. Herr Moser kann also nicht geltend machen, der Kaufpreis sei zu hoch. Wenn er die Malerarbeiten nicht selbst machen kann, muß er deren Wert ersetzen. Er muß also noch zusätzlich das zahlen, was die Malerarbeiten kosten würden, wenn sie ein Handwerker ausführt.

Abwicklung

War Herr Fritz schon als neuer Eigentümer im Grundbuch eingetragen, muß er der Eintragung des Herrn Maier zustimmen. Der durch die Eintragung eingetretene Eigentumserwerb hindert die Ausübung des Vorkaufsrechts nicht. Hatte Herr Fritz auf den Kaufpreis schon 100.000 DM an den Verkäufer gezahlt, kann er die Zustimmung zur Eintragung des Herrn Moser davon abhängig machen, daß dieser ihm die 100.000 DM erstattet. Tut er das, muß Herr Moser nur noch den restlichen Kaufpreis in Höhe von 200.000 DM an Herrn Maier zahlen. Mit der Aus-übung des Vorkaufsrechts erlischt die Verpflichtung des Herrn Fritz zur Kaufpreiszahlung. Von Herrn Maier kann Herr Fritz die Rückzahlung des schon bezahlten Kaufpreises nicht verlangen.

8.4 Was muß der Käufer beachten?

Blick in das Grundbuch

Sieht der Käufer, daß im Grundbuch ein Vorkaufsrecht eingetragen ist, sollte er sich zunächst die Eintragungsbewilligung genau ansehen, um den Inhalt feststellen zu können. Entschließt er sich dennoch zum Abschluß eines Kaufvertrags, muß er bedenken, daß der Vorkaufsberechtigte zwei Monate Zeit hat zu überlegen, ob er von seinem Recht Gebrauch macht. Zu beachten ist, daß diese Frist erst zu laufen beginnt, wenn dem Berechtigten der Inhalt des Kaufvertrags mitgeteilt wurde. Dazu ist der Verkäufer verpflichtet. Der Käufer kann aber, um das Verfahren zu beschleunigen, diese Mitteilung auch selbst vornehmen. Ab dem Zugang der Mitteilung läuft die Frist von zwei Monaten oder die bei Bestellung des Vorkaufsrechts vereinbarte abweichende Frist, sofern bereits ein wirksamer Kaufvertrag vorliegt. Ist noch eine (z.B. staatliche) Genehmigung erforderlich, braucht das Vorkaufsrecht nicht vor der Erteilung der Genehmigung ausgeübt zu werden. Vorher beginnt auch die Frist nicht zu laufen.

Bevor nicht sicher ist, daß der Vorkaufsberechtigte von seinem Recht keinen Gebrauch macht, sollte der Käufer auf gar keinen Fall Dispositionen treffen, die sich nicht mehr rückgängig machen lassen, also beispielsweise seinen Mietvertrag kündigen oder sein Haus verkaufen.

Schicksal des ersten Kaufvertrags

Macht der Berechtigte von seinem Vorkaufsrecht Gebrauch, erlischt der Kaufvertrag mit dem (Erst-)Käufer nicht automatisch. Es bestehen dann zwei Kaufverträge, die der Verkäufer grundsätzlich beide erfüllen muß, so daß er zum Schadensersatz verpflichtet sein kann, wenn er dem einen Käufer das Grundstück übereignet und es deshalb dem anderen nicht mehr übereignen kann. Der Verkäufer sollte daher Vorsorge treffen und sich beispielsweise das Recht vorbehalten, vom Kaufvertrag zurücktreten zu können, wenn das Vorkaufsrecht ausgeübt wird, oder zumindest Schadensersatzansprüche für diesen Fall ausschließen.

Umgehung oder Vereitelung

In der Praxis wird immer wieder versucht, die Ausübung des Vorkaufsrechts zu vereiteln. Solche Versuche scheitern in aller Regel. Vereinbarungen, wonach der Kaufvertrag nur wirksam sein soll, wenn das Vorkaufsrecht nicht ausgeübt wird, oder wonach in diesem Fall der Rücktritt vom Kaufvertrag möglich sein soll, haben kraft ausdrücklicher Regelung im Gesetz (§ 506 BGB) keine Wirkung im Verhältnis zum Vorkaufsberechtigten, so daß durch die Ausübung des Rechts trotzdem ein Kaufvertrag mit ihm zustande kommt. Zum Teil wird dies dadurch versucht, daß im Kaufvertrag eine Gegenleistung vereinbart wird, die der Vorkaufsberechtigte nicht erbringen und die man nicht in Geld schätzen kann. Dann ist die Ausübung des Vorkaufsrechts grundsätzlich ausgeschlossen (§ 507 BGB), es sei denn, die Vereinbarung wurde nur zu diesem Zweck getroffen.

9. Gibt es Belastungen des Grundstücks, die man dem Grundbuch nicht entnehmen kann?

Zusicherung des Verkäufers

Alle bisher geschilderten Belastungen sind im Grundbuch eingetragen, so daß der Käufer relativ leicht feststellen kann, ob und in welcher Weise das Grundstück, das er kaufen will, belastet ist. Daneben gibt es aber auch Belastungen, die nicht in das Grundbuch eingetragen werden. Ob solche Belastungen existieren, kann er vom Verkäufer erfahren. Versichert dieser, daß keine weiteren Belastungen vorhanden sind, kann der Käufer seine Rechte für den Fall, daß solche Belastungen doch vorhanden sind, dadurch wahren, daß er etwa folgende Klausel in den Kaufvertrag aufnehmen läßt:

Absicherung gegen nicht eingetragene Belastungen

> Der Verkäufer versichert, daß das Grundstück nur in der aus dem Grundbuch ersichtlichen Weise belastet ist und daß keine Belastungen oder Beschränkungen vorhanden sind, die auch ohne Eintragung in das Grundbuch wirksam sind.

Schadensersatz

Trifft diese Zusicherung nicht zu, ist der Verkäufer zum Schadensersatz verpflichtet. Hat der Verkäufer arglistig gehandelt, kann der Käufer auch den Kaufvertrag anfechten.

Als Belastungen des Grundstücks, die nicht im Grundbuch eingetragen werden, kommen in Betracht:

9.1 Die Baulast

Zu solchen Belastungen gehört die Baulast. Sie entfaltet ähnliche Wirkungen wie eine Grunddienstbarkeit und kann regelmäßig dem Baulastenverzeichnis der Gemeinde entnommen werden (näher dazu S. 172).

9.2 Der Notweg

Geldrente

Fehlt einem Grundstück die zur ordnungsgemäßen Benutzung notwendige Verbindung zu einem öffentlichen Weg, so kann der Eigentümer vom Nachbarn verlangen, daß dieser bis zur Herstellung einer solchen Verbindung die Benutzung seines Grundstücks duldet, damit er über dieses Grundstück zu einem öffentlichen Weg gelangen kann (§ 917 BGB). Die Anforderungen an die Notwendigkeit der Inanspruchnahme des anderen Grundstücks sind sehr hoch. Der Nachbar ist dann durch eine regelmäßige Geldzahlung, eine Geldrente, zu entschädigen (§ 917 Abs. 2 BGB).

Entstehung

Das Notwegerecht entsteht mit der Notwendigkeit einer Verbindung zu einer öffentlichen Straße, ohne daß eine Eintragung in das Grundbuch erforderlich ist. Es läßt sich aber in der Regel bei einer Besichtigung des Grundstücks leicht erkennen, denn die besonderen tatsächlichen Verhältnisse, unter denen es nur entstehen kann, sind recht auffällig.

9.3 Der Überbau

Zahlung einer Geldrente

Hat ein Grundstückseigentümer über die Grenze gebaut, ohne daß er vorsätzlich oder grob fahrlässig gehandelt hat, muß der Eigentümer des anderen Grundstücks den Überbau dulden, wird aber durch die Zahlung einer jährlich im voraus zu zahlenden Geldrente entschädigt (§ 912 BGB). Diese Rentenzahlung ruht auf dem Grundstück, von dem aus der Überbau erfolgte, in gleicher Weise, als ob dieses mit einer Reallast belastet wäre (§ 914 Abs. 3 BGB), so daß der Rentenberechtigte die Zwangsvollstreckung in das Grundstück betreiben kann, sofern die Rente nicht bezahlt wird.

Tip

Schadensersatz

Auch diese Belastung wird nicht in das Grundbuch eingetragen. Dies gilt auch für die Verpflichtung zur Zahlung der Rente (§ 914 Abs. 2 BGB). Der Käufer kann aber unter Umständen aus Bestandsplänen oder Bauplänen für das Gebäude erkennen, ob über die Grenze gebaut wurde. Bei einem entsprechenden Verdacht sollte sich der Käufer absichern und in den Kaufvertrag die Vereinbarung aufnehmen lassen, daß der Verkäufer ihn von eventuellen Rentenzahlungen aufgrund eines Überbaus freistellt und daß er, sollte der Nachbar einen Anspruch auf Entfernung des Überbaus haben, die Rückgängigmachung des Vertrags und den Ersatz des ihm dadurch entstehenden Schadens verlangen kann, denn der Nachbar verliert seine Rechte aufgrund des Überbaus nicht schon dann, wenn er sie nicht gleich geltend macht, weil er den Überbau beispielsweise noch nicht bemerkt hat. Sobald der Käufer als Eigentümer eingetragen ist, haftet er für die Rentenzahlung auch persönlich (§§ 913, 914 Abs. 3 BGB).

Grenzabstände

Die Unterschreitung der nach öffentlichem Baurecht zulässigen Grenzabstände stellt aber keinen Überbau in diesem Sinne dar.

9.4 Gesetzliche Vorkaufsrechte

Vielfach wird Gemeinden durch das Gesetz ein Vorkaufsrecht eingeräumt, damit sie ihre öffentlichen Aufgaben insbesondere im Bereich der Bauplanung und der städtebaulichen Entwicklung erfüllen können. Deshalb sieht das Baugesetzbuch Vorkaufsrechte einer Gemeinde in einer Vielzahl von Fällen vor:

§§

Vorkaufsrechte nach BauGB

Für das Grundstück ist im Bebauungsplan die Nutzung für öffentliche Zwecke vorgesehen, oder es liegt in einem Umlegungsgebiet oder in einem förmlich festgelegten Sanierungsgebiet; es liegt in einem städtebaulichen Entwicklungsbereich oder im Geltungsbereich einer Erhaltungssatzung, d.h. einer Satzung, mit der zur Erhaltung der Eigenart eines Gebiets, der Zusammensetzung der Wohnbevölkerung oder, bei Umstrukturierungen eines Gebiets, bestimmte Änderungen einer Genehmigungspflicht unterworfen werden (§ 24 BauGB). Eine Gemeinde kann darüber hinaus bestimmen, daß ihr im Geltungsbereich eines Bebauungsplans an unbebauten Grundstücken oder im Vorgriff auf städtebauliche Maßnahmen auch an sonstigen Flächen ein Vorkaufsrecht zusteht (§ 25 BauGB).

Ausübung des Vorkaufsrechts

Die Ausübung dieser gemeindlichen Vorkaufsrechte erfolgt im wesentlichen nach den gleichen Regeln wie die Ausübung des bereits geschilderten dinglichen Vorkaufsrechts (siehe S. 185f.). Es weist allerdings einige Besonderheiten auf: Bei einem Verkauf an den Ehegatten oder an nahe Verwandte oder wenn das Grundstück entsprechend den Festsetzungen des Bebauungsplans oder den Zwecken und Zielen der städtebaulichen Maßnahme bebaut ist und genutzt wird, darf das Vorkaufsrecht nicht ausgeübt werden (§ 26 BauGB). Der Käufer kann die Ausübung abwenden, wenn mit ausreichender Sicherheit abzusehen ist, daß er das Grundstück binnen angemessener Zeit entsprechend diesen Festsetzungen nutzen wird und er sich vor Ablauf der Frist von zwei Monaten für die Ausübung des Vorkaufsrechts hierzu verpflichtet (§ 27 BauGB). Das Grundbuchamt darf in diesen Fällen den Käufer nur dann als neuen Eigentümer eintragen, wenn die Nichtausübung des Vorkaufsrechts durch die Vorlage eines Zeugnisses der Gemeinde nachgewiesen wird (§ 28 Abs. 1 BauGB). Wenn der Erwerb des Grundstücks für die Durchführung des Bebauungsplans erforderlich ist und wenn es nach dem dort festgesetzten Verwendungszweck hätte enteignet werden können, beispielsweise um es einer Nutzung entsprechend dem Bebauungsplan zuzuführen (§ 85 Abs. 1 BauGB), muß die Gemeinde nicht den vereinbarten Kaufpreis zahlen, sondern eine Entschädigung, die ein Gutachterausschuß nach dem Verkehrswert festsetzt und die niedriger sein kann (§ 28 Abs. 3 BauGB).

Ob das Grundstück von einem Vorkaufsrecht der Gemeinde erfaßt wird, erfährt der Käufer am sichersten von der

Tip

Vermerk im Grundbuch

Gemeinde selbst. Diese kann aufgrund ihrer städtebaulichen Planungen vielleicht auch schon abschätzen, ob der Käufer mit der Ausübung des Vorkaufsrechts rechnen muß. Liegt das Grundstück in einem durch Satzung förmlich bestimmten Sanierungsgebiet, kann der Käufer die Belastung mit einem Vorkaufsrecht auch an dem in diesem Fall in das Grundbuch einzutragenden Sanierungsvermerk erkennen. Für die Entstehung des Vorkaufsrechts ist die Eintragung eines solchen Vermerks aber nicht Voraussetzung, so daß es auch bestehen kann, wenn das Grundbuch keinen Vermerk enthält.

10. Das Grundstück ist vermietet

Obwohl das Nutzungsrecht eines Mieters oder Pächters eines Grundstücks keine dingliche Belastung des Grundstücks darstellt, soll hier darauf kurz eingegangen werden, weil der Käufer sein Grundstück nicht nutzen kann, solange der Mieter oder Pächter dazu befugt ist, und dieser Umstand sich deshalb wie eine Belastung des Grundstücks auswirken kann.

§§

Kündigung

Wird ein vermietetes Grundstück, das dem Mieter auch schon übergeben wurde, verkauft, tritt der Erwerber während der Dauer seines Eigentums an die Stelle des Vermieters. Dies bedeutet, daß er hinsichtlich der Rechte und Pflichten aus dem Mietvertrag wie der Vermieter behandelt wird. Der Käufer kann deshalb den Mietvertrag nur aus den Gründen, die nach dem Vertrag zulässig sind, und unter Einhaltung der dafür geltenden Fristen kündigen, so daß der Käufer unter Umständen das gekaufte Haus auf längere Zeit nicht selbst nutzen kann. Der Eigentumswechsel selbst bildet keinen Kündigungsgrund. Der Käufer kann das Mietverhältnis, sofern es sich um Wohnraum handelt, regelmäßig nur bei Vorliegen eines berechtigten Interesses durch die ordentliche Kündigung (z.B. schuldhafte Vertragsverletzungen durch den Mieter, Eigenbedarf des Käufers, Verhinderung einer wirtschaftlichen Verwertung des Grundstücks) beenden. Außerdem haftet der Käufer nach seinem Eigentumserwerb für die ordnungsgemäße Erfüllung des Mietvertrags, insbesondere auch für die Ansprüche des Mieters auf Schadensersatz und Ersatz von Aufwendungen, die dieser zur Erhaltung der Sache gemacht hat. Das gleiche gilt, wenn das Grundstück verpachtet ist.

Beschränkte Nutzungsmöglichkeit

Der Käufer eines vermieteten oder verpachteten Grundstücks muß sich deshalb darüber im klaren sein, daß er sein Grundstück nicht gleich nutzen kann. Auch sollte er bedenken, daß er unter Umständen einen langdauernden Räumungsprozeß führen muß, wenn der Mieter oder Pächter die Kündigung nicht akzeptiert. Außerdem dürfte es nur einem rechtskundigen Käufer möglich sein, ohne die Einholung von Rechtsrat abzuschätzen, ob er mit Erfolg kündigen kann. Unbedingt erforderlich ist, daß sich der Käufer den Miet- oder Pachtvertrag vorlegen läßt, denn daraus ergeben sich seine Rechte und Pflichten gegenüber dem Mieter. Auch sollte er den Verkäufer nach eventuellen mündlichen Absprachen fragen, damit er keine Überraschungen erlebt. Sonst könnte es ihm beispielsweise passieren, daß er kündigt, weil der Mieter sich bei der Nutzung der Wohnung nicht an die Beschränkungen im schriftlichen Mietvertrag hält, und einen Räumungsprozeß einleitet. Dort erfährt er dann, daß dem Mieter diese Nutzung vom Vermieter mündlich gestattet wurde, und seine Klage wird abgewiesen. Der Käufer sollte sich dagegen absichern und in den Kaufvertrag etwa folgende Klausel aufnehmen lassen:

Bezugnahme auf den Mietvertrag

> Der Verkäufer versichert, daß der vorgelegte schriftliche Mietvertrag mit Herrn/Frau/den Eheleuten (Name des/der Mieter) vom 13. Mai 1995 die Vereinbarungen zwischen Vermieter und Mieter vollständig wiedergibt und daß keinerlei zusätzliche schriftliche oder mündliche Abreden getroffen wurden.

Schadensersatz

Trifft diese Zusicherung nicht zu, ändert dies zwar an der Wirksamkeit solcher Zusatzvereinbarungen nichts. Der Verkäufer muß dem Käufer dann aber den Schaden ersetzen, der ihm dadurch entstanden ist, daß er auf die Zusicherung vertraut hat. Unter Umständen kann er den Kaufvertrag dann auch wegen arglistiger Täuschung anfechten.

Fall

Ansprüche aus dem Mietverhältnis

Angenommen, das vermietete Grundstück wurde am 10.10.1999 verkauft. Das Mietverhältnis endete am 31.12.1999. Der Mieter zog aus und lehnte Schönheitsreparaturen und Schadensersatz wegen der Beschädigung der Mietsache ernsthaft und endgültig ab. Am 24.02.2000 wird der Käufer als Eigentümer ins Grundbuch eingetragen. Nach nochmaliger Zahlungsaufforderung an den Mieter klagt er auf Schadensersatz wegen unterlassener Schönheitsreparaturen und Beschädigungen der Mietsache. Die Klage wird keinen Erfolg haben. Dem Käufer stehen nur solche Ansprüche aus dem Mietverhältnis zu, die während der Dauer seines Eigentums entstanden sind. Er wird nicht automatisch Rechtsnachfolger des Vermieters. Die vom Käufer hier geltend gemachten Ansprüche waren aufgrund der Erfüllungsverweigerung aber schon beim Auszug des Mieters entstanden und fällig, mithin schon vor seinem Eigentumserwerb. Sie stehen deshalb dem Verkäufer als dem damaligen Vermieter zu. Erst wenn der Käufer sich diese Ansprüche abtreten läßt, kann er sie gegenüber dem Mieter geltend machen.

C. Der Kauf einer Eigentumswohnung

Aufgrund des Anstiegs der Grundstückspreise und der gleichzeitigen Verknappung von Bauland, insbesondere in Ballungsgebieten, ist der Erwerb freistehender Häuser für viele Menschen nicht mehr möglich. Das Wohnungseigentum bietet insoweit für viele Interessenten eine preisgünstigere Alternative, die zwar kein »richtiges« Eigentum ist, aber doch eine deutliche Verbesserung gegenüber der Miete einer Wohnung darstellt.

I. Die Entstehung des Wohnungseigentums

Wohnungseigentum entsteht durch die Aufteilung eines einheitlichen Hausgrundstücks in einzelne Eigentumswohnungen und die Eintragung in ein besonderes Grundbuch.

1. Die Aufteilung des Hausgrundstücks

Aufteilung

Die Aufteilung des Hausgrundstücks kann auf zwei unterschiedlichen Wegen entstehen. Entweder können Miteigentümer das Eigentum an dem Grundstück und dem Haus unter sich aufteilen, oder der Eigentümer teilt, meist zur Vorbereitung eines Verkaufs, sein einheitliches Eigentum auf:

1.1 Durch Vertrag der Miteigentümer

§§

Miteigentum und Sondereigentum

Miteigentümer eines Grundstücks können ihr Miteigentum am gesamten Hausgrundstück in der Weise beschränken, daß ihnen das Sondereigentum an einer bestimmten Wohnung und an sonstigen Räumen zugewiesen wird (§ 3 Abs. 1 WEG). Von einer Beschränkung spricht das Gesetz in diesem Fall deshalb, weil die Miteigentümer mit der Begründung von Sondereigentum das ihnen bisher – nach Maßgabe der zwischen ihnen getroffenen Nutzungsverein-

Abgeschlossenheit der Wohnungen

barung – zustehende Recht zur Nutzung des gesamten Hauses verlieren. Voraussetzung für diese Aufteilung ist die Abgeschlossenheit der einzelnen Wohnungen und sonstigen Räume (§ 3 Abs. 2 WEG). Diese müssen unter anderem von einem gemeinsamen Flur abgetrennt sein und bestimmte bauliche Mindestanforderungen erfüllen. Die Abgeschlossenheit wird von der Gemeinde geprüft, die, wenn die Voraussetzungen vorliegen, darüber eine Bescheinigung ausstellt.

Beurkundung

Der Vertrag über diese Aufteilung eines Hauses bedarf der notariellen Beurkundung. In ihm muß die Art und Weise der Aufteilung genau geregelt werden.

1.2 Durch Teilungserklärung

§§

Teilungserklärung

Der (alleinige) Eigentümer eines Hausgrundstücks kann das Eigentum an dem Haus durch eine Erklärung gegenüber dem Grundbuchamt aufteilen, der sogenannten Teilungserklärung (§ 8 WEG). In dieser Erklärung ist zunächst das Eigentum am Grundstück in Miteigentumsanteile aufzuteilen, die jeweils mit dem Sondereigentum an einer Wohnung verbunden sind. Dies geschieht normalerweise entsprechend dem Verhältnis, in dem die Wohnflächen der einzelnen Eigentumswohnungen zueinander stehen. Der Teilungserklärung wird üblicherweise ein Plan beigefügt, aus dem sich die Aufteilung der einzelnen Räume auf das jeweilige Sondereigentum ergibt. Auch hier ist die Abgeschlossenheit Voraussetzung für die Aufteilung.

Notarielle Beglaubigung

Diese Erklärung des Eigentümers bedarf eigentlich nur der notariellen Beglaubigung, d.h. der Bestätigung durch den Notar, daß die Unterschrift unter der Erklärung von dem stammt, der als Unterzeichner angegeben ist (§ 129 BGB). Sie wird aber häufig notariell beurkundet, weil dann bei einem späteren Verkauf des Wohnungseigentums auf diese Urkunde verwiesen werden kann.

2. Die Eintragung im Grundbuch

Entstehung

Mit der Eintragung in das Grundbuch entsteht das Wohnungseigentum. Für jeden der Miteigentumsanteile wird ein besonderes Grundbuchblatt, das Wohnungsgrundbuch oder Teileigentumsgrundbuch, angelegt (§ 7 WEG). Das Miteigentum in Verbindung mit dem Sondereigentum tritt an die Stelle des bisherigen Grundstücks. Das Grundbuchblatt für dieses Grundstück wird von Amts wegen geschlossen (§ 7 Abs. 1 Satz 3 WEG).

Eintragungsantrag

Dem Eintragungsantrag muß eine von der Baubehörde mit Unterschrift und Stempel und Siegel versehene Bauzeichnung beigefügt sein, aus der sich Lage und Größe der im Sondereigentum und im gemeinschaftlichen Eigentum stehenden Gebäudeteile ergeben (Aufteilungsplan), wobei die zu dem Sondereigentum gehörenden Räume mit Nummern zu kennzeichnen sind. Außerdem muß die Abgeschlossenheitsbescheinigung der Gemeinde beigefügt werden (§ 7 Abs. 4 WEG).

Auf jedem einzelnen Grundbuchblatt werden als Beschränkung des Miteigentums die zu den anderen Miteigentumsanteilen gehörenden Sondereigentumsrechte eingetragen, denn insoweit ist die Nutzungsbefugnis des Eigentümers beschränkt.

z.B.

Eine Eintragung im Wohnungsgrundbuch könnte etwa lauten:

> 83,25/1000 Miteigentum an dem im Grundbuch von Baden-Baden eingetragenen Grundstück, Flurstück-Nr. 3447, verbunden mit dem Sondereigentum an dem Ladenlokal im Erdgeschoß und an der im ersten Stock gelegenen und im Aufteilungsplan mit Nr. 3 bezeichneten Wohnung und dem im Aufteilungsplan mit Nr. 3 bezeichneten Kellerraum im Kellergeschoß rechts sowie mit einem Sondernutzungsrecht an den mit Nrn. 3a und 3b bezeichneten Kfz-Einstellplätzen in der Tiefgarage.

Das Miteigentum ist durch die Einräumung der zu den anderen Miteigentumsanteilen gehörenden Sondereigentumsrechte (eingetragen in den Blättern 151 – 157, ausgenommen dieses Blatt) beschränkt.

§§

Hypotheken und Grundschulden

Nur kurz erwähnt werden soll, was mit den vor der Teilung eingetragenen Belastungen des Grundstücks geschieht: Hypotheken, Grundschulden und Reallasten werden zu Gesamtgrundpfandrechten, d.h., sie lasten jetzt auf jedem einzelnen Wohnungseigentum. Der Gläubiger kann also nach seiner Wahl wegen seiner gesamten Forderung in jedes Wohnungseigentum vollstrecken, bis die Forderung befriedigt ist. Andere Belastungen wie Nießbrauch, Wegerechte, Vorkaufsrechte können nicht in dieser Weise aufgeteilt werden. Sie wandeln sich deshalb in einzelne Rechte an jedem einzelnen Wohnungseigentum um.

3. Die einzelnen Eigentumsarten beim Wohnungseigentum

Das Wohnungseigentum kennt das Miteigentum, das gemeinschaftliche Eigentum, das Sondereigentum und Teileigentum.

3.1 Gemeinschaftliches Eigentum und Miteigentum

Definition

Nach dem Gesetz stehen das Grundstück sowie die Teile, Anlagen und Einrichtungen des Gebäudes, die nicht im Sondereigentum oder im Eigentum eines Dritten stehen, im gemeinschaftlichen Eigentum (§ 1 Abs. 5 WEG). Miteigentum (nach ideellen Bruchteilen) ist ein anderer Begriff für dieses gemeinschaftliche Eigentum am Grundstück.

z.B.

Tragende Teile; Gemeinschaftliches Eigentum

Zum gemeinschaftlichen Eigentum gehören zunächst alle Teile des Gebäudes, die für dessen Bestand und Sicherheit erforderlich sind (§ 5 Abs. 2 WEG). Dazu zählen das Fundament, die Außenwände, alle anderen tragenden Wände und das Dach. Ferner gehören dazu die Versorgungsleitungen (Gas, Wasser, Strom), das Treppenhaus, der Aufzug, die Waschküche, der Speicher, die Heizungsanlage, die Kanalisation, die Gemeinschaftsantenne und die zur äußeren Gestaltung eingefügten Elemente. Zum gemeinschaftlichen Eigentum können schließlich die zur Instandhaltung angeschafften Geräte, zum Beispiel ein Rasenmäher, gehören. Darüber hinaus können die Wohnungseigentümer vereinbaren, daß Bestandteile des Gebäudes, die Sondereigentum sein können, Gemeinschaftseigentum sein sollen (§ 5 Abs. 3 WEG).

3.2 Das Sondereigentum

Definition

Zum Sondereigentum gehört die Wohnung mit ihren Bestandteilen allerdings unter Ausschluß der Bestandteile, die Gegenstand des gemeinschaftlichen Eigentums sind. Dazu gehören beispielsweise die nicht tragenden (tragende sind Gemeinschaftseigentum) Wände, die Innentüren, der Wand- und Deckenputz, die Tapeten, der Fußbodenbelag und die Innenseiten der Fenster, Balkontüren und Abschlußtüren. Balkone, Loggien und Terrassen zählen dazu nur, wenn sie weder konstruktive Bestandteile des Gebäudes noch Elemente der Außengestaltung sind.

Abgrenzungsprobleme

Die Abgrenzung zwischen Sondereigentum und Gemeinschaftseigentum kann mitunter schwierig sein, weil man beispielsweise einer Innenwand nicht ohne weiteres ansieht, ob sie tragend ist. Mitunter sind deshalb in der Teilungserklärung Bestimmungen enthalten, die Gemeinschafts- und Sondereigentum definieren, was Klarheit bringen kann.

3.3 Das Teileigentum

Definiton

Sondereigentum an nicht zu Wohnzwecken dienenden Räumen des Gebäudes bezeichnet das Gesetz als Teileigentum (§ 1 Abs. 3 WEG). Es wird wie das Sondereigentum an Wohnräumen behandelt. Teileigentum kann an einem Ladengeschäft, Praxisräumen, Büroräumen, einer Werkstatt oder einer Garage bestehen.

3.4 Die Bedeutung der Zuordnung zu einer bestimmten Eigentumsart

Verwaltung des gemeinschaftlichen Eigentums

Die Zuordnung zu einer bestimmten Eigentumsart bestimmt den Umfang der Befugnisse des Eigentümers. Die Verwaltung des gemeinschaftlichen Eigentums obliegt allen Wohnungseigentümern und dem von ihnen bestellten Verwalter (§ 20 WEG). Entscheidungen darüber werden in der Wohnungseigentümerversammlung getroffen (§ 23 WEG). Die Lasten des gemeinschaftlichen Eigentums und die Kosten seiner Instandhaltung und seines Gebrauchs tragen die Wohnungseigentümer (§ 16 Abs. 2 WEG). Der einzelne Wohnungseigentümer darf das gemeinschaftliche Eigentum mitbenutzen. Im Rahmen einer Gebrauchsregelung können die Wohnungseigentümer dieses Nutzungsrecht näher regeln und ausgestalten (§§ 13 Abs. 2, 15 WEG). Zur einseitigen Veränderung des Gemeinschaftseigentums ist demnach kein Wohnungseigentümer berechtigt. Deshalb kann kein Wohnungseigentümer die Außenfassade oder das Treppenhaus im Bereich seiner Wohnung nach seinen Geschmacksvorstellungen streichen.

Sonder- und Teileigentum

Mit seinem Sonder- und Teileigentum hingegen kann der Wohnungseigentümer im Rahmen der Gesetze nach Belieben verfahren, sofern nicht Rechte Dritter entgegenstehen. Er kann es gestalten, bewohnen, vermieten, verpachten oder in sonstiger Weise nutzen (§ 13 WEG), ohne zuvor das Einverständnis der anderen Wohnungseigentümer einholen zu müssen.

Die Abgrenzung der Befugnisse zur Nutzung und Umgestaltung der Wohnung kann zum Teil schwierig sein. Einige Beispiele mögen das verdeutlichen:

Sie befürchten, daß in ihre Wohnung zu leicht eingebrochen werden kann und lassen deshalb vor den Fenstern

Fall

Fenstergitter

Gitter anbringen. Die anderen Wohnungseigentümer stört das und sie verlangen, daß die Gitter wieder beseitigt werden. Dagegen können sie sich nicht wehren, denn das Anbringen der Gitter stellt eine bauliche Veränderung dar, die nur mit Zustimmung der anderen Wohnungseigentümer vorgenommen werden kann. Dies bedeutet, daß sie zuvor in einer Wohnungseigentümerversammlung einen Beschluß herbeiführen müssen, der ihnen das gestattet. Das gleiche gilt, wenn sie eine Terrasse, die in ihrem Sondereigentum steht, überdachen oder mit Türen und Fenstern versehen wollen. Dies geht nur mit Zustimmung der anderen Wohnungseigentümer.

3.5 Das Sondernutzungsrecht

§§

Entstehung

Sondernutzungsrechte einzelner Wohnungseigentümer können begründet werden, wenn es nicht möglich ist, hinsichtlich dieser Gebäudeteile oder Flächen Sondereigentum oder Teileigentum zu begründen, weil aufgrund der baulichen Gegebenheiten keine Abtrennung (Abgeschlossenheit) erfolgen kann. Dies kommt beispielsweise bei Stellplätzen, die nicht durch dauerhafte Markierungen voneinander abgegrenzt sind, in Betracht. An dieser Fläche erlangt der Wohnungseigentümer kein Eigentum. Das Sondernutzungsrecht kann in Verbindung mit der Teilungserklärung schon bei der Bestellung des Wohnungseigentums oder später durch einen einstimmigen Beschluß der Wohnungseigentümer begründet werden. Gegenüber einem neuen Eigentümer wirken Sondernutzungsrechte nur dann, wenn sie als Inhalt des Sondereigentums im Grundbuch eingetragen sind (§ 10 Abs. 2 WEG).

Grenzen der Befugnisse

Aufgrund eines Sondernutzungsrechts steht dem Berechtigten zwar das Recht zu, einen bestimmten Teil der Eigentumswohnungsanlage allein zu nutzen. Damit kann er aber damit noch lange nicht nach Belieben verfahren. Umfaßt das Sondernutzungsrecht beispielsweise einen Garten, dürfen die anderen Wohnungseigentümer den Garten zwar nicht benutzen. Der Berechtigte darf den Garten aber nicht nach eigenem Gutdünken umgestalten und etwa Bäume fällen oder Büsche entfernen. Dies geht nur mit Zustimmung der übrigen Wohnungseigentümer, denn auch dies würde zu einer baulichen Veränderung der Gesamtanlage führen.

II. Wie wird das Wohnungseigentum übertragen?

Die Übertragung des Wohnungseigentums setzt wie die Übertragung eines Grundstücks den Abschluß eines Kaufvertrags und die Eintragung des Käufers als Eigentümer voraus.

1. Der Kaufvertrag

Kein Unterschied zum Grundstückskauf

Der Abschluß des Kaufvertrags über ein Wohnungseigentum erfolgt in gleicher Weise wie ein Grundstückskaufvertrag. Er muß das Wohnungseigentum genau bezeichnen und Regelungen über die Höhe des Kaufpreises sowie die Art und Weise der Kaufpreiszahlung enthalten. Er sollte darüber hinaus alle Vereinbarungen der Parteien aus Anlaß des Kaufs vollständig enthalten. Hinsichtlich der Einzelheiten kann auf die Ausführungen beim Grundstückskauf verwiesen werden (S. 19ff. und S. 34ff.). Der Erwerb eines Teils eines Wohnungseigentums ist allerdings nicht möglich, weil das Wohnungseigentum nicht wie ein Grundstück geteilt werden kann.

Notarielle Beurkundung

Der Kaufvertrag muß wie der Grundstückskaufvertrag notariell beurkundet werden (§ 4 Abs. 3 WEG). Die Gesichtspunkte, auf die Käufer und Verkäufer achten müssen, und die dabei zu beachtenden Förmlichkeiten sind ebenfalls identisch (näher dazu S. 42ff.) Auch die Vorkehrungen, die der Verkäufer oder der Käufer treffen können und sollen, um die ordnungsgemäße Erfüllung des Vertrags sicherzustellen, sind die gleichen (vgl. dazu S. 67ff.).

2. Der Eigentumserwerb

§§

Auflassung und Eintragung

Der Erwerb von Wohnungseigentum setzt ebenso wie der Erwerb eines Grundstücks die Einigung von Verkäufer und Käufer über den Übergang des Eigentums voraus, die die Form einer Auflassung haben muß. Hinzukommen muß die Eintragung des Käufers als neuer Eigentümer im Grundbuch (§ 4 WEG). Auch insoweit kann auf die Ausführungen zum Grundstückserwerb verwiesen werden (S. 53ff.).

Genehmigungserfordernisse

Von den Genehmigungen, die beim Kauf einer Eigentumswohnung gegebenenfalls einzuholen sind, kommen nur die vormundschaftsgerichtliche und die familienrechtliche Genehmigung sowie die eventuell erforderliche Genehmigung beim Kauf von einer Gemeinde in Betracht (vgl. S. 61ff.). Die übrigen Genehmigungserfordernisse haben keine Bedeutung, weil es sich beim Kauf einer Eigentumswohnung weder um den Erwerb eines land- oder forstwirtschaftlichen Grundstücks handelt noch eine Eigentumswohnung wie ein Grundstück in zwei selbständige Eigentumswohnungen aufgeteilt werden kann.

III. Welche Besonderheiten muß der Käufer einer Eigentumswohnung beachten?

Wohnungseigentümergemeinschaft

Anders als der Grundstückseigentümer ist der Wohnungseigentümer nicht alleiniger Herr des gekauften Gegenstands. Er tritt in die Wohnungseigentümergemeinschaft ein und muß sich in diese Gemeinschaft einordnen. Daraus ergeben sich einige Besonderheiten:

1. Die Gemeinschaftsordnung

Jeder Wohnungseigentümer ist in eine mehr oder minder strenge, auf die Bedürfnisse der speziellen Gemeinschaft zugeschnittene Ordnung einbezogen.

1.1 Entstehungsgründe der Gemeinschaftsordnung

Begründung der Gemeinschaftsordnung

Festgelegt wird diese Ordnung in erster Linie im Vertrag über die Begründung von Wohnungseigentum (§ 3 WEG) oder in der Teilungserklärung (§ 8 WEG). Daraus ergeben sich vielfältige Rechte und Pflichten des Verkäufers, in die der Käufer eintritt. Dort kann geregelt sein, ob Haustiere erlaubt sind, wie das Sondereigentum genutzt werden darf, ob und wann musiziert werden darf und wie der Garten genutzt werden darf. Daraus ergibt sich auch, ob einzelnen Wohnungseigentümern ein Sondernutzungsrecht am Gemeinschaftseigentum eingeräumt wurde, das dann das Mitbenutzungsrecht der anderen ausschließt.

Gesetzliche Grundregeln

Das Gesetz enthält gewisse Grundregeln über das Verhältnis der Wohnungseigentümer untereinander (§§ 10 ff. WEG). Diese Grundsätze sind aber nicht bindend. In der Teilungserklärung kann davon abgewichen und andere Regelungen getroffen werden. Auch die Gemeinschaft der Wohnungseigentümer kann durch einstimmige Vereinbarung solche Regelungen treffen und dabei die Regelungen, die in der Teilungserklärung enthalten sind, ändern oder ergänzen. Solche Vereinbarungen werden auch als Satzung bezeichnet. Gegenüber dem Käufer als Rechtsnachfolger des Verkäufers wirken diese Vereinbarungen nur, wenn sie als Inhalt des Sondereigentums im Grundbuch eingetragen sind (§ 10 Abs. 2 WEG).

Beschlüsse der Wohnungseigentümer

Die Nutzungsregelung in einer Vereinbarung der Wohnungseigentümer kann aber auch durch einen Beschluß der Wohnungseigentümerversammlung geändert oder ergänzt werden. Solche Beschlüsse müssen nicht in das Grundbuch eingetragen werden (§ 10 Abs. 3 WEG), binden den Erwerber aber dennoch. Dies gilt insbesondere für eine auf diesem Weg beschlossene Hausordnung, die zur ordnungsgemäßen Verwaltung zu zählen ist (§ 21 Abs. 5 Nr. 1 WEG).

Gerichtliche Entscheidungen

Rechte und Pflichten eines Wohnungseigentümers können sich schließlich aus einer gerichtlichen Entscheidung ergeben, denn bei einem Streit zwischen einem Wohnungseigentümer und der Gemeinschaft oder dem Verwalter über diese Rechte und Pflichten entscheidet das Gericht (§ 43 Abs. 1 Nr. 1 WEG). Die gerichtliche Entscheidung bindet den Käufer, ohne daß sie im Grundbuch eingetragen sein müßte (§ 10 Abs. 3 WEG).

1.2 Die Gefahren für den Käufer

Regelungen des Gemeinschaftsverhältnisses beachten

Der Käufer ist mitunter allzusehr geneigt, sein Augenmerk hauptsächlich auf die speziellen Regelungen im Kaufvertrag zu richten, die Art und Umfang der gegenseitigen Leistungspflichten regeln. Dies sollte er auch tun, nur darf er darüber nicht vergessen, daß auch die allgemeinen Bestimmungen zur Regelung des Verhältnisses der Wohnungseigentümer untereinander überaus große Bedeutung für ihn haben. Dies zu übersehen wird häufig dadurch gefördert, daß sich der Umfang der Bindung an die Gemeinschaftsordnung häufig hinter einer unscheinbaren Formulierung verbirgt, die etwa so lauten könnte:

Einbeziehung der Gemeinschaftsordnung

> Der Inhalt der Teilungserklärung mit all ihren Bestimmungen über das Verhältnis der Wohnungseigentümer untereinander, einschließlich der Hausordnung, über die Verwaltung des gemeinschaftlichen Eigentums sowie der Aufteilungsplan und die Baubeschreibung sind Gegenstand dieses Kaufvertrags.

Soweit diese Regelungen notariell beurkundet sind, was vor allem für die Teilungserklärung in Betracht kommt, kann auf sie Bezug genommen werden (§ 13a BeurkG), so daß sie nicht verlesen werden müssen.

Tip

Gemeinschaftsordnung

Die Risiken, die der Käufer eingeht, kann er nur überschauen, wenn er sich vor Abschluß des Kaufvertrags umfassend und gründlich über die Gemeinschaftsordnung informiert, was unbedingt zu empfehlen ist. Über den Inhalt der Teilungserklärung und die sonstigen Beschränkungen des Sondereigentums, die im Grundbuch eingetragen sind, kann er sich beim Grundbuchamt erkundigen. Als Kaufinteressent hat er ein berechtigtes Interesse (§ 12 GBO) an der Einsichtnahme, das er am besten durch eine schriftliche Bestätigung des Verkäufers belegt. Ist bereits ein Notar eingeschaltet, kann dieser das Grundbuch einsehen und Abschriften dieser Unterlagen anfertigen lassen.

Tip

Beschlüsse der Wohnungseigentümer beachten

Über Beschlüsse der Wohnungseigentümerversammlung kann er sich beim Veräußerer erkundigen. Ergänzend kann er den Verwalter um Auskunft ersuchen und Einsicht in die über die Beschlußfassung gefertigten Niederschriften (§ 24 Abs. 6 WEG) nehmen. An den Verwalter kann er sich auch wenden, wenn er sich über eventuell ergangene gerichtliche Entscheidungen erkundigen will. Hinsichtlich der Beschlüsse der Wohnungseigentümerversammlung muß der Käufer beachten, daß diese grundsätzlich auch dann für ihn verbindlich sind, wenn sie rechtsfehlerhaft zustande gekommen sind, aber nicht fristgerecht angefochten und deshalb bestandskräftig wurden (§ 23 Abs. 4 WEG). Es empfiehlt sich, von all diesen Unterlagen Kopien anzufertigen, um diese in Ruhe prüfen und gegebenenfalls einem Rechtskundigen vorlegen zu können. Außerdem hat der Käufer dann schon komplette Unterlagen über die Gemeinschaftsordnung, wenn er sich zum Kauf entschließt.

Teilungserklärung lesen

Ganz außerordentlich wichtig ist, daß der Käufer die Beschreibung der Wohnung in der Teilungserklärung genau liest. Damit werden nicht nur die Räumlichkeiten nach Lage und Größe beschreiben. Unter Umständen ergibt sich daraus auch eine Einschränkung der zulässigen Nutzung dieser Räume. Steht dort als Beschreibung der Nutzung »Laden«, ist der Betrieb einer Gaststätte oder eines Cafés oder eines Spielsalons oder die Nutzung als Wohnung nicht zulässig. Werden dort einzelne Räume als »Keller« oder »Kellerräume« bezeichnet, können diese nicht als Wohnung genutzt werden. Das gilt auch, wenn zu der Wohnung ein Hobbyraum oder ein Dachboden gehört. Zum Wohnen dürfen diese Räume nicht genutzt werden. Der Käufer sollte sich auf gar keinen Fall damit zufrieden geben, daß die Räume tatsächlich als Wohnräume genutzt werden, denn dies ist nicht maßgebend. Es könnte sonst der Fall eintreten, daß er Räume kauft, die er nicht wie gewünscht nutzen kann.

Fall
Kellerräume

Angenommen, die Eheleute Jung kaufen eine Eigentumswohnung, zu der nach dem Aufteilungsplan und der Teilungserklärung Kellerräume gehören. Die Verkäufer hatten diese Räume mehrere Jahre als Wohnräume genutzt und entsprechend ausgebaut. Nachdem die Eheleute Jung als neue Eigentümer ins Grundbuch eingetragen worden waren, verlangten andere Wohnungseigentümer, daß die Nutzung als Wohnräume unterlassen wird und die Umbauten rückgängig gemacht werden. Die Eheleute Jung verteidigten sich damit, daß sie Räume als Wohnräume gekauft und daß die anderen Wohnungseigentümer die Nutzung als Wohnräume über mehrere Jahre geduldet hätten. Vor Gericht hatten sie damit keinen Erfolg. Das Gericht ging davon aus, daß die Bezeichnung als Kellerräume in der Teilungserklärung maßgebend sei und irgendwelche Anhaltspunkte dafür, daß alle Wohnungseigentümer die Teilungserklärung einverständlich durch einen Beschluß in einer Wohnungseigentümerversammlung oder durch eine Vereinbarung geändert hätten, seien nicht vorhanden. Die schlichte Hinnahme dieser Nutzung auch über mehrere Jahre hinweg genüge nicht. Allein daraus könne ein Verzicht auf das Recht, die unzulässige Nutzung zu unterbinden, nicht hergeleitet werden. Zwar hat das Gericht eine Nutzung der Kellerräume als Hobbyräume zugelassen, dies dürfte die Käufer aber nicht zufrieden gestellt haben.

2. Die Tragung der Kosten und Lasten

Wohn- oder Hausgeld

Jeder Wohnungseigentümer ist den anderen Wohnungseigentümern gegenüber verpflichtet, die Lasten des gemeinschaftlichen Eigentums, die Kosten der Instandhaltung, der Verwaltung und des gemeinschaftlichen Gebrauchs entsprechend seinem Anteil zu tragen (§ 16 Abs. 2 WEG). Diese Zahlungen werden meist als Wohngeld oder Hausgeld bezeichnet und können durchaus mehrere 100 DM betragen. Dazu zählen das Verwalterhonorar, die Kosten für Heizung, Licht und Wasser, Kanalgebühren, aber auch eine Instandhaltungsrücklage und die Zahlungen, die aufgrund von Wartungs- und Versicherungsverträgen zu erbringen sind. Insoweit weist das Wohnungseigentum eine gewisse Nähe zur Miete auf.

Wohngeld

Das monatliche Hausgeld oder Wohngeld stellt aber nur eine Vorauszahlung dar. Was letztendlich von den einzelnen Wohnungseigentümern tatsächlich zu zahlen ist, wird aufgrund einer jährlich vom Verwalter zu erstellenden Abrechnung über sämtliche Einnahmen und Ausgaben berechnet. Über diese Abrechnung müssen dann die Wohnungseigentümer auf einer Versammlung beschließen. In dieser Versammlung wird auch die Höhe der Vorauszahlungen für das folgende Wirtschaftsjahr festgelegt. Waren in dem abzurechnenden Jahr unvorhergesehene Ausgaben angefallen (z.B. größere Reparaturen) oder war das Wohn- oder Hausgeld zu niedrig angesetzt worden, können ganz erhebliche Nachzahlungen auf die einzelnen Wohnungseigentümer zukommen.

Höhe der monatlichen Belastungen feststellen

Art und Umfang dieser Zahlungen können in der Teilungserklärung, der Gemeinschaftsordnung oder durch einen Beschluß der Wohnungseigentümerversammlung geregelt sein. Ohne einen Blick in alle Unterlagen kann der Käufer die Höhe der auf ihn zukommenden monatlichen Belastungen nicht feststellen. Dies ist aber unbedingt erforderlich, denn sonst läuft er Gefahr, daß seine Finanzierung zusammenbricht, weil diese Zahlungen zusammen mit den monatlichen Zins- und Tilgungsleistungen für die aufgenommenen Kredite seine finanziellen Möglichkeiten übersteigen. Häufig wird diese Besonderheit des Wohnungseigentums übersehen.

Aufteilung der Kosten

Üblicherweise werden die Kosten nach dem Verhältnis der Miteigentumsanteile unter den Wohnungseigentümern aufgeteilt, wobei die Miteigentumsanteile in aller Regel durch die Größe der Wohnung bestimmt werden. Dieser Verteilungsmaßstab entspricht auch der gesetzlichen Regelung und gilt immer dann, wenn in der Teilungserklärung nichts anderes vorgesehen ist. Wer beispielsweise einen Miteigentumsanteil von 1/8 hat, der trägt auch 1/8 der Kosten des gemeinschaftlichen Eigentums. Von diesem Grundsatz kann in der Teilungserklärung abgewichen werden. Manchmal werden die Kosten auch nach der Zahl der Wohneinheiten auf die einzelnen Eigentümer umgelegt, so daß jeder Wohnungseigentümer den gleichen Kostenanteil zu tragen hat. Seltener wird der Verteilungsschlüssel dahin abgeändert, daß einzelne Einheiten einen höheren Anteil an den Kosten zu tragen haben, als es dem Miteigentumsanteil entsprechen würde. Das kommt beispielsweise dann vor, wenn einzelne Einheiten in höherem Maße als andere Nutzen aus gemeinschaftlichen Einrichtungen ziehen. Befindet sich beispielsweise im Erdgeschoß ein Laden, so kann dem Eigentümer des Ladens ein höherer Anteil an den Unterhaltungskosten des Treppenhauses auferlegt werden, weil er das Treppenhaus intensiver nutzt. Die Unterhaltungskosten für einen Fahrstuhl können allein den Wohnungen in den Obergeschossen auferlegt werden. Daneben finden sich auch Regelungen, die einzelne Wohnungen mit Kosten belasten, die eigentlich von der Gemeinschaft zu tragen wären. So können den jeweiligen Wohnungseigentümern die Unterhaltungs- und Instandhaltungskosten für gemeinschaftliche Anlagen auferlegt werden, die sich in im Bereich ihres Sondereigentum befinden. Sie müssen dann beispielsweise die Kosten für die Reparatur oder Erneuerung ihrer Fenster oder Balkone oder der Wasser- und Stromleitungen alleine tragen.

Verteilungsschlüssel in der Teilungserklärung

Damit sich der Erwerber ein vollständiges Bild über die finanziellen Belastungen, die künftig auf ihn zukommen können, machen kann, muß er die Teilungserklärung und die Gemeinschaftsordnung sorgfältig durchlesen. An solche Verteilungsschlüssel ist der Erwerber gebunden. Eine Änderung ist grundsätzlich nur mit Zustimmung aller möglich, wenn nicht in der Teilungserklärung oder der Gemeinschaftsordnung etwas anderes vorgesehen ist. Eine solche Änderung scheitert regelmäßig daran, daß die Wohnungseigentümer, die von dem Verteilungsschlüssel profitieren, sich gegen eine Änderung aussprechen. Zwar ist auch ein gerichtlich durchsetzbarer Anspruch des benachteiligten Wohnungseigentümers gegen die übrigen Wohnungseigentümer auf eine Änderung des Verteilungsschlüssels denkbar. Dies kommt aber nur bei einer grob unbilligen Verteilung der Kosten in Betracht, die die Gerichte auch in Fällen verneint haben, in denen der einzelne Wohnungseigentümer mit Kosten belastet wurde, die um 22% höher waren als sie bei einer Verteilung nach Miteigentumsanteilen gewesen wären, was zeigt, daß ein solches Vorgehen in nahezu allen Fällen keinen Erfolg verspricht. Der Käufer geht deshalb ein großes Risiko ein, wenn er denkt, er könne einen nachteiligen Verteilungsschlüssel später ja ändern lassen.

Kostenbelastung auch ohne Nutzen

Zu beachten ist auch, daß es keinen allgemeinen Grundsatz gibt, wonach ein Wohnungseigentümer Kosten für solche Einrichtungen nicht zu tragen hat, die ihm persönlich keinen Nutzen bringen. Der Eigentümer der Erdgeschoßwohnung hat demnach auch einen Anteil an den Fahrstuhlkosten zu tragen, wenn dies in der Teilungserklärung nicht anders geregelt ist; der Eigentümer einer Wohnung in den oberen Geschossen auch einen Anteil an den Unterhaltungskosten des Gartens zu tragen, obwohl er, anders als der Eigentümer der Erdgeschoßwohnung, keinen unmittelbaren Zugang zum Garten hat. Solche Umstände sind auch kein Grund für eine Änderung des Verteilungsschlüssels. Schließlich darf nicht übersehen werden, daß zu diesen Unterhaltungskosten für die gemeinschaftlichen Einrichtungen noch die Unterhaltungskosten für das Sondereigentum hinzukommen.

Zahlungspflicht des Verkäufers trotz abweichender Vertragsregelung

Bis zur Eintragung des neuen Eigentümers ist der Verkäufer zur Zahlung dieser Kosten verpflichtet. Dies gilt auch dann, wenn eine Vormerkung eingetragen wurde. Häufig wird jedoch im Verhältnis zwischen dem Verkäufer und dem Käufer vereinbart, daß der Käufer diese Lasten nicht erst ab der Eintragung als Eigentümer, sondern schon ab dem Zeitpunkt trägt, in dem ihm die Eigentumswohnung übergeben wird. Gegenüber der Wohnungseigentümergemeinschaft bleibt auch dann allein der Verkäufer zur Zahlung verpflichtet. Das muß der Verkäufer beachten. Im Kaufvertrag sollte dann auch geregelt werden, wie die Kosten zwischen Verkäufer und Käufer zu verteilen sind, denn beim Wohngeld handelt es sich in der Regel um monatliche Abschlagszahlungen auf die Verpflichtung zur anteilsmäßigen Tragung der Lasten, die erst nach Ablauf des Wirtschaftsjahres vom Verwalter durch Umlegung der tatsächlich entstandenen Kosten auf die einzelnen Wohnungseigentümer berechnet wird. Bei gleichbleibenden Kosten bietet es sich an, die Verteilung nach der jeweiligen Anzahl der Monate, in denen der Verkäufer und der Käufer die Wohnung in Besitz hatten, vorzunehmen. Bei verbrauchsabhängigen Kosten kann nach dem Zählerstand bei Übergabe abgerechnet werden.

3. Die Haftung des Käufers für Rückstände

Grundsatz

Grundsätzlich muß der Käufer für Rückstände beim Wohngeld nicht einstehen. Dafür haftet allein der Verkäufer. Von diesem Grundsatz gibt es jedoch zwei wichtige Ausnahmen:

Haftungsregelungen

In der Teilungserklärung oder in sonstigen Vereinbarungen, die die Gemeinschaftsordnung regeln, kann vorgesehen sein, daß der Erwerber auch für die Zahlungen, die vor seinem Eigentumserwerb angefallen sind und fällig wurden, neben dem Veräußerer haftet. Dies kann sich auch auf Zeiträume vor der Übergabe des Besitzes an den Käufer erstrecken. Auf eine solche Regelung muß der Verkäufer achten, wenn er den Inhalt der Gemeinschaftsordnung sorgfältig prüft. Enthält sie eine entsprechende Regelung, sollte er sich beim Verwalter erkundigen, ob und in welcher Höhe Rückstände bestehen. Der Käufer kann dann dafür sorgen, daß im Kaufvertrag sichergestellt wird, daß die Rückstände aus dem Kaufpreis vorab zu bezahlen sind.

Eine solche Regelung kann beispielsweise in folgender Klausel der Teilungserklärung und Gemeinschaftsordnung enthalten sein:

> Der Erwerber haftet gesamtschuldnerisch mit dem Veräußerer für etwaige Rückstände.

Abrechnungszeitpunkt

Eine Einstandspflicht des Käufers kann sich auch dann ergeben, wenn die Abrechnung der Wohngeldzahlungen erst nach seiner Eintragung als Eigentümer erfolgt und beschlossen wird. Er ist dann zur Zahlung des dort ausgewiesenen Betrags verpflichtet, auch wenn dieser dadurch zustande kommt, daß der Voreigentümer seine Voraus- zahlungen nicht geleistet hat. Dies gilt selbst dann, wenn dies über einen längeren Zeitraum nicht geschehen ist und auch wenn infolge fehlender oder schlechter Verwaltung über mehrere Jahre nicht abgerechnet wurde. Diese Möglichkeit muß der Käufer bedenken, wenn er sich informiert. Er sollte sich daher die letzte Abrechnung vorlegen lassen. Daraus kann er ersehen, wann das letzte Mal abgerechnet wurde und mit welchen Kosten er unter Umständen rechnen muß.

Fall

Verpflichtung zur Zahlung von Rückständen

Angenommen, Sie haben eine Eigentumswohnung gekauft und werden am 20.03.2000 als Eigentümer im Grundbuch eingetragen. Die Abrechnungen über die Kosten und Lasten des gemeinschaftlichen Eigentums für die Jahre 1992 bis 1995, 1997 und 1999 legt der Verwalter am 15.04.1997 vor. Am 2.05.2000 stimmt die Wohnungseigentümerversammlung den Abrechnungen zu (§ 28 Abs.

5 WEG). Daraus errechnet sich ein auf die von Ihnen gekaufte Eigentumswohnung entfallender Anteil in Höhe von 4358,72 DM. Diesen Betrag müssen Sie bezahlen, auch wenn darin Verbrauchskosten für Zeiträume enthalten sind, in denen Sie die Wohnung nicht genutzt haben. Sie können nur versuchen, sich den auf die Zeit vor Ihrem Eigentumserwerb entfallenden Anteil vom Verkäufer erstatten zu lassen.

4. Die Zustimmung zur Veräußerung

Zustimmungserfordernisse

Sehr häufig wird in der Teilungserklärung oder durch Vereinbarung der Wohnungseigentümer vorgesehen, daß die Veräußerung des Wohnungseigentums der Zustimmung bedarf (§ 12 Abs. WEG). Damit wollen die Wohnungseigentümer sicherstellen, daß der Erwerber zu ihnen paßt und kein Störenfried ist. Oft ist der Verwalter für die Erteilung der Zustimmung zuständig, dies können aber auch einzelne oder alle Wohnungseigentümer sein. Solange die Zustimmung nicht erteilt wurde, ist der Kaufvertrag unwirksam. Der Käufer sollte sich nach solchen Zustimmungserfordernissen erkundigen, damit er nicht Zahlungen leistet, bevor der Vertrag wirksam ist.

§§

Versagung der Zustimmung

Die Zustimmung darf nur aus einem wichtigen Grund versagt werden (§ 12 Abs. 2 WEG). Dieser kann sich aus der Person des Erwerbers, z.B. seiner persönlichen oder finanziellen Unzuverlässigkeit, oder aus der beabsichtigten, beispielsweise gewerblichen Nutzung ergeben. Gesichtpunkte der Nützlichkeit genügen dafür ebensowenig wie der Umstand, daß die beabsichtigte Nutzung unerwünscht (aber nicht unzulässig) ist. Bestehen Wohngeldrückstände, wird häufig die Zustimmung davon abhängig gemacht, daß zuvor diese Rückstände bezahlt werden. Diese Rückstände werden aber von den Gerichten nicht als wichtiger Grund, der zur Verweigerung der Zustimmung berechtigt, anerkannt. In der Gemeinschaftsordnung kann außerdem vorgesehen sein, daß in bestimmten Fällen ein Anspruch auf Erteilung der Zustimmung besteht.

Klage auf Zustimmung

Wird die Zustimmung zu Unrecht verweigert, kann der Verkäufer das Gericht anrufen (§ 43 Abs. 1 Nr. 1 WEG), das über das Vorliegen eines wichtigen Grundes entscheidet. Der Käufer kann das Gericht nicht anrufen. Scheitert der Kaufvertrag aufgrund der unberechtigten Verweigerung der Zustimmung, weil der Käufer beispielsweise nicht mehr länger warten will, kann der Verkäufer Schadensersatzansprüche gegen die widersprechenden Eigentümer oder den Verwalter haben.

IV. Die Rechte des Verkäufers und des Käufers bei Störungen der Vertragsabwicklung

1. Die Rechte des Verkäufers

§§

Unterschied zum Grundstückskauf

Erfüllt der Käufer seine Verpflichtungen aus dem Vertrag über den Kauf einer Eigentumswohnung ganz oder teilweise nicht, hat der Verkäufer genau die gleichen Rechte wie bei der Nichterfüllung eines Grundstückskaufvertrags. Er kann also den Käufer auf Erfüllung verklagen (vgl. S. 77ff.), den Ersatz des ihm durch die Verzögerung entstandenen Schadens fordern (vgl. S. 82ff.), vom Vertrag zurücktreten oder Schadensersatz wegen Nichterfüllung verlangen (vgl. S. 91ff.). Bei der Entscheidung zwischen diesen Rechten sollte er ebenfalls die gleichen Gesichtspunkte beachten (vgl. S. 92ff.).

2. Die Rechte des Käufers

2.1 Die allgemeine Haftung des Verkäufers bei Nichterfüllung

§§

Unterschied zum Grundstückskauf

Auch die Rechte des Käufers bei einer verzögerten Erfüllung oder bei Nichterfüllung der Verpflichtungen des Verkäufers aus dem Kaufvertrag unterscheiden sich nicht von denen beim Grundstückskauf. Der Käufer kann den Verkäufer auf Erfüllung verklagen (vgl. S. 96ff.), der Ersatz des Verzögerungsschadens fordern oder vom Vertrag zurücktreten (vgl. S. 99ff.). Ist dem Verkäufer die Erfüllung seiner Verpflichtungen ganz oder teilweise unmöglich, kann der Käufer vom Vertrag zurücktreten oder Schadensersatz wegen Nichterfüllung fordern (vgl. S. 100ff.).

2.2 Die Haftung für Rechtsmängel

Auch die Haftung des Verkäufers für Rechtsmängel ist mit der beim Grundstückskaufvertrag identisch (vgl. S. 111ff.).

Fall
Vermietete Wohnung

Angenommen, in der Zeitung wurde eine Eigentumswohnung mit dem Vermerk angeboten: »Beziehbar bis spätestens 1.12.2000«. Sie lesen die Annonce und kaufen die Wohnung für sich selbst, was der Verkäufer weiß. Zum 1.12.2001 zieht der Mieter jedoch nicht aus, das Mietverhältnis war auch nicht gekündigt. Das – dem Käufer gegenüber wirksame (§ 571 BGB) – Bestehen des Mietverhältnisses ist ein Rechtsmangel (§ 434 BGB), denn das Recht des Mieters hindert den Käufer daran, die Wohnung in Besitz zu nehmen. Auch wenn der Käufer von dem Mietverhältnis wußte, hat er dennoch keine Kenntnis vom Rechtsmangel, die seine darauf gestützten Ansprüche ausschließen würde (§ 439 Abs. 1 BGB), denn er hat aufgrund der falschen Angaben des Verkäufers über den Auszugstermin über die Dauer des Mietverhältnisses und damit über den Umfang des Rechts geirrt. Da es sich um einen behebbaren Rechtsmangel handelt, das Mietverhältnis kann gekündigt werden, kann der Käufer nach einer Fristsetzung mit Ablehnungsandrohung Schadensersatz wegen Nichterfüllung fordern (§ 440 Abs. 1, 326 BGB).

Fall
Öffentlichrechtliche Bindung

Angenommen, der Kaufvertrag enthält eine Klausel, nach der dem Käufer bekannt ist, daß die Wohnung aufgrund einer Förderung mit öffentlichen Mitteln den Bindungen des Wohnungsbindungsgesetzes unterliegt, über dessen Bestimmungen er aufgeklärt worden sei. Der Käufer zieht ein, weil er denkt, dies sei kein Verstoß gegen diese Bindungen, mit der Folge, daß er eine Fehlbelegungsabgabe zahlen muß. Er verlangt deshalb Schadensersatz vom Verkäufer. Ein solcher Anspruch steht ihm aber nicht zu. Zwar stellt der Umstand, daß die Wohnung dem Wohnungsbindungsgesetz unterliegt, einen Rechtsmangel dar. Dieser war dem Käufer aber bekannt. Er hat lediglich über die rechtliche Tragweite des ihm bekannten Mangels geirrt, was nicht zu einem Schadensersatzanspruch führt.

2.3 Die Haftung für Sachmängel oder das Fehlen zugesicherter Eigenschaften

Bei der Haftung des Verkäufers für Sachmängel oder das Fehlen zugesicherter Eigenschaften ist zu unterscheiden:

§§

Mängel des Sondereigentums

Ist das Sondereigentum oder das Teileigentum mangelhaft oder beziehen sich die fehlenden Eigenschaften nur darauf, ergeben sich keine Besonderheiten. Die Gewährleistung des Verkäufers erfolgt nach den gleichen Regeln wie beim Grundstückskaufvertrag (vgl. S. 113ff.).

§§

Mängel des Gemeinschaftseigentums

Handelt es sich dagegen um Mängel am Gemeinschaftseigentum, ergibt sich eine kleine Abweichung. Wie wir schon gesehen haben, kann der Käufer im Rahmen seines Schadensersatzanspruchs wegen Nichterfüllung die gekaufte Wohnung behalten und nur den »kleinen« Schadensersatz verlangen, der sich aus dem Wertunterschied zwischen der mangelfreien und der mangelhaften Sache ergibt. Dieser Wertunterschied berechnet sich nach den Kosten, die zur Mängelbeseitigung erforderlich sind. Bei Mängeln an dem gemeinschaftlichen Eigentum verteilt sich der Minderwert auf die einzelnen Wohnungen nach deren Anteil am Gesamteigentum, denn die Summe der die einzelnen Wohnungseigentümer treffenden Schäden kann nicht größer sein als der am gemeinschaftlichen Eigentum entstandene Schaden. Der einzelne Wohnungseigentümer kann deshalb als eigenen Schaden nur den auf sein Wohnungseigentum entfallenden Anteil geltend machen.

z.B.

Nehmen wir an, die Außenwände des Kellers sind nicht ordnungsgemäß gegen eindringendes Wasser geschützt, so daß sich innen Schimmel bildet. Dies hat der Verkäufer arg-listig verschwiegen, als er, nach der Aufteilung des Hauses in fünf gleich große Eigentumswohnungen, diese Wohnungen an A, B, C, D und E verkaufte. Die Kosten zur Beseitigung betragen 100.000 DM. A kann nun als »kleinen« Schadensersatz 20.000 DM (1/5 aus 100.000 DM) verlangen. Die gesamte Summe kann er nur fordern, wenn ihn die übrigen Wohnungseigentümer ermächtigt haben, auch ihre Gewährleistungsansprüche gegenüber dem Verkäufer geltend zu machen.

Im übrigen sind die Gesichtspunkte, die der Käufer vor und bei der Geltendmachung seiner Gewährleistungsansprüche beachten sollte, insbesondere soweit ein Gewährleistungsausschluß in Frage kommt, mit den bei einem Grundstückskauf zu beachtenden Gesichtspunkten identisch (vgl. S. 121ff.).

2.4 Gewährleistungsausschluß und Verjährung

Auch beim Erwerb einer Eigentumswohnung kommen gesetzliche und vertragliche Gewährleistungsausschlüsse in Betracht. Besonderheiten sind nicht zu beachten. Es gelten die gleichen Grundsätze wie beim Kauf eines Hausgrundstücks, so daß auf die dort (vgl. S. 125ff.) gemachten Ausführungen verwiesen werden kann.

Fall

Kfz-Stellplatz

Angenommen, Herr Albert hat von Herrn Krause das Wohnungseigentum an einer Dachgeschoßwohnung nebst einer Garage und dem Sondernutzungsrecht an einer 12 qm großen Fläche neben dem Hauseingang erworben, die als Kfz-Stellplatz vorgesehen war. Im Vertrag war folgende Klausel enthalten: Die Gewährleistungsrechte werden auf das Recht der Nachbesserung beschränkt. Bei zweimaligem Fehlschlagen einer Nachbesserung kann Käufer jedoch Herabsetzung der Vergütung, bei schwerwiegenden Mängeln daneben auch Rückgängigmachung des Vertrages verlangen. Nachdem Herrn Albert das Sondernutzungsrecht nicht eingeräumt wurde, es bestand nicht, trat er nach Fristsetzung vom Vertrag zurück und verlangte die Rückzahlung des Kaufpreises. Herr Krause berief sich auf den vertraglichen Gewährleistungsausschluß und brachte vor, ein schwerwiegender Mangel, der die Rückgängigmachung des Vertrages ermögliche, liege nicht vor. Das angerufene Gericht hat Herrn Albert Recht gegeben. Diese Klausel beziehe sich ihren Wortlaut nach allein auf Sachmängel, da nur bei einem Sachmangel eine Nachbesserung in Frage komme. Hier liege aber ein Rechtsmangel vor, für den die Gewährleistung nicht eingeschränkt sei, so daß die Rückgängigmachung des Vertrages verlangt werden könne.

Verjährung

Auch bei der Verjährung ergeben sich keine Besonderheiten. Die Ausführungen beim Kauf eines Hausgrundstücks (vgl. S. 136 ff.) gelten auch hier.

2.5 Die Besonderheiten beim Kauf einer neuen Eigentumswohnung

§§

Anwendung des Werkvertragsrechts

Auch beim Kauf neu errichteter Eigentumswohnungen gelten für die Gewährleistung die Regeln des Werkvertragsrechts und nicht die des Kaufrechts, selbst wenn die Wohnung zum Zeitpunkt des Abschlusses des Kaufvertrags schon fertiggestellt war und der Vertrag ausdrücklich als Kaufvertrag bezeichnet wird. Als neu errichtete Eigentumswohnung sehen die Gerichte auch Eigentumswohnungen in einem Altbau an, die vor dem Verkauf umfangreich umgebaut wurden.

Fall

Angenommen, ein um die Jahrhundertwende gebautes Haus wird in 5 Eigentumswohnungen aufgeteilt. Dazu werden umfangreiche Umbauarbeiten vorgenommen, in deren Verlauf die Raumaufteilung geändert und zahlreiche Innenwände abgebrochen und in anderer Form neu errichtet wurden. Hobbyräume und Trockenräume für jede Wohnung wurden eingerichtet. Das Treppenhaus wurde umgestaltet, die bisherige Holztreppe durch eine Stahlbetonkonstruktion ersetzt. Außerdem wurde das Dach abgedichtet, isoliert und neu gedeckt, die Sanitärinstallationen und die Elektrik erneuert, eine neue Ölzentralheizung mit Warmwasserversorgung eingebaut und die Fenster wurden vollständig erneuert und modernen Vorstellungen angepaßt. Anschließend wurden die Wohnungen verkauft. Dennoch richten sich die Gewährleistungsansprüche der Erwerber nach Werkvertragsrecht, weil diese Arbeiten nach Umfang und Bedeutung einem Neubau gleich kommen. Das alte Haus wurde innen vollständig entkernt und neu errichtet. Sind die Eingriffe in die alte Bausubstanz weniger gravierend und handelt es sich lediglich um Maßnahmen, wie sie im Verlauf des Lebens eines Hauses üblicherweise von Zeit zu Zeit vorgenommen werden (z.B. neue Dacheindeckung, neuer Außenputz; neue Fenster; neue Leitungen usw.), gehen die Gerichte in der Regel von einem Kaufvertrag aus.

Paralelle zum Grundstückskauf

Zeigen sich die Mängel der Eigentumswohnung am Sondereigentum oder am Teileigentum, gilt das beim Grundstückskaufvertrag Gesagte in vollem Umfang. Der Käufer kann also wandeln oder mindern oder unter bestimmten Voraussetzungen Schadensersatz wegen Nichterfüllung verlangen (vgl. S. 113ff.). Bei der Durchsetzung seiner Gewährleistungsrechte muß der Käufer auf die gleichen Gesichtspunkte achten, denn ein Gewährleistungsausschluß ist unter den gleichen Vorausetzungen möglich, und die Verjährungsvorschriften gelten ebenfalls in gleicher Weise. Auch bei der Haftung für zugesicherte Eigenschaften ergeben sich keine Abweichungen (vgl. S. 122ff.).

§§

Mängel am Gemeinschaftseigentum

Andere Regeln gelten aber, wenn es sich um Mängel am gemeinschaftlichen Eigentum handelt. Insoweit ist der einzelne Wohnungseigentümer zur selbständigen Geltendmachung des Anspruchs auf Beseitigung der Mängel befugt, denn dies gehört zu seinem vertraglichen Erfüllungsanspruch. Er kann – sofern die Voraussetzungen vorliegen (§ 633 Abs. 3 BGB) – auch seine Aufwendungen für die Beseitigung der Mängel ersetzt verlangen oder einen Vorschuß auf die voraussichtlichen Kosten der Mängelbeseitigung fordern. Der einzelne Wohnungseigentümer kann auch wegen erheblicher Mängel am Gemeinschaftseigentum wandeln. Die Wahl zwischen Minderung oder Schadensersatz müssen aber alle Wohnungseigentümer gemeinsam treffen; darüber muß die Wohnungseigentümerversammlung mit Stimmenmehrheit beschließen. Diese Gewährleistungsrechte können nur einheitlich und gemeinsam ausgeübt werden, denn der Veräußerer kann nicht dem einen Wohnungseigentümer gegenüber zur Minderung und dem anderen zum Schadensersatz verpflichtet sein. Außerdem muß über die Verwendung des Minderungs- oder Schadensersatzbetrags eine gemeinsame Entscheidung getroffen werden, denn er bezieht sich auf das gemeinschaftliche Eigentum. Die Wohnungseigentümergemeinschaft kann aber einen Wohnungseigentümer oder den Verwalter ermächtigen, den Minderungsanspruch oder den Anspruch auf Schadensersatz im eigenen Namen geltend zu machen.

Gewährleistungsansprüche

Hinsichtlich des Ausschlusses der Gewährleistung und des Inhalts und der Bedeutung vertraglicher Ausschlußklauseln kann auf die Ausführungen zum Kauf neu errichteter Häuser verwiesen werden (vgl. S. 125ff.). Besonderheiten sind hier nicht zu beachten.

Eine weitere Besonderheit ergibt sich im Bereich der Verjährung. Da jeder einzelne Wohnungseigentümer aufgrund seines Vertrags einen eigenen Anspruch auf ein mangelfreies Gemeinschaftseigentum hat, kann er seinen Mängelbeseitigungsanspruch auch dann noch geltend machen, wenn die Mängelbeseitigungsansprüche der anderen Erwerber bereits verjährt sind. Im übrigen gelten die Ausführungen zum Kauf neu errichteter Häuser (vgl. S. 138f.) entsprechend.

2.6 Die Besonderheiten beim Kauf vom Bauträger

Werkvertrag

Beim Kauf einer Eigentumswohnung vom Bauträger handelt es sich um einen Werkvertrag, auch wenn er als Kaufvertrag bezeichnet sein sollte. Die Besonderheiten dieses vom Kaufvertrag völlig verschiedenen Vertragstyps können hier nicht behandelt werden (vgl. S. 149f.).

V. Die Belastungen des Wohnungseigentums

1. Die aus dem Grundbuch ersichtlichen Belastungen

Das Wohnungseigentum kann in gleicher Weise wie ein Grundstück mit Hypotheken (vgl. S. 153ff.), Grundschulden (vgl. S. 164ff.), Rentenschulden (vgl. S. 168ff.), Dienstbarkeiten (vgl. S. 169ff.), einem Nießbrauch (vgl. S. 178ff.), einer Reallast (vgl. S. 181ff.) oder einem Vorkaufsrecht (vgl. S. 183ff.) belastet sein.

Fall

Grunddienstbarkeit

Angenommen, im Verlauf von Veränderungsmaßnahmen an einem in Eigentumswohnungen aufgeteilten Haus wird von der Wohnungseigentümerversammlung beschlossen, daß zur Verbesserung der Lichtverhältnisse in eine Wand ein Fenster eingebaut werden soll, in der ursprünglich kein Fenster vorgesehen war. Dieses Fenster würde sich genau über der Terrasse der darunterliegenden Wohnung befinden. Deren Eigentümer, Herr Pingelig, widerspricht, weil er sich dadurch beeinträchtigt fühlt. Deshalb vereinbart der Eigentümer der anderen Wohnung (Herr Gutmütig), zu der das Fenster gehört, mit ihm, daß das Fenster immer geschlossen bleiben muß und nur zu Reinigungszwecken geöffnet werden darf, was im Grundbuch eingetragen werden soll. Dies ist möglich, denn das Verbot der Vornahme bestimmter Handlungen, die sich auf Befugnisse aus dem Sondereigentum beziehen, kann Gegenstand einer Grunddienstbarkeit sein. Dieses Verbot kann als Belastung des Wohnungseigentums des Herrn Gutmütig im Wohnungsgrundbuch eingetragen werden.

Gesamthypothek/Gesamtgrundschuld

Der Käufer einer Eigentumswohnung sollte insbesondere darauf achten, ob eine Gesamthypothek oder eine Gesamtgrundschuld eingetragen ist. Diese Art der Hypothek oder Grundschuld ist besonders gefährlich, weil jedes einzelne Wohnungseigentum für die gesamte gesicherte Forderung haftet (§ 1132 BGB). Der Käufer kann deshalb die Zwangsvollstreckung des Gläubigers grundsätzlich nur abwenden, wenn er die gesamte Forderung, die den Wert des Wohnungseigentums übersteigen kann, bezahlt. Er kann in diesem Fall allenfalls versuchen, durch Verhandlungen den Gläubiger dazu zu bewegen, daß er gegen Zahlung eines Teilbetrags das Wohnungseigentum aus der Haftung entläßt.

Tip

Aufteilung

Soll die Belastung bestehen bleiben, empfiehlt es sich für den Käufer darauf zu bestehen, daß die Gesamthypothek oder Gesamtgrundschuld auf die einzelnen Eigentumswohnungen aufgeteilt wird. Dann ist sein Haftungsrisiko überschaubar, und im Falle eines Gläubigerzugriffs ist es dem Käufer eher möglich, die Zwangsvollstreckung durch Zahlung des noch offenen Betrags abzuwenden. Ideal wäre es, wenn der Käufer durchsetzen könnte, daß die Hypothek oder Grundschuld gelöscht wird.

2. Das Dauerwohnrecht

Bestellung

Das Dauerwohnrecht stellt eine dem Wohnungseigentum angenäherte Belastung eines Grundstücks dar. Der Inhaber eines Dauerwohnrechts ist berechtigt, eine bestimmte Wohnung in einem Gebäude unter Ausschluß des Eigentümers zu nutzen (§ 31 WEG). Die Bestellung setzt die Einigung des Eigentümers mit dem Berechtigten und die Bewilligung der Eintragung durch den Eigentümer voraus. Die Eintragung soll außerdem nur erfolgen, wenn die Wohnung abgeschlossen ist (§ 32 WEG).

§§

Veräußerung

Das Dauerwohnrecht ist vererblich und kann veräußert werden. Im Rahmen der Bestellung können Vereinbarungen über Inhalt und Dauer, die Tragung der Lasten und die

Kosten der Instandhaltung getroffen werden (§ 33 WEG). Außerdem kann vereinbart werden, daß das Dauerwohnrecht nur mit Zustimmung des Eigentümers veräußert werden darf. Schließlich kann vereinbart werden, daß es unter bestimmten Voraussetzungen wieder auf den Eigentümer zu übertragen ist (Heimfallanspruch, § 36 WEG).

Bezieht sich das Nutzungsrecht auf Räume in einem Gebäude, die nicht zu Wohnzwecken dienen, handelt es sich um ein Dauernutzungsrecht (§ 31 Abs. 2 WEG), für das aber die gleichen Regeln gelten (§ 31 Abs. 3 WEG).

3. Die nicht aus dem Grundbuch ersichtlichen Belastungen

Baulast/ Notweg/ Überbau

Die nicht aus dem Grundbuch ersichtlichen Belastungen wie die Baulast, das Notwegerecht und der Überbau (vgl. S. 188ff.) beziehen sich in erster Linie auf das gemeinschaftliche Grundstück und schränken den Gebrauch des Sondereigentums in der Regel nicht ein. Gleichwohl kann es nicht schaden, wenn sich ein Käufer auch darüber informiert.

Vorkaufsrecht nach BauGB

Zu beachten ist, daß die Vorkaufsrechte der Gemeinde nach dem Baugesetzbuch (§§ 24, 25 BauGB) auch den Verkauf einer Eigentumswohnung erfassen. Entscheidend ist, daß der Erwerber des Wohnungseigentums einen Miteigentumsanteil (vgl. S. 198f.) an dem Grundstück erwirbt, das dem Vorkaufsrecht unterfällt. Die Gemeinde kann deshalb ihr Vorkaufsrecht an dem veräußerten Bruchteil des Eigentums am Grundstück und damit am Wohnungseigentum ausüben.

Bei Eigentumswohnungen sind zusätzlich zwei speziell darauf zugeschnittene gesetzliche Vorkaufsrechte zu beachten:

Waren die Wohnräume schon vermietet, als an ihnen Wohnungseigentum begründet wurde, und wird das Woh-

Begründung von Wohnungseigentum an vermieteter Wohnung

nungseigentum dann verkauft, ist der Mieter vorkaufsberechtigt (§ 570b BGB). Dieses Vorkaufsrecht besteht nur dann nicht, wenn der Vermieter die Eigentumswohnung an einen Familienangehörigen oder an eine in seinem Hausstand wohnende Person verkauft. Dem Vorkaufsberechtigten ist der Kaufvertrag mitzuteilen. Er hat dann zwei Monate Zeit, sich zu überlegen, ob er von seinem Recht Gebrauch machen will (§ 510 BGB). Tut er dies, kommt ein Kaufvertrag mit gleichem Inhalt zwischen dem Verkäufer und dem Mieter zustande (wegen der näheren Einzelheiten siehe S. 185f.).

Mit öffentlichen Mitteln geförderte Wohnung

Wird eine mit öffentlichen Mitteln geförderte Mietwohnung in eine Eigentumswohnung umgewandelt und an einen Dritten verkauft, steht dem von der Umwandlung betroffenen Mieter ein Vorkaufsrecht zu, das er bis zum Ablauf von sechs Monaten nach der Mitteilung des Kaufvertrags ausüben kann (§ 2 WoBindG). Dies gilt jedoch nur, solange die Eigenschaft »öffentlich gefördert« besteht, was von der Art der Förderung abhängt. Diese Eigenschaft endet entweder nach der Rückzahlung des aus öffentlichen Mitteln gewährten Darlehens oder einige Zeit nach dem Ende des Förderungszeitraums, wenn Zuschüsse gewährt wurden (§ 9 Wo BindG). Im übrigen gelten für die Ausübung des Vorkaufsrechts die allgemeinen Regeln (wegen der näheren Einzelheiten siehe S. 185f.).

4. Die Eigentumswohnung ist vermietet

§§

Eintritt in den Mietvertrag

Ist die Eigentumswohnung zum Zeitpunkt der Veräußerung vermietet, so tritt der Erwerber an Stelle des Verkäufers in die Rechte und Pflichten aus dem Mietverhältnis ein (§ 571 BGB). Er muß die Wohnung in einem für den vertragsgemäßen Gebrauch geeigneten Zustand erhalten und kann den Mietvertrag nur kündigen, wenn ein Kündigungsgrund vorliegt. Der Käufer muß sich deshalb darüber im klaren sein, daß er die Wohnung nicht sogleich selbst nutzen kann und nach einer Kündigung eventuell einen langen Prozeß über die Wirksamkeit seiner Kündigung führen muß, bevor er die Räumung durch den Mieter erreichen kann. Wenn der Käufer die Eigentumswohnung nicht als Kapitalanlage erwerben und deshalb sowieso vermieten will, sollte er sich über das Mietverhältnis genau informieren, um seine Chancen, die Wohnung selbst nutzen zu können, besser abschätzen zu können (näher zu den dabei anzustellenden Überlegungen S. 192f.).

§§

Aufteilung einer vermieteten Wohnung

Angenommen, die Familie Ordentlich hat eine Wohnung mit einem Kellerraum und einer Garage angemietet. Danach wurde das Haus in Eigentumswohnungen unterteilt. Bei dieser Aufteilung wurde die Wohnung zur Eigentumswohnung Nr. 3, wobei das Sondereigentum an dieser Wohnung mit dem Sondereigentum an der Garage verbunden wurde. Der Kellerraum wurde nicht in das Sondereigentum einbezogen, er wurde Gemeinschaftseigentum. Diese Eigentumswohnung Nr. 3 wurde dann von Frau Korrekt erworben. Der Mietvertrag lief die ganze Zeit unverändert weiter. Frau Korrekt will in die Wohnung einziehen und kündigt den Mietvertrag. Die Familie Ordentlich wendet ein, das könne sie nicht alleine tun, da der Mietvertrag auch den Kellerraum erfasse, der im Miteigentum aller Wohnungseigentümer stehe. Diese müßten deshalb an der Kündigung mitwirken. Dieser Einwand ist grundsätzlich berechtigt, denn eine Teilkündigung eines Mietvertrags ist gesetzlich nicht vorgesehen. Wie dieser Fall zu lösen ist, ist zwischen den Gerichten streitig. Einige Gerichte gehen davon aus, daß die übrigen Wohnungseigentümer mitwirken müßten, andere verlangen das nicht. Vor kurzem hat der Bundesgerichtshof diese Frage dahin entschieden, daß der Erwerber des Sondereigentums alleiniger Vermieter geworden sei (§ 571 BGB). Danach kann Frau Korrekt den Mietvertrag alleine kündigen.

Fall

Verschiedene Eigentümer

Angenommen, die vermieteten Räume wurden in der Weise aufgeteilt, daß das Sondereigentum an der Garage mit dem Sondereigentum an der Eigentumswohnung Nr. 4 verbunden wurde. Der Kellerraum wurde mit dem Sondereigentum an der Eigentumswohnung Nr. 5 verbunden. Dann stellt sich die Frage, ob nicht auch die Eigentümer der Wohnungen Nr. 4 und 5 an der Kündigung mitwirken müßte, so daß sich Frau Korrekt mit diesen abstimmen müßte, was unter Umständen schwierig sein könnte. Auch alle anderen Handlungen im Rahmen des Mietverhältnisses müßten dann gemeinsam vorgenommen werden.

Aufteilung des Mietzinses

In solchen Fällen stellt sich auch die Frage, wem der Mietzins zusteht. Frau Korrekt müßte damit rechnen, daß die anderen Eigentümer und im 1. Beispiel alle übrigen Wohnungseigentümer als »Mitvermieter« einen Anteil an der Miete fordern, was gerichtliche Auseinandersetzungen nach sich ziehen kann, da diese Fragen nicht eindeutig zu klären sind. Wie soll man bei einem einheitlichen Mietzins den Anteil, der sich auf eine Garage oder einen Kellerraum bezieht, zweifelsfrei bestimmen? Eine Aufteilung nach Flächen scheidet aus, weil der Wert der Wohnflächen höher als der Wert der Nutzflächen (Keller und Garage) ist.

Tip

Der Käufer einer vermieteten Eigentumswohnung sollte deshalb unbedingt darauf achten, daß alle vermieteten Räume zu der zu erwerbenden Eigentumswohnung gehören, sei es, daß sich das Sondereigentum auch darauf erstreckt, sei es, daß daran Sondernutzungsrechte bestehen, damit solche Probleme nicht entstehen können.

D. Der Kauf eines Erbbaurechts

I. Was ist ein Erbbaurecht?

Gesondertes Eigentum am Gebäude

Normalerweise sind das Eigentum an einem Grundstück und das Eigentum an dem darauf errichteten Gebäude miteinander verbunden. Der Eigentümer des Grundstücks ist auch Eigentümer des Gebäudes, auch wenn das Haus durch eine andere Person erbaut wurde (§§ 93, 94 BGB). Die Bestellung eines Erbbaurechts ermöglicht es, dieses Prinzip zu durchbrechen und das Eigentum am Grundstück vom Eigentum am Gebäude zu trennen. Durch das Gesetz wird das Erbbaurecht als das veräußerliche und vererbliche Recht, auf oder unter der Oberfläche des Grundstücks ein Bauwerk zu haben, definiert (§ 1 Abs. 1 ErbbauVO).

Für den Eigentümer hat die Bestellung eines Erbbaurechts den Vorteil, daß er das Eigentum am Grundstück behalten und deshalb von eventuellen Wertsteigerungen profitieren kann, aber dennoch laufende Einkünfte in Form des Erbbauzinses erzielt. Für den Erbbauberechtigten bietet es den Vorteil, daß er kein Kapital für den Erwerb des Bodens aufbringen und nur den im Vergleich dazu relativ niedrigen Erbbauzins aufbringen muß. Größere Bedeutung hat das Erbbaurecht vor allem bei Großgrundbesitzer wie Gemeinden, Unternehmen, Universitätsfonds, Stiftungen, aber auch den Kirchen erlangt, die es als »Anlageform« für ihr Grundeigentum nutzen, dessen Bestand sie durch Verkäufe nicht auf Dauer schmälern wollen, was sie aufgrund interner Bindungen mitunter auch nicht dürfen.

§§

Belastung des Grundstücks

In rechtlicher Hinsicht ist das Erbbaurecht eine Belastung des Grundstücks (§ 1 Abs. 1 ErbbauVO). Es wird selbst wie ein Grundstück behandelt (§ 11 ErbbauVO) und kann deshalb ebenso wie ein Grundstück belastet werden. Außerdem erhält es ein eigenes Grundbuchblatt (§ 14 ErbbauVO). Diese Gleichstellung des Erbbaurechts mit einem Grundstück hat zur Folge, daß das in Ausübung des Erbbaurechts errichtete Gebäude wesentlicher Bestandteil des Erbbaurechts (und nicht des Grundstücks) ist (§ 12 Abs. 1 ErbauVO), also nicht von diesem getrennt werden kann und mit dem Erbbaurecht auf einen Erwerber übergeht.

II. Die Entstehung des Erbbaurechts

Vereinbarung

Die Entstehung des Erbbaurechts setzt einen Vertrag zwischen dem Eigentümer und dem künftig Berechtigten, die Einigung über die Bestellung und die Eintragung im Grundbuch voraus.

§§

Notarielle Beurkundung

Der (schuldrechtliche) Vertrag über die Bestellung des Erbbaurechts bedarf der notariellen Beurkundung (§ 11 Abs. 2 ErbbauVO). In die Vertragsurkunde müssen – ebenso wie beim Grundstückskaufvertrag (siehe dazu S. 42ff.) – alle Vereinbarungen aufgenommen werden, die für die Parteien wesentlich sind. Es muß unbedingt auf Vollständigkeit geachtet werden. Auch die Folgen der Nichteinhaltung der Form und die Möglichkeit der Heilung sind die gleichen wie beim Grundstückskaufvertrag (siehe dazu S. 50ff.).

Auflassung

Weiter ist die auf die Belastung des Grundstücks mit einem Erbbaurecht gerichtete dingliche Einigung (beim Grundstückserwerb als Auflassung bezeichnet, vgl. S. 54f.) zwischen dem Eigentümer und dem Erwerber erforderlich. Diese Erklärung wird in der Praxis regelmäßig zusammen mit dem Vertrag über die Bestellung beurkundet, obwohl dies durch das Grundbuchrecht nicht gefordert wird. Auch die grundbuchrechtlichen Erklärungen (Anträge usw.) werden in aller Regel in die Vertragsurkunde aufgenommen.

Eintragung im Grundbuch

Maßgeblich für die Entstehung des Erbbaurechts ist die Eintragung im Grundbuch. Es kann nur an erster Rangstelle eingetragen werden (§ 10 ErbbauVO). Ist diese bereits besetzt, muß die erste Rangstelle dadurch freigemacht werden, daß entweder die dort eingetragene Belastung gelöscht wird oder daß diese Belastung im Rang hinter das Erbbaurecht zurücktritt. Wird das Erbbaurecht an einer anderen Rangstelle eingetragen, entsteht es nicht. In der Eintragung sind der Berechtigte und die Dauer des Erbbaurechts anzugeben. Zur näheren Bezeichnung des Inhalts kann und wird in der Regel auf das Erbbaugrundbuch Bezug genommen (§ 14 ErbbauVO).

Eigenes Grundbuchblatt

Da das Erbbaurecht wie ein Grundstück behandelt wird, erhält es ein eigenes Grundbuchblatt, das als Erbbaugrundbuch bezeichnet wird (§ 14 Abs. 3 ErbbauVO). In dieses Grundbuch wird der genaue Inhalt des Erbbaurechts, meist unter Bezugnahme auf die Eintragungsbewilligung, eingetragen. Auch alle späteren Änderungen oder Zusatzvereinbarungen einschließlich eventueller Belastungen werden nur in dieses Grundbuch eingetragen.

III. Der Inhalt des Erbbaurechts

Errichtung eines Bauwerks

Ein Grundstück kann nur dann mit einem Erbbaurecht belastet werden, wenn darauf ein Bauwerk errichtet werden soll oder bereits errichtet ist. Ist diese Voraussetzung erfüllt, kann das Erbbaurecht auch auf einen für das Bauwerk nicht erforderlichen Teil des Grundstücks erstreckt werden, wenn das Bauwerk wirtschaftlich die Hauptsache bleibt (§ 1 Abs. 2 ErbbauVO).

1. Der gesetzliche Mindestinhalt

Recht zur Bebauung

Zum gesetzlichen Mindestinhalt des Erbbaurechts gehört nur das Recht zur Bebauung des Grundstücks (§ 1 Abs. 1 ErbbauVO) und die Vereinbarung über dessen Dauer. Gesetzliche Vorgaben über eine Mindest- oder eine Höchstdauer gibt es nicht. In der Praxis bewegen sich die Laufzeiten zwischen 40 und 99 Jahren. Es ist aber auch die Begründung eines »ewigen« Erbbaurechts möglich, das zeitlich nicht beschränkt ist. Besonders wichtig ist es, die Art und den Umfang der Bebauung möglichst genau anzugeben, damit es später keine Auseinandersetzung über diese Frage mit dem Eigentümer oder dessen Rechtsnachfolgern gibt.

Fall

Unbebaubarkeit des Grundstücks

Angenommen, Herr Friedrich hat sich mit notariellem Vertrag vom 20.10.1999 zur Bestellung eines Erbbaurechts zur Errichtung eines Wohnhauses mit Ladenlokal verpflichtet. Am 15.01.2000 beschließt die Gemeinde Schöntal eine Veränderungssperre für das Grundstück und am 17.08.2000 einen Bebauungsplan, der auf dem Erbbaugrundstück eine Grünfläche vorsieht. Damit ist das Grundstück nicht mehr bebaubar. Da für das Erbbaurecht die Nutzung des Grundstücks als Bauland unabdingbar notwendig ist, kann ein Erbbaurecht ohne diesen Inhalt nicht entstehen, es wäre inhaltlich unzulässig. Es kann nicht entstehen.

2. Die weiteren vertraglichen Gestaltungsmöglichkeiten

Sonstige Vereinbarungen

Über diese gesetzlichen Mindestanforderungen hinaus können der Eigentümer und der Erbbauberechtigte im Bestellungsvertrag weitere Vereinbarungen treffen. Im Hinblick auf die lange Laufzeit und die Fülle der in dieser Zeit möglicherweise auftretenden Probleme und Zweifelsfragen werden in aller Regel weitere Vereinbarungen getroffen; dies empfiehlt sich auch. Diese Fragen sollten sogar noch weit eingehender und sorgfältiger bedacht und geregelt werden als bei einem vergleichsweise kurzfristig abzuwickelnden Grundstückskaufvertrag, denn das Erbbaurecht kann sowohl auf seiten des Eigentümers als auch auf seiten des Berechtigten das gegenseitige Rechtsverhältnis auch für die nächste Generation regeln.

2.1 Die Regelungen gemäß §§ 2-8 ErbauVO

§§

Das Gesetz selbst gibt in den §§ 2-8 ErbauVO eine Fülle von Hinweisen, was als Inhalt des Erbbaurechts geregelt werden kann. Dazu gehören Regelungen über die Errich-

Regelungen für das Gebäude

tung, die Instandhaltung und die Verwendung des Bauwerks, beispielsweise die Pflicht zur Errichtung eines Zweifamilienhauses innerhalb von 2 Jahren, das stets tadellos instand zu halten ist und nur zu Wohnzwecken genutzt werden darf. Auch Vereinbarungen über die Pflicht, das Gebäude zu versichern und es im Falle seiner Zerstörung wieder aufzubauen, können getroffen werden. Regelmäßig wird vereinbart, wer die öffentlichen Lasten und Abgaben zu tragen hat. Auch kann eine Verpflichtung des Erbbauberechtigten zur Zahlung einer Vertragsstrafe, wenn er seine vertraglichen Verpflichtungen verletzt, vorgesehen werden, beispielsweise wenn er das Gebäude nicht versichert. Schließlich kann dem Berechtigten ein Vorrecht auf Erneuerung des Erbbaurechts nach dessen Ablauf (vgl. S. 243) oder das Recht eingeräumt werden zu verlangen, daß der Eigentümer ihm das Grundstück verkauft. In diesem Fall müssen die wesentlichen Bedingungen des Ankaufs, insbesondere die Höhe des Kaufpreises, bereits bei der Bestellung des Erbbaurechts festgelegt werden.

Veräußerung und Belastung

Als Inhalt des Erbbaurechts kann auch vereinbart werden, daß der Inhaber zur Veräußerung seines Erbbaurechts oder zur Belastung der Zustimmung des Grundstückseigentümers bedarf (§ 5 ErbbauVO). Solange die Zustimmung fehlt, ist die Veräußerung oder Belastung unwirksam (§ 6 ErbbauVO). Der Grundstückseigentümer muß in diesem Fall die Zustimmung zur Veräußerung erteilen, wenn der mit der Bestellung des Erbbaurechts verfolgte Zweck nicht wesentlich beeinträchtigt oder gefährdet wird und der Erwerber die Gewähr für eine ordnungsgemäße Erfüllung der Verpflichtungen aus dem Erbbaurecht bietet (§ 7 Abs. 1 ErbbauVO). Der Belastung muß er zustimmen, wenn sie den mit der Bestellung des Erbbaurechts verfolgten Zweck nicht wesentlich beeinträchtigt oder gefährdet und mit einer ordnungsgemäßen Wirtschaft vereinbar ist (§ 7 Abs. 2 ErbbauVO). Die ohne ausreichenden Grund verweigerte Zustimmung kann durch das Amtsgericht, in dessen Bezirk sich das Grundstück befindet, ersetzt werden (§ 7 Abs. 3 ErbbauVO).

Heimfall des Erbbaurechts

Von besonderer Bedeutung sind die Regelungen über den sogenannten Heimfall des Erbbaurechts. Darunter versteht man Vereinbarungen der Vertragschließenden über die Voraussetzungen, bei deren Eintritt der Eigentümer die Übertragung des Erbbaurechts an sich verlangen kann. Ein solches Heimfallrecht wird häufig für den Fall vorgesehen, daß der Erbbauberechtigte mit der Zahlung des Erbbauzinses für längere Zeit in Verzug gerät (§ 9 Abs. 3 ErbbauVO), oder für den Fall, daß er versäumt, das Bauwerk in einem ordnungsgemäßen Zustand zu erhalten. Auch bei einer Zweckentfremdung des Bauwerks kann ein Heimfallrecht vereinbart werden.

§§

Entschädigung beim Heimfall

Treten die vertraglich vereinbarten Voraussetzungen ein, muß der Berechtigte das Erbbaurecht auf den Eigentümer übertragen. Als Ausgleich muß der Eigentümer eine angemessene Entschädigung zahlen (§ 32 ErbbauVO). Über die Höhe der Entschädigung und die Art und Weise der Zahlung kann bereits im Erbbauvertrag eine Regelung getroffen werden. Die Zahlung einer Entschädigung kann auch ausgeschlossen werden (§ 32 Abs. 1 ErbbauVO). Wurde die Höhe der Entschädigung nicht geregelt, ist sie nur dann angemessen, wenn sie mindestens zwei Drittel des Werts des Erbaurechts beträgt (§ 32 Abs. 2 Satz 3 ErbbauVO).

2.2 Sonstige Regelungen

Der Eigentümer und der Erbbauberechtigte können aber auch Dinge regeln, die nicht in den §§ 2-8 ErbbauVO erwähnt sind. Jede rechtlich zulässige und von den Vertragsparteien als sinnvoll erachtete Vereinbarung kann getroffen werden. Zu denken wäre etwa an eine Regelung über die Gewährleistung des Grundstückseigentümers für Sachmängel.

Angenommen, der Erbbaurechtsvertrag enthält die Klausel, daß der Erbbauberechtigte auf Verlangen des Grundstückseigentümers das Grundstück käuflich erwerben müsse und daß dieses Verlangen frühestens nach Ablauf von 10 Jahren seit der Eintragung des Erbbaurechts gestellt werden könne. Eine solche Ankaufsverpflichtung kann dann vertraglich begründet werden, wenn dabei auf die Belange des Erbbauberechtigten, insbesondere seine finanziellen Möglichkeiten, angemessen Rücksicht genommen wird. Die Gerichte verlangen in der Regel eine Schonfrist von mindestens 10 Jahren, weil der Berechtigte vorher durch die Finanzierung des in Ausübung des Erbbaurechts errichteten Gebäudes zu sehr in Anspruch genommen ist und eine neue, hohe Verpflichtung nicht eingehen kann. Auch sollte sich die Höhe des Kaufpreises am Verkehrswert des Grundstücks orientieren, denn sonst besteht die Gefahr, daß die Gerichte den Vertrag als unwirksam behandeln, weil der Erbbauberechtigte übervorteilt wird.

z.B.
Erwerbsverpflichtung

2.3 Die Bedeutung dieser Unterscheidung

Diese Unterscheidung gewinnt Bedeutung, wenn das Eigentum am Grundstück oder das Erbbaurecht übertragen wird. Die in den §§ 2-8 ErbauVO genannten Regelungen können als Inhalt des Erbbaurechts in das Grundbuch eingetragen werden. Dies geschieht durch die Bezugnahme auf die Eintragungsbewilligung. Sie gelten dann auf beiden Seiten automatisch auch für die jeweiligen Erwerber, ohne daß irgendwelche zusätzliche Vereinbarungen notwendig sind. Die in diesen Vorschriften nicht genannten Regelungen wirken nur zwischen den Vertragschließenden, so daß ein Erwerber nicht automatisch daran gebunden ist. Dazu ist eine besondere Vereinbarung notwendig, in der der Erwerber die Geltung dieser Regelungen auch für sich anerkennt. Um sicherzustellen, daß diese Abreden auch nach einer Veräußerung des Grundstücks oder des Erbbaurechts weitergelten, wird in den Vertrag über die Bestellung des Erbbaurechts häufig die Verpflichtung aufgenommen, daß diese Verpflichtungen dem jeweiligen Rechtsnachfolger

§§
Bindung des Erwerbers

auferlegt werden müssen. Dies könnte etwa durch folgende Klausel geschehen:

Bindung des Erwerbers

> Die Vertragschließenden verpflichten sich, im Falle der Veräußerung des Grundstücks oder des Erbbaurechts sämtliche Verpflichtungen aus diesem Vertrag, soweit sie nicht als Bestimmungen des Inhalts des Erbbaurechts bereits kraft Gesetzes übergehen, dem Rechtsnachfolger aufzuerlegen.

Tip

Trennung der verschiedenen Regelungen

In diesem Fall wäre es zweckmäßig, die als Inhalt des Erbbaurechts in das Grundbuch einzutragenden Vereinbarungen und die rein schuldrechtlichen Zusatzvereinbarungen in der Vertragsurkunde zu trennen, denn dies dient der Klarheit und vermeidet späteren Streit. Dann kann auch formuliert werden:

Bindung des Erwerbers

> ... sämtliche Verpflichtungen aus § ... des Vertrags dem Rechtsnachfolger aufzuerlegen.

3. Der Erbbauzins

3.1 Die Bemessung des Erbbauzinses

Höhe des Erbbauzinses

Als Gegenleistung für die Bestellung des Erbbaurechts wird nahezu immer vereinbart, daß der Berechtigte regelmäßig wiederkehrende Zahlungen, den Erbbauzins (§ 9 ErbbauVO), zu erbringen hat. Seltener wird eine einmalige Zahlung als Gegenleistung vereinbart. Die Höhe des Erbbauzinses beträgt meist um 4 % (die Schwankungsbreite beträgt zwischen 3-7 %) des Werts des Grundstücks. Er kann nach Zeit und Höhe für die ganze Erbbauzeit im voraus bestimmt sein (§ 9 Abs. 2 ErbbauVO). Wegen der Zahlung des Erbbauzinses kann sich der Erbbauberechtigte der sofortigen Zwangsvollstreckung in sein Vermögen unterwerfen (§ 794 Abs. 2 ZPO).

3.2 Die Sicherung durch Eintragung einer Reallast

§§

Zwangsvollstreckung

Zur Sicherung des Anspruchs auf Zahlung des Erbbauzinses kann eine Reallast als Belastung des Erbbaurechts im Erbbaugrundbuch eingetragen werden (§ 9 Abs. 1 Satz 1 ErbbauVO; vgl. zur Reallast S. 181ff.). Sofern nicht ausdrücklich etwas anderes vereinbart wurde, enthält die Vereinbarung über den Erbbauzins zugleich die Einigung über die Bestellung einer Erbbauzinsreallast. Der Eigentümer kann dann das Erbbaurecht im Wege der Zwangsvollstreckung verwerten, wenn der Erbbauzins nicht bezahlt wird. Auch insoweit kann sich der Berechtigte der sofortigen Zwangsvollstreckung unterwerfen.

Rangstelle der Reallast

Eine bestimmte Rangstelle ist für diese Reallast nicht vorgeschrieben. Da sie aber in der Regel gleich nach der Bestellung des Erbbaurechts eingetragen wird, nimmt sie häufig die erste Rangstelle bei den Belastungen ein. Dies kann zu Problemen führen, wenn sich der Erbbauberechtigte Darlehen zur Finanzierung des Hausbaus beschaffen will, denn manche Kreditgeber bestehen darauf, daß ihre Kredite durch erstrangige Hypotheken oder Grundschulden abgesichert werden. Er müßte dann in jedem Einzelfall mit dem Grundstückseigentümer darüber verhandeln, unter welchen Bedingungen dieser die erste Rangstelle freigibt. Um dies zu vereinfachen, kann bereits bei der Bestellung des Erbbaurechts als Vereinbarung über den Inhalt der Erbbauzinsen geregelt werden, daß der Berechtigte das Erbbaurecht in einem bestimmten Umfang mit Hypotheken oder Grundschulden belasten darf, die der Reallast des Grundstückseigentümers vorgehen (§ 9 Abs. 3 ErbauVO).

3.3 Die Erhöhung des Erbbauzinses

§§
Wertmaßstab für die Erhöhung

Bleibt der Erbbauzins während der gesamten Dauer des Erbbaurechts unverändert, liegt es auf der Hand, daß dieser Betrag nach 20 oder 30 Jahren nicht mehr angemessen sein kann. Deshalb ist häufig vorgesehen, daß der Erbbauzins erhöht werden soll. Eine solche Verpflichtung zur Anpassung kann als Inhalt des Erbbauzinses vereinbart werden, wenn die Anpassung nach Zeit und Wertmaßstab bestimmbar ist (§ 9 Abs. 2 ErbbauVO). Ohne Bedenken kann dabei beispielsweise an die allgemeine Entwicklung der Lebenshaltungskosten angeknüpft werden. Es kann aber auch eine andere Berechnungsgrundlage gewählt werden, die eine darüber hinausgehende Erhöhung zuläßt. Der Eigentümer kann dann verlangen, daß der Erbbauzins nach dem ausgehandelten Modus erhöht wird. Es kann etwa vorgesehen werden, daß eine Anpassung jährlich erfolgt oder nur alle 5 Jahre oder daß sie nur bei einer Steigerung der Lebenshaltungskosten um mehr als 10 % stattfindet. Die Vertragschließenden sind dabei relativ frei. Bei Erbbaurechten, die zu Wohnzwecken bestellt werden, sind Anpassungen nur unter eingeschränkten Bedingungen zulässig. Die Erbbauzins darf nur im Rahmen der Billigkeit erhöht werden, d.h., die Erhöhung darf nicht über die seit dem Vertragsschluß eingetretene Änderung der allgemeinen wirtschaftlichen Verhältnisse hinausgehen. Außerdem darf die Erhöhung erstmals 3 Jahre nach Vertragsschluß und dann immer nur nach Ablauf von 3 Jahre seit der letzten Erhöhung verlangt werden (§ 9a ErbbauVO).

a) Die Rechtslage vor dem 1.10.1994

§§
Durchsetzung der Erhöhung

Vor dem 1.10.1994 mußte die Höhe der Zahlungspflicht des Erbbauberechtigten für die ganze Dauer des Erbbaurechts im voraus genau bestimmt sein. Außerdem konnte die Anpassungsverpflichtung nicht mit Wirkung für einen Erwerber des Erbbaurechts vereinbart werden. Die Praxis löste diese Probleme in folgender Weise:

Sicherung durch Vormerkung

Dem Eigentümer wurde das Recht eingeräumt, in jedem Falle einer Erhöhung des Erbbauzinses die Eintragung einer weiteren Reallast über den Erhöhungsbetrag zu verlangen. Dieser Anspruch wurde durch eine Vormerkung, die zusammen mit der Reallast ins Erbbaugrundbuch eingetragen wurde, gesichert. Eine solche Eintragung hatte etwa den folgenden Wortlaut:

z.B.

1. Erbbauzins in Höhe von 2500.– DM jährlich zugunsten des jeweiligen Eigentümers des Grundstücks ...
2. Vormerkung zur Sicherung des Anspruchs auf Erhöhung des Erbbauzinses zugunsten des jeweiligen Eigentümers des Grundstücks ...

Keine automatische Bindung des Erwerbers

Bei jeder Erhöhung des Erbbauzinses wurde dann unter teilweiser Ausnutzung der Vormerkung eine weitere Reallast über den Erhöhungsbetrag eingetragen.

Da nur der erste Inhaber des Erbbaurechts zur Erhöhung des Erbbauzinses verpflichtet war und diese Verpflichtung zur Anpassung nicht automatisch auf einen Erwerber des Erbbaurechts überging, mußte der Grundstückseigentümer sicherstellen, daß ein eventueller Erwerber sie durch eine entsprechende Vereinbarung übernimmt. Es wurde deshalb bei der Bestellung des Erbbaurechts vereinbart, daß der Erbbauberechtigte diese Verpflichtung bei einer eventuellen Weiterveräußerung seinem Rechtsnachfolger auferlegen muß. Tat er dies nicht, machte er sich schadensersatzpflichtig. In den Vertrag über die Veräußerung wurde dann etwa folgende Klausel aufgenommen:

> Der Erwerber tritt in alle Rechte und Pflichten des Veräußerers aus dem Erbbaurechtsvertrag vom ... ein.

b) Die Rechtslage nach dem 1.10.1994

§§

Automatische Bindung des Erwerbers

Mit Wirkung ab dem 1.10.1994 wurde § 9 Abs. 2 ErbauVO dahin geändert, daß der Erbbauzins nicht mehr nach Zeit und Höhe im voraus genau bestimmt sein muß. Damit ist es nunmehr zulässig, eine Verpflichtung zur künftigen Anpassung als Inhalt des Erbbauzinses zu vereinbaren, sofern die zeitlichen Voraussetzungen der Anpassung und der Wertmaßstab, nach dem die Anpassung vorzunehmen ist, festgelegt wurden (§ 9 Abs. 2 ErbbauVO), sich also der Zeitpunkt und der Umfang der Erhöhung aus der Vereinbarung ergibt. Da diese Anpassungsverpflichtung Bestandteil des Inhalts des Erbbauzinses ist, wirkt sie automatisch gegenüber einem Erwerber des Erbbaurechts, so daß dieser auch dann an die Anpassungsverpflichtung gebunden ist, wenn er sie nicht durch eine ausdrückliche Vereinbarung übernommen hat.

Eine solche Klausel könnte etwa wie folgt lauten:

Erhöhungsklausel

> Ändert sich künftig der vom Statistischen Bundesamt festgestellte Preisindex für die Gesamtlebenshaltung eines 4-Personen-Haushalts von Angestellten und
> Arbeitern mit einem mittleren Einkommen im Bundesgebiet im Vergleich zu dem gleichen Index im Monat Januar 1996 (Grundlage für die erste Anpassung), so ändert sich im gleichen Verhältnis nach unten oder oben die Höhe des jährlichen Erbbauzinses. Die Angleichung erfolgt alle fünf Jahre.

Anspruch auf Anpassung

Nicht einig sind sich die Gerichte jedoch in der Beurteilung der Wirkungen einer solchen Klausel. Nach der Auffassung eines Teils der Gerichte wird durch diese Vereinbarung nur ein Anspruch des Grundstückseigentümers auf Anpassung begründet. Die Anpassung wird durch eine Einigung des Erbbauberechtigten mit dem Grundstückseigentümer, die dieser notfalls mit Hilfe der Gerichte durchsetzen kann, und die Eintragung im Erbbaugrundbuch durchgeführt. Die Eintragung nimmt dann am Rang der ursprünglichen Erbbauzinsreallast teil. Andere Gerichte gehen davon aus,

Automatische Anpassung

daß die Klausel bei Eintritt der in ihr bestimmten Voraussetzungen automatisch zu einer Erhöhung oder Verringerung des Erbbauzinses führt, ohne daß eine Einigung oder Eintragung im Erbbaugrundbuch notwendig ist. Der erhöhte Erbbauzins wird dann automatisch zum Inhalt der Erbbauzinsreallast. Es bleibt abzuwarten, ob die Gerichte zu einer einheitlichen Lösung dieses Problems finden werden. Für den Erwerber eines Erbbaurechts hat dieser Streit keine große Bedeutung, denn er kann sich gegen eine Erhöhung des Erbbauzinses letztlich auch dann nicht wehren, wenn die Anpassung nicht automatisch erfolgt, weil er verpflichtet ist, der Anpassung zuzustimmen.

IV. Die Beendigung des Erbbaurechtsverhältnisses

Das Erbbaurechtsverhältnis kann vorzeitig durch den bereits dargestellten Heimfall enden (näher dazu III.2.a). Es endet ferner, wenn es von den Beteiligten aufgehoben wird.

§§

Erlöschen durch Zeitablauf

Regelmäßig erlischt es mit dem Ablauf der vertraglich vereinbarten Zeit (§ 27 ErbbauVO). Das Bauwerk wird dann automatisch Bestandteil des Grundstücks (§ 12 Abs. 3 ErbbauVO) und geht in das Eigentum des Grundstückseigentümers über. Eine Einigung oder Übergabe ist nicht erforderlich.

Entschädigung des Erbbauberechtigten

Der Grundstückseigentümer hat aber eine Entschädigung für das Bauwerk zu leisten. Über die Höhe der Entschädigung und die Art und Weise der Zahlung können schon im Erbbauvertrag Regelungen getroffen werden. Die Entschädigung kann auch ausgeschlossen werden (§ 27 Abs. 1 ErbbauVO). Wurde das Erbbaurecht »zur Befriedigung der Wohnbedürfnisse minderbemittelter Bevölkerungskreise« (so die Formulierung des Gesetzes) bestellt, muß die Entschädigung mindestens zwei Drittel des Wertes des Bauwerks betragen (§ 27 Abs. 2 ErbbauVO).

Verlängerungsangebot

Der Grundstückseigentümer kann die Verpflichtung zur Zahlung der Entschädigung dadurch abwenden, daß er vor dem Ablauf des Erbbaurechts dem Berechtigten dessen Verlängerung für die voraussichtliche Standdauer des Bauwerks anbietet. Lehnt der Inhaber des Erbbaurechts ab, erlischt sein Anspruch auf Entschädigung. Ein Verlängerungsangebot kann auch mehrmals erfolgen (§ 27 Abs. 3 ErbbauVO).

Entschädigungsanspruch

Vor dem Eintritt der Fälligkeit, also frühestens mit dem Ablauf der für das Erbbaurecht vereinbarten Frist, kann der Entschädigungsanspruch nicht abgetreten werden. Der Anspruch lastet automatisch wie eine sonstige dingliche Belastung auf dem Grundstück an der Stelle und mit dem Rang des Erbbaurechts, also an erster Rangstelle (§ 28 ErbbauVO).

V. Die Übertragung des Erbbaurechts

Das Erbbaurecht ist ein veräußerbares Recht. Es kann deshalb ebenso wie das Eigentum an einem Grundstück auf eine andere Person übertragen werden.

1. Der Übertragungsvorgang

Kaufvertrag

Zur Übertragung eines Erbbaurechts ist der Abschluß eines schuldrechtlichen (Kauf-)Vertrags erforderlich, in dem die Verpflichtung des Inhabers des Erbbaurechts zur Übertragung und die des Erwerbers zur Zahlung der Gegenleistung geregelt werden muß. Dieser Vertrag entspricht in vollem Umfang dem Kaufvertrag über ein Grundstücks. Die dafür geltenden gesetzlichen Regeln finden auch auf diesen Vertrag Anwendung. Auf die dort gemachten Ausführungen kann daher in vollem Umfang verwiesen werden (siehe dazu S. 20ff. und 34ff.). Wie der Grundstückskaufvertrag bedarf auch dieser Vertrag der notariellen Beurkundung (§ 11 Abs. 2 ErbbauVO, § 313 BGB; näher dazu S. 43ff.).

Einigung über den Übergang

Für den Erwerb ist weiter die Einigung über den Übergang des Erbbaurechts erforderlich, die der Auflassung beim Grundstückserwerb entspricht (näher dazu S. 54ff.). Im Gegensatz zum Grundstückserwerb muß diese Erklärung aber nicht bei gleichzeitiger Anwesenheit beider Vertragsparteien abgegeben werden. Da die Einigung dem Grundbuchamt gegenüber nachgewiesen werden muß, wird sie meist mit in den notariell zu beurkundenden Erwerbsvertrag aufgenommen, so daß die grundbuchrechtlich erforderliche Form eingehalten ist.

Eintragung im Erbbaugrundbuch

Schließlich ist die Eintragung des neuen Inhabers in das Erbbaugrundbuch notwendig. Erst dann ist der Erwerbsvorgang beendet und das Erbbaurecht übergegangen. Auch insoweit kann auf die Ausführungen zum Grundstückserwerb in vollem Umfang verwiesen werden (siehe dazu S. 57ff.).

Genehmigungserfordernisse

Da das Erbbaurecht im Rechtsverkehr einem Grundstück gleichgestellt wird, gelten auch die gleichen Genehmigungserfordernisse wie beim Grundstückserwerb (näher dazu S. 61ff.).

2. Was muß der Erwerber beachten?

Zunächst sollten Erwerber und Veräußerer all das beachten, was beim Abschluß eines Grundstückskaufvertrags zu beachten ist. Dies gilt auch hinsichtlich ihrer Möglichkeiten, die ordnungsgemäße Vertragserfüllung sicherzustellen (näher dazu S. 67ff.).

Einsicht in das Erbbaugrundbuch

Der Erwerber muß darüber hinaus bedenken, daß er in ein Nutzungsverhältnis an einem fremden Grundstück eintritt, das nach Inhalt und Umfang durch Vereinbarungen zwischen dem Grundstückseigentümer und dem Veräußerer begründet wurde. Über den Inhalt dieser Vereinbarungen sollte er sich unbedingt vor dem Abschluß des Vertrags informieren. Dazu muß er Einblick in das Erbbaugrundbuch nehmen. Es kann aber nicht schaden, zusätzlich das Grundbuch für das belastete Grundstück einzusehen. Außerdem empfiehlt es sich, daß sich der Erwerber den Vertrag über die Bestellung des Erbbaurechts und alle späteren Vereinbarungen vorlegen läßt, wobei auf Vollständigkeit zu achten ist. Ohne die Kenntnis dieser Vereinbarungen kann der Erwerber sich keinen genauen Überblick über den Inhalt des Erbbaurechts und damit über seine Nutzungsmöglichkeiten verschaffen.

§§

Auf folgende Gesichtspunkte sollte er dabei besonderen Wert legen:

Höhe des Erbbauzinses und sonstige Verpflichtungen

Daß sich der Erwerber über die Höhe des Erbbauzinses und die Modalitäten der Zahlung informiert, ist wohl selbstverständlich. Will der Erwerber einen vollständigen Überblick über seine künftigen finanziellen Belastungen haben, kann er sich damit aber nicht begnügen. Er muß auch ermitteln, welche öffentlichen oder privaten Lasten er tragen muß und ob das Bauwerk versichert werden muß. Auch die Frage, welche Kosten der Instandhaltung von ihm zu tragen sind, darf nicht vernachlässigt werden. Je nach der Ausgestaltung des Erbbaurechts können dadurch noch erhebliche Beträge zum Erbbauzins hinzukommen, die der Erwerber bei seinem Finanzierungsplan berücksichtigen sollte. Hinsichtlich der Kosten der Instandhaltung wird es in der Regel erforderlich sein, daß der Erwerber sich, gegebenenfalls unter Hinzuziehung eines Fachmanns, einen Überblick über den Zustand des Bauwerks und die zu erwartenden Reparaturen verschafft.

Restlaufzeit

Ebenso selbstverständlich sollte sein, daß sich der Erwerber über die Restlaufzeit des Erbbaurechts und die Höhe eventueller Entschädigungsansprüche nach dem Erlöschen informiert, denn dies hat Einfluß auf dessen Wert. In diesem Zusammenhang empfiehlt es sich, auch einen Blick auf die

Heimfall

Regelungen über einen Heimfall zu werfen, denn auf diesem Weg kann der Erwerber das Erbbaurecht schon vor dem Ablauf der vertraglich vereinbarten Zeit wieder verlieren. Bei einem Rückstand mit dem Erbbauzins kommt ein Heimfallanspruch des Grundstückseigentümers nur in Betracht, wenn der Rückstand mindestens in Höhe von zwei Jahresbeträgen besteht (§ 9 Abs. 4 ErbbauVO).

Vorrecht auf Erneuerung

Der Erwerber muß sich dabei auch über den Inhalt eines Vorrechts auf Erneuerung des Erbbaurechts im klaren sein. Es handelt sich dabei nicht um ein Verlängerungsrecht in dem Sinne, daß sich das Erbbaurecht nach dem Ablauf der vertraglich vereinbarten Dauer auf Verlangen des Inhabers verlängert. Besteht ein solches Vorrecht, kann der Berechtigte, falls der Grundstückseigentümer mit einem Dritten einen neuen Erbbaurechtsvertrag abschließt, in diesen Vertrag zu den gleichen Bedingungen, die mit dem Dritten vereinbart wurden, eintreten (§ 31 ErbbauVO). Er hat eine ähnliche Rechtsposition wie ein Vorkaufsberechtigter. Das Vorrecht wird auch in gleicher Weise ausgeübt (näher dazu S. 183ff.).

VI. Die Rechte bei Störungen der Vertragsabwicklung und die Belastungen des Erbbaurechts

Kein Unterschied zum Grundstückskauf

Da das Erbbaurecht im Rechtsverkehr wie ein Grundstück behandelt wird, ergeben sich keine Unterschiede zum Grundstückskaufvertrag. Auch der Umstand, daß der Erwerber nicht Eigentümer des Grundstücks wird, hat hier keine Bedeutung, denn der Veräußerer schuldet in dem durch den Erbbauvertrag vorgegebenen Rahmen die Übertragung eines Hausgrundstücks, das frei von Sach- und Rechtsmängeln ist. Auf die Ausführungen beim Grundstückskauf zu den Rechten der Vertragsparteien bei Störungen der Vertragsabwicklung und bei Rechts- und Sachmängeln sowie beim Fehlen zugesicherter Eigenschaften kann daher verwiesen werden (vgl. dazu S. 77ff. und S. 96ff.).

Belastungen

Wegen der Gleichstellung des Erbaurechts mit einem Grundstück kann auch hinsichtlich der Belastungen auf die Ausführungen zum Grundstückskauf verwiesen werden (vgl. dazu S. 153ff.).

VII. Das Wohnungserbbaurecht

Umwandlung in Wohnungseigentum

Ein Erbbaurecht kann in gleicher Weise wie ein Haus in Wohnungseigentum umgewandelt werden. Es entsteht dann Sondereigentum an den einzelnen abgeschlossenen Wohnungen und gemeinschaftliches Eigentum an dem übrigen Haus sowie eine gemeinschaftliche Berechtigung an dem Erbbaurecht (§ 30 WEG). Es wird dann ein Wohnungserbbaugrundbuch (Teilerbbaugrundbuch) angelegt. In diesem Fall werden die Besonderheiten des Wohnungseigentums mit denen des Erbbaurechts verknüpft, so daß beide Rechtsbereiche zu beachten sind. Auf das Wohnungserbbaurecht finden die Regelungen des Wohnungseigentums Anwendung (§ 30 Abs. 3 WEG).

E. Anhang

I. Die Kosten des Immobilienerwerbs

Beim Erwerb von Immobilien fallen sowohl durch die Tätigkeit des Notars als auch durch die Eintragung in das Grundbuch Kosten an. Welche Kosten entstehen, hängt davon ab, was im Grundstückskaufvertrag geregelt werden soll, welche Aufgaben dem Notar im Rahmen der Durchführung des Vertrags übertragen werden und welche Eintragungen im Grundbuch erfolgen sollen. Die Höhe dieser Kosten ist durch das Gesetz festgelegt. Hier soll nur ein kurzer Überblick über die Notarkosten und die Kosten der Grundbucheintragung gegeben werden:

1. Die Notarkosten

Kaufvertrag und Auflassung

Der Notar erhält für die Beurkundung des Kaufvertrags zwei volle Gebühren. Wird gleichzeitig die Auflassung beurkundet, fällt dafür keine besondere Gebühr an; dies wird durch die Gebühren für die Beurkundung des Kaufvertrags mit abgegolten. Das gleiche gilt für die Bewilligung einer Vormerkung oder die Unterwerfung unter die sofortige Zwangsvollstreckung im Kaufvertrag. Auch für die der Kaufvertragsbeurkundung vorangehende Einsichtnahme in das Grundbuch erhält der Notar keine zusätzliche Vergütung. Zusätzliche Kosten entstehen aber, wenn der Notar in den Vollzug des Kaufvertrags eingeschaltet wird, er beispielsweise Zahlungen entgegennehmen und weiterleiten oder Erkundigungen einholen soll. Dafür erhält er eine nach der Höhe des Betrags gestaffelte Vergütung. Für die Einholung von Genehmigungen oder Erkundigungen erhält er maximal die Hälfte der Gebühr.

z.B.

Bei einem Kauf eines Grundstücks zum Preis von 340.000 DM ergeben sich etwa folgende Kosten:

- Kaufvertrag einschließlich Auflassung und Auflassungsvormerkung 1240,0 DM
- Für die Entgegennahme des Kaufpreises, die Weiterleitung an Kreditgeber des Verkäufers und an den Verkäufer nach Eintritt der im Kaufvertrag vereinbarten Voraussetzungen 925,00 DM
- Für Erkundigungen bei den Banken nach dem Ablösebetrag und Einholung von Genehmigungen 310,00 DM
- Nebenkosten (Kosten für Abschriften, Schreibauslagen, Postgebühren usw.) geschätzt 75,00 DM

- insgesamt 2550,00 DM

Zu diesem Betrag kommt noch die Umsatzsteuer in Höhe von 15 % hinzu. Für die Bestimmung der Höhe der Gebühr ist jeweils die Höhe des Kaufpreises maßgebend.

Spätere Beurkundung der Auflassung

Wird die Auflassung nicht bereits im Kaufvertrag beurkundet, entsteht bei einer späteren Beurkundung eine weitere halbe Gebühr. Durch eine spätere Beurkundung einer Löschungsvormerkung entsteht in der Regel ebenfalls eine weitere halbe Gebühr. Für die Beurkundung und Stellung der im Kaufvertrag enthaltenen Anträge beim Grundbuchamt erhält der Notar keine besonderen Gebühren.

Wohnungseigentum/ Erbbaurecht

Die gleichen Regelungen gelten beim Kauf einer Eigentumswohnung oder eines Erbbaurechts.

2. Die Kosten der Grundbucheintragung

Eigentumswechsel

Für die Eintragung des Eigentumswechsels im Grundbuch wird eine volle Gebühr berechnet. Die Eintragung einer Auflassungsvormerkung kostet eine weitere halbe Gebühr, deren spätere Löschung eine Gebühr in Höhe von einem Viertel. Für die Höhe der Gebühr ist der Kaufpreis maßgebend. Durch die Eintragung einer Grundschuld entsteht eine weitere volle Gebühr, die Erteilung eines Grundschuldbriefs kostet eine Gebühr in Höhe von einem Viertel. Die gleichzeitige Eintragung der Unterwerfung unter die sofortige Zwangsvollstreckung ist durch diese Gebühren mit abgegolten. Wird dies später eingetragen, entsteht eine weitere Gebühr in Höhe von einem Viertel. Beglaubigte Abschriften kosten derzeit 35.– DM pro Stück.

z.B.

In unserem Beispiel ergibt sich dann folgende Rechnung:

• Eintragung des Eigentumswechsels	620,00 DM
• Eintragung einer Auflassungsvormerkung	310,00 DM
• Löschung der Auflassungsvormerkung nach der Umschreibung des Eigentums	155,00 DM
• Eintragung einer Briefgrundschuld über 250.000 DM nebst Erteilung des Briefs	625,00 DM
• zwei beglaubigte Abschriften	70,00 DM
insgesamt	1780,00 DM

Die Gesamtkosten für die Beurkundung und die Eintragung betragen in unserem Beispiel 4330,00 DM, die üblicherweise der Käufer zu tragen hat. Hinzu kämen gegebenenfalls noch die Kosten für die Bestellung der Briefgrundschuld. Der Käufer sollte diese Kosten in den Berechnungen über seinen Finanzierungsbedarf berücksichtigen.

II. Das Grundbuch

Kataster

Das Grundbuch ist ein staatliches Register, in dem alle Grundstücke und die an ihnen bestehenden Rechtsverhältnisse registriert sind. Es baut auf einer Vermessung des gesamten Staatsgebiets auf, die zur Erstellung eines Verzeichnisses, des Katasters, geführt hat. Auf dieser Grundlage wurde das Staatsgebiet in einzelne Parzellen (Flurstükke) aufgeteilt, die im Kataster nach Nummern oder Buchstaben bezeichnet werden. Im Grundbuch wird das Grundstück mit dieser Nummer aus dem Kataster benannt.

Die beiden Einteilungen decken sich aber nicht immer. So kann ein Grundstück im Rechtssinn mehrere Katasterparzellen umfassen.

Grundbuchblätter

Das Grundbuch besteht aus mehreren Grundbuchblättern. Ein solches Grundbuchblatt kann für jedes einzelne Grundstück erstellt werden; es können aber auch mehrere Grundstücke auf einem gemeinschaftlichen Grundbuchblatt geführt werden. Für den Rechtsverkehr ist maßgebend, ob für die Parzelle ein eigenes Grundbuchblatt angelegt wurde. Nur was im Grundbuch als selbständiges Grundstück aufgeführt ist, ist ein Grundstück im Rechtssinn.

Das Grundbuchblatt besteht aus einer Aufschrift (Deckblatt), einem Bestandsverzeichnis und drei Abteilungen:

Bestandsverzeichnis

In das Bestandsverzeichnis werden die laufende Nummer des Grundstücks, die Angaben über die Lage (Gemarkung) aus dem Kataster, die Parzellennummer (Flurstücknummer), die Größe des Grundstücks, die Lage und die Wirtschaftsart und die mit dem Eigentum an dem Grundstück verbundenen Rechte eingetragen.

Abteilung I

In Abteilung I wird der Eigentümer eingetragen und die Art des Eigentums (z.B. Miteigentum) bezeichnet. Dort ist auch der Erwerbsgrund angegeben.

Abteilung II

In Abteilung II werden alle übrigen Belastungen und Beschränkungen des Grundstücks eingetragen, also beispielsweise eine Grunddienstbarkeit, ein Nießbrauch oder ein Vorkaufsrecht.

Abteilung III

In Abteilung III werden die Hypotheken, Grund- und Rentenschulden einschließlich der sich darauf beziehenden Vormerkungen und Widersprüche eingetragen.

Grundakten

Außer dem Grundbuch werden beim Grundbuchamt auch die Grundakten geführt. In diese Grundakten werden alle

Unterlagen aufgenommen, die einer Eintragung zugrunde liegen oder auf die in der Eintragung Bezug genommen wird. In diesen Akten findet man beispielsweise die Eintragungsbewilligung. Da das Grundbuchamt sie nicht aus der Hand geben darf, kann man sie nur auf dem Grundbuchamt einsehen.

Grundbuchamt

Die Grundbücher werden in der Regel von den Amtsgerichten für ihren jeweiligen Bezirk geführt. Dort ist weitgehend der Rechtspfleger zuständig. Im früheren badischen Landesteil des Landes Baden-Württemberg werden die Grundbücher bei den Grundbuchämtern geführt, die bei den Städten und Gemeinden jeweils für ihren Bezirk eingerichtet wurden. Diese Grundbücher werden von den (amtlichen) Notaren geführt.

Besondere Grundbücher

Neben diesem »normalen« Grundbuch gibt es noch besondere Grundbücher, von denen zwei größere praktische Bedeutung haben:

Wohnungseigentumsgrundbuch

Wird Wohnungseigentum gebildet, wird in der Regel automatisch für jeden Miteigentumsanteil ein eigenes Grundbuchblatt, das Wohnungs- oder Teileigentumsgrundbuch, angelegt. Das Grundbuchblatt für das Grundstück wird geschlossen, d.h., es wird nicht mehr fortgeführt, denn neue Rechte an dem Grundstück können nicht mehr begründet werden. Das Grundstück hat seine Eigenständigkeit verloren und ist nur noch ein unselbständiges »Anhängsel« des Sondereigentums, von dem es nicht abgetrennt werden kann. Werden die Sondereigentumsrechte aufgehoben, werden die Wohnungseigentumsgrundbücher geschlossen und wieder ein Grundbuchblatt für das Grundstück angelegt, denn nunmehr ist es als Gegenstand des Rechtsverkehrs wieder existent.

Erbbaugrundbuch

Wird an einem Grundstück ein Erbbaurecht bestellt, wird zusätzlich zu dem bereits existierenden Grundbuchblatt für das Grundstück ein weiteres Grundbuchblatt für das Erbbaurecht angelegt, das als Erbbaugrundbuch bezeichnet wird. Dies ist deshalb erforderlich, weil das Erbbaurecht im Rechtsverkehr wie ein Grundstück behandelt wird und Veränderungen und Belastungen des Erbbaurechts nicht das Grundstück selbst betreffen, so daß sie in dem für das Grundstück geführten Grundbuch nicht eingetragen werden können. Dieses Grundbuch kann nicht geschlossen werden, weil das Grundstück seine Selbständigkeit durch die Belastung mit einem Erbbaurecht nicht verloren hat, es also noch übereignet oder belastet werden kann.

Wohnungserbbaugrundbuch

Steht ein Erbbaurecht mehreren gemeinschaftlich zu und teilen diese es in Sondereigentum (Eigentumswohnungen) auf, entsteht ein Wohnungserbbaurecht (Teilerbbaurecht). Für diese Wohnungserbbaurechte wird jeweils ein besonderes Erbbaugrundbuchblatt angelegt, das Wohnungserbbaugrundbuch, dem aber nur geringere praktische Bedeutung zukommt.

Muster

(Grundbuchblatt)

Amtsgericht

Köln

Grundbuch

von

Worringen

Grundbuchblatt-Nr.

0100

Amtsgericht Köln **Grundbuch von** Worringen **Blatt** 0100 **Bestandsverzeichnis** 1

Laufende Nummer der Grundstücke	Bisherige laufende Nummer der Grundstücke	Bezeichnung der Grundstücke und der mit dem Eigentum verbundenen Rechte					Größe		
		Gemarkung (Vermessungsbezirk)	Karte		Liegenschaftsbuch	Wirtschaftsart und Lage			
			Flur	Flurstück			ha	a	m²
		a	b		c/d	e			
1	2	3					4		
1		Worringen	1	100		Freifläche Alte Neußer Landstraße		10	10
2	1	Worringen	1	101		Weg Alte Neußer Landstraße			90
3	1	Worringen	1	102		Gebäude- und Freifläche Alte Neußer Landstraße 100		9	10
4		Worringen	1	200		Landwirtschaftsfläche Alte Neußer Landstraße		5	00
5		Worringen	1	310		Gartenland		2	00
6	3,5	Worringen	1 1	102 310		Gebäude- und Freifläche Alte Neußer Landstraße 100 Gartenland		11	10
7 ---- zu 6		1/10 Miteigentumsanteil an dem Grundstück Worringen	1	110		Weg Alte Neußer Landstraße		1	00

Bestand und Zuschreibungen		Abschreibungen	
Zur laufenden Nummer der Grundstücke		Zur laufenden Nummer der Grundstücke	
5	6	7	8
1	Aus Blatt 0200 am 5. Januar 1993. Neumann Götz	2	Nach Blatt 0001 am 15. April 1993. Neumann Götz
1,2,3	Lfd. Nr. 1 geteilt und fortgeschrieben gemäß VN Nr. 100/93 in Nrn. 2 und 3 am 15. April 1993. Neumann Götz		
4,5	Aus Blatt 0250 am 10. Mai 1993. Neumann Götz		
3,5,6	Lfd. Nr. 5 der Nr. 3 als Bestandteil zugeschrieben und unter Nr. 6 neu eingetragen am 9. Juni 1993. Neumann Götz		
7 ---- zu 6	Aus Blatt 0300 am 12. Juli 1993. Neumann Götz		

Amtsgericht Köln **Grundbuch von** Worringen **Blatt** 0100 **Erste Abteilung** 1

Laufende Nummer der Eintragungen	Eigentümer	Laufende Nummer der Grundstücke im Bestandsverzeichnis	Grundlage der Eintragung
1	2	3	4
1	M ü l l e r, Friedrich, geb. am 5. Juli 1944, Alte Neußer Landstraße 100, 5000 Köln 71	1	Aufgelassen am 14. Oktober 1992, eingetragen am 5. Januar 1993. Neumann Götz
		4,5	Aufgelassen am 11. November 1992, eingetragen am 10. Mai 1993. Neumann Götz
		7/zu 6	*Das bisher in Blatt 0300 eingetragene Eigentum* aufgrund Auflassung vom 15. April 1993 und Buchung gemäß § 3 Abs. 3 GBO hier eingetragen am 12. Juli 1993. Neumann Götz
2a)	S c h u m a c h e r, Ute geb. Müller, geb. am 12. Mai 1966, Grundermühle 7, 51515 Kürten	4,6,7	Erbfolge (33 VI 250/94 AG Köln), eingetragen am 7. Dezember 1994. Neumann Götz
b)	M ü l l e r, Georg, geb. am 6. März 1968, Kemperbachstraße 48, 51069 Köln in Erbengemeinschaft		

* Im Original rosa

Laufende Nummer der Eintragungen	Eigentümer	Laufende Nummer der Grundstücke im Bestandsverzeichnis	Grundlage der Eintragung
1	2	3	4

* Im Original rosa

Amtsgericht Köln **Grundbuch von** Worringen **Blatt** 0100 **Zweite Abteilung** 1

Laufende Nummer der Eintragungen	Laufende Nummer der betroffenen Grundstücke im Bestandsverzeichnis	Lasten und Beschränkungen
1	2	3
1	4,6,7	Nießbrauch für Müller, Gerhard, geb. am 23. April 1918, Alte Neußer Landstraße 100, 50769 Köln, befristet, löschbar bei Todesnachweis. Unter Bezugnahme auf die Bewilligung vom 15. April 1993 - URNr. 400/93 Notar Dr. Schmitz in Köln - eingetragen am 12. Juli 1993. Neumann Götz
2	4,6	Widerspruch gegen die Eintragung des Eigentümers des Friedrich Müller zugunsten des Josef Schmitz, geb. am 26. Juli 1940, Rochusstraße 300, 50827 Köln. Unter Bezugnahme auf die einstweilige Verfügung des Landgerichts Köln vom 30. Juli 1993 - 10 O 374/93 - eingetragen am 3. August 1993. Neumann Götz
3	4	Dienstbarkeit (Wegerecht) für den jeweiligen Eigentümer des Grundstücks Flur 1 Nr. 201 (derzeit Blatt 0250). Unter Bezugnahme auf die Bewilligung vom 11. November 1992 - URNr. 2231/92 Notar Dr. Schneider in Köln - eingetragen am 4. August 1993. Neumann Götz

* Im Original gelb

Veränderungen		Löschungen	
Laufende Nummer der Spalte 1		Laufende Nummer der Spalte 1	
4	5	6	7
		2	Gelöscht am 31. August 1993. Neumann Götz

* Im Original gelb

Amtsgericht Köln **Grundbuch von** Worringen **Blatt** 0100 **Dritte Abteilung** 1

Laufende Nummer der Eintragungen	Laufende Nummer der belasteten Grundstücke im Bestandsverzeichnis	Betrag	Hypotheken, Grundschulden, Rentenschulden
1	2	3	4
1	3, 4, 5, 6	10.000,00 DM 5.000,00 DM	Grundschuld - ohne Brief - zu zehntausend Deutsche Mark für die Stadtsparkasse Köln in Köln; 18% Zinsen jährlich; vollstreckbar nach § 800 ZPO. Unter Bezugnahme auf die Bewilligung vom 19. April 1993 - URNr. 420/93 Notar Dr. Schmitz in Köln - eingetragen am 9. Juni 1993. Gesamthaft: Blätter 0100 und 0550. Neumann Götz
2	4,6	20.000,00 DM - 5.000,00 DM 15.000,00 DM	Hypothek zu zwanzigtausend Deutsche Mark für Bundesrepublik Deutschland (Wohnungsfürsorge); 12% Zinsen jährlich; 2% bedingte Nebenleistung einmalig. Unter Bezugnahme auf die Bewilligung vom 6. Oktober 1993 - URNr. 1300/93 Notar Dr. Schmitz in Köln -. Vorrangsvorbehalt für Grundpfandrechte bis zu DM 100.000,00; bis 20% Zinsen jährlich; bis 10% Nebenleistungen einmalig; inhaltlich beschränkt. Eingetragen am 15. November 1993. Neumann Götz
3	4,6,7	100.000,00 DM	Grundschuld zu einhunderttausend Deutsche Mark für Inge Müller geb. Schmidt, geb. am 12. Mai 1952, Alte Neußer Landstraße 100, 50769 Köln, 18% Zinsen jährlich. Unter Bezugnahme auf die Bewilligung vom 3. Januar 1994 - URNr. 2/94 Notar Dr. Klug in Köln -; unter Ausnutzung des Rangvorbehalts mit Rang vor III/2. Eingetragen am 17. Januar 1994. Neumann Götz

* Im Original hellgrün

Veränderungen			Löschungen		
Laufende Nummer der Spalte 1	Betrag		Laufende Nummer der Spalte 1	Betrag	
5	6	7	8	9	10
2	20.000,00 DM	Dem Recht Abt. III Nr. 3 ist der vorbehaltene Vorrang eingeräumt. Eingetragen am 17. Januar 1994. Neumann Götz	2	5.000,00 DM	Fünftausend Deutsche Mark gelöscht am 4. Oktober 1994. Neumann Götz
3	100.000,00 DM	Gepfändet mit den Zinsen seit dem 30. Juni 1994 für die Haftpflicht-Versicherungs-Aktiengesellschaft in Köln wegen einer Forderung von DM 65.800,00 mit 9% Zinsen aus DM 59.600,00 seit dem 18. Juni 1992. Gemäß Pfändungs- und Überweisungsbeschluß des Amtsgerichts Köln vom 15. Juni 1994 - 183 M 750/94 - eingetragen am 20. Juni 1994. Neumann Götz	3 3a 3b	20.000,00 DM 60.000,00 DM 20.000,00 DM	Pfändungsvermerk vom 26. Juli 1994 gelöscht am 4. Oktober 1994. Neumann Götz
1	5.000,00 DM	Das Recht ist gemäß § 1132 Abs. 2 BGB derart verteilt, daß die hier eingetragenen Grundstücke nur noch haften für fünftausend Deutsche Mark. Die Mithaft in Blatt 0550 ist erloschen. Eingetragen am 1. Juli 1994. Neumann Götz			

* Im Original hellgrün

Amtsgericht Köln **Grundbuch von** Worringen **Blatt** 0100 **Dritte Abteilung** 1 R

Laufende Nummer der Eintragungen	Laufende Nummer der belasteten Grundstücke im Bestandsverzeichnis	Betrag	Hypotheken, Grundschulden, Rentenschulden
1	2	3	4
4	4	8.200,00 DM	Zwangssicherungshypothek zu achttausendzweihundert Deutsche Mark für die Schmidt & Müller oHG, Köln, Wienerplatz 2, 51065 Köln, mit 8% Zinsen jährlich aus DM 7.180,00 seit dem 20. Oktober 1994. Gemäß Urteil des Amtsgerichts Köln vom 2. November 1994 - 115 C 1500/94 - eingetragen am 1. Dezember 1994. Neumann Götz
5	4,6,7	30.000,00 DM	Sicherungshypothek zum Höchstbetrag von dreißigtausend Deutsche Mark für die Stadt Köln - Amt für Wohnungswesen. Unter Bezugnahme auf die Bewilligung vom 3. November 1994 - URNr. 1400/94 Notar Dr. Schmitz in Köln - eingetragen am 5. Dezember 1994. Neumann Götz

* Im Original hellgrün

Veränderungen			Löschungen		
Laufende Nummer der Spalte 1	Betrag		Laufende Nummer der Spalte 1	Betrag	
5	6	7	8	9	10
3 3 3a 3b	100.000,00 DM 20.000,00 DM 60.000,00 DM 20.000,00 DM	Das Recht ist geteilt in zwanzigtausend Deutsche Mark erstrangig –, sechzigtausend Deutsche Mark zweitrangig –, zwanzigtausend Deutsche Mark drittrangig –. Eingetragen am 1. August 1994. Neumann Götz			
3a	60.000,00 DM	Abgetreten mit den Zinsen seit dem 17. Januar 1994 an die Kölner Bausparkasse Aktiengesellschaft in Köln. Eingetragen am 1. August 1994. Neumann Götz			

Fortsetzung auf Einlegebogen

* Im Original hellgrün

1.1 Zum Bestandsverzeichnis:

Wie man den Eintragungen in den Spalten 1 - 4 des Bestandsverzeichnisses entnehmen kann, wurde hier nicht für jedes Grundstück ein eigenes Grundbuchblatt angelegt, sondern alle Grundstücke eines Eigentümers auf einem Blatt zusammengefaßt. Diese Vorgehensweise ist recht häufig. In Spalte 1 werden die Grundstücke mit Nummern versehen. Diese Numerierung wird bei allen weiteren Eintragungen im Grundbuch aufgegriffen, d.h., die Grundstücke, auf die sich eine Eintragung in einer anderen Abteilung bezieht, werden durch die Angabe der Nummer im Bestandsverzeichnis gekennzeichnet.

Aus den Eintragungen in Spalte 5 in Verbindung mit Spalte 6 ergibt sich, wo diese Grundstücke vorher eingetragen waren. Den Spalten 7 und 8 kann man entnehmen, auf welchem Grundbuchblatt die Grundstücke nun eingetragen sind, die aus dem Bestandsverzeichnis gelöscht wurden, weil das Eigentum an ihnen an andere Personen überging. Den Vorgang der Übertragung auf ein anderes Grundbuchblatt nennt man Abschreibung.

Eintragungen, die nicht mehr gelten, werden nicht – wie man aufgrund des Begriffs der »Löschung« vermuten könnte – aus dem Grundbuch entfernt, sondern nur unterstrichen, denn sonst wäre der aktuelle Stand nicht mehr aus den vorangegangenen Eintragungen nachvollziehbar. Dies kann man bei Nr. 1 - 3 und 5 des Bestandsverzeichnisses sehen. Der Grund der Löschung ergibt sich aus Spalte 6. Dort ist bezogen auf die Nrn. 1 - 3 der Spalte 1 zu lesen, daß zunächst das Grundstück Nr. 1 geteilt und die neu gebildeten Grundstücke (wie aus der Spalte 3 b ersichtlich ist, wurden zwei neue Parzellen gebildet) als neue Nummern 2 und 3 eingetragen wurden. Dem Grundstück Nr. 3 wurde dann später das Grundstück Nr. 5 als Bestandteil zugeschrieben, und das so neu gebildete (einheitliche) Grundstück wurde dann als Nr. 6 eingetragen (Siehe die 4. Eintragung in Spalte 6). Dieses Grundstück besteht aus zwei

Parzellen, die auch beide ihre Flurstück-Nummern behalten haben (Siehe die Eintragung in Spalte 3 b). Die bisherige Nummer dieser Grundstücke kann man noch der Spalte 2 entnehmen.

Als Nr. 7 ist ein Miteigentumsanteil an einem Wegegrundstück eingetragen, der mit dem Eigentum an dem Grundstück Nr. 6 verbunden ist.

1.2 Zur ersten Abteilung:

Die Eintragungen in der ersten Abteilung geben einen Überblick über die Entwicklung der Eigentumsverhältnisse. In Spalte 2 wird der Eigentümer und in Spalte 4 der Erwerbsgrund (z.B. Auflassung usw.) eingetragen.

Danach wurden die Grundstücke nach und nach von Friedrich Müller gekauft, was an den Eintragungen in Spalte 4 zu sehen ist. Aus Spalte 3 ergibt sich, welche Grundstücke im Bestandsverzeichnis betroffen sind. An dem Begriff »Aufgelassen« kann man erkennen, daß jeweils eine Übereignung stattgefunden hat.

Das Eigentum an allen Grundstücken ging dann im Wege der Erbfolge auf Ute Schumacher und Georg Müller über. Dieser Eigentumsübergang erfolgte kraft Gesetzes (im Wege der Erbschaft). Als Erwerbsgrund ist einfach »Erbfolge« angegeben (Siehe Spalte 4). Die Art der (Mit-)Berechtigung wird mit »Erbengemeinschaft« angegeben, woraus sich ergibt, daß nur beide zusammen ein Grundstück oder einen Miteigentumsanteil veräußern können. Mitunter wird die Eintragung der Erben als Eigentümer auch als Berichtigung vermerkt. Zugleich wurde die Eintragung Nr. 1 (Spalte 1) durch einen die Unterstreichung ersetzenden Schrägstrich gelöscht.

1.3 Zur zweiten Abteilung:

An den Grundstücken 4,6 und 7 besteht ein befristeter Nießbrauch, der mit dem Tode des Berechtigten erlischt. Der Inhalt des Nießbrauchs ergibt sich aus der Bewilligung, auf die in der Eintragung Bezug genommen wurde. Wer sich darüber informieren will, muß in die Grundakten schauen.

Hinsichtlich des Eigentums an den Grundstücken Nr. 4 und 6 des Bestandsverzeichnisses war zunächst ein Widerspruch eingetragen gewesen, der einen gutgläubigen Erwerb des Eigentums ausgeschlossen hätte. Aus Spalte 7 ergibt sich, wann der Widerspruch wieder gelöscht wurde. Der Grund der Löschung läßt sich den Grundakten entnehmen.

Die Eintragung Nr. 2 betrifft ein Wegerecht (Dienstbarkeit), das auf dem Grundstück Nr. 4 lastet (Siehe Spalte 2). Die näheren Einzelheiten zum Wegerecht ergeben sich aus der Eintragungsbewilligung, auf die Bezug genommen wurde und die sich bei den Grundakten befindet.

1.4 Zur dritten Abteilung:

Bei der an Nr. 1 der Spalte 1 eingetragenen Buchhypothek ist die Erteilung eines Hypothekenbriefs ausgeschlossen (eingetragen mit dem Vermerk »ohne Brief«). Für diese Summe haftete neben den Grundstücken 3, 4, 5 und 6 auch das auf Blatt 0550 eingetragene Grundstück, was aus dem Vermerk »Gesamthaft« erkennbar ist; es handelte sich also um eine Gesamthypothek. In Höhe von 5.000.– DM wurde sie gelöscht (3. Eintragung in den Spalten Nr. 5 - 7), als die Gesamthypothek auf die einzelnen Grundstücke aufgeteilt wurde, an denen sie als Einzelhypothek weiterbesteht. Derzeit haften die Grundstücke 4 und 6 nur noch für 5.000.– DM, was sich aus Spalte 2 ergibt. Gesamthypotheken werden mitunter auch durch den Vermerk »Mithaft Blatt 1254«

oder den Vermerk »Das Grundstück Band 12 Blatt 97 haftet mit« gekennzeichnet.

Bei der laufenden Nr. 2 handelt es sich um eine Briefhypothek an den Grundstücken 4 und 6, die in Höhe von 5.000.– DM bereits gelöscht ist (Siehe die Spalten 8 - 10). Bei der Bestellung dieser Hypothek wurde dem Grundstückseigentümer das Recht eingeräumt, Grundpfandrechte bis zu einem Betrag von 100.000.– DM zuzüglich Zinsen und Kosten zu bestellen und zu bewilligen, die dieser Hypothek im Range vorgehen, also bei einer Zwangsversteigerung vorrangig zu befriedigen sind, obwohl sie erst später eingetragen wurden. Dies wird durch die Erwähnung eines Vorrangsvorbehalts in der Eintragung deutlich. Da es sich bei dieser Grundschuld um eine Briefgrundschuld handelt (es fehlt der Vermerk »ohne Brief«), kann sie außerhalb des Grundbuchs abgetreten worden sein, so daß die Bundesrepublik Deutschland möglicherweise nicht mehr Inhaberin ist.

Unter Ausnutzung dieses Rangvorbehalts wurde dann die unter der laufenden Nr. 3 aufgeführte Briefgrundschuld (die Erteilung des Briefes ist nicht ausgeschlossen, denn es fehlt der Vermerk »ohne Brief«) an den Grundstücken 4, 6 und 7 eingetragen. Diese Briefgrundschuld wurde in voller Höhe im Rahmen einer Zwangsvollstreckung gegen den Inhaber der Grundschuld (dies ist wichtig für die Frage, an wen eventuelle Zahlungen zu erbringen sind) gepfändet (2. Eintragung in den Spalten 5 - 7). Der Pfändungsvermerk wurde dann wieder gelöscht, so daß der ursprüngliche Inhaber wieder die Rechte aus der Grundschuld geltend machen kann. Zuvor war die Grundschuld in drei Grundschulden aufgeteilt worden, deren Rangverhältnis untereinander sich aus der Eintragung in den Spalten 5 - 7 (dort 4. Eintragung) ergibt. Eine solche Aufteilung wird meist vorgenommen, um eine teilweise Abtretung vorzubereiten. Dies scheint auch hier der Grund der Aufteilung gewesen zu sein, denn aus der folgenden Eintragung in den Spalten 5 - 7 ergibt sich, daß die neue Grundschuld 3a über 60.000.–

DM an die Kölner Bausparkasse abgetreten wurde. Da es sich um Briefgrundschulden handelt, können auch die übrigen Teilgrundschulden außerhalb des Grundbuchs abgetreten worden sein, so daß Frau Müller möglicherweise nicht mehr Inhaberin ist.

Als laufende Nr. 4 ist eine Zwangssicherungshypothek eingetragen. Diese Eintragung erfolgte im Rahmen der Zwangsvollstreckung gegen den Grundstückseigentümer und dient dazu, dem Gläubiger wegen der Zahlungsansprüche aus dem in Spalte 4 erwähnten Urteil das Recht zu verschaffen, das Grundstück zwangsversteigern zu lassen, um auf diese Weise Befriedigung zu erlangen.

Als Nr. 5 ist eine Sicherungshypothek als Höchstbetragshypothek eingetragen. Die Sicherungshypothek kann nur als Buchhypothek bestellt werden, so daß die Stadt Köln auf jeden Fall noch Inhaber ist. Hier ist zu beachten, daß der genaue Betrag der Hypothek nicht dem Grundbuch entnommen werden kann, denn dort ist nur der Höchstbetrag der Haftung aufgeführt.

Für die Rangverhältnisse unter den Hypotheken und Grundschulden ist die Reihenfolge der Eintragung (siehe Spalte 1 der dritten Abteilung) maßgebend, wenn sich nicht – wie hier hinsichtlich der als Nr. 2 eingetragenen Hypothek und der an Nr. 3 eingetragenen Grundschuld – aus den Eintragungen in Spalte 7 etwas anderes ergibt. Dabei wird der Rangrücktritt bei der zurücktretenden Hypothek oder Grundschuld eingetragen. Darüber hinaus wird bei dem im Rang vorgehenden Grundpfandrecht vermerkt, daß die Eintragung unter Ausnutzung des Rangvorbehalts erfolgt ist, wie dies hier bei der als Nr. 3 eingetragenen Grundschuld geschehen ist.

Muster

(Wohnungs- und Teileigentumsgrundbuch)

Amtsgericht

Schönberg

Grundbuch

von

Waslingen

Blatt 171

(Wohnungs- und Teileigentumsgrundbuch)

(Wohnungsgrundbuch)

Amtsgericht Schönberg **Einlegebogen**

Grundbuch von Waslingen **Blatt** 171 **Bestandsverzeichnis** 1

Lfd. Nr. der Grundstücke	Bisherige lfd. Nr. der Grundstücke	Bezeichnung der Grundstücke und der mit dem Eigentum verbundenen Rechte: Gemarkung, Flur, Flurstück (a/b/c)	Wirtschaftsart und Lage (d)	Größe m²
1	2	3		4
1	-	42/100 (zweiundvierzig Hundertstel) Miteigentumsanteil an dem Grundstück		
		Waslingen 3 112	Gebäude- und Freifläche, Mühlenstr.10	468
		verbunden mit dem Sondereigentum an dem Ladenlokal im Erdgeschoß und an der Wohnung im ersten Stockwerk links, im Aufteilungsplan bezeichnet mit Nr. 1. Das Miteigentum ist durch die Einräumung der zu den anderen Miteigentumsanteilen gehörenden Sondereigentumsrechte (eingetragen in den Blättern 171 bis 176, ausgenommen dieses Blatt) beschränkt. Veräußerungsbeschränkung: Zustimmung durch die Mehrheit der übrigen Wohnungs- und Teileigentümer. Im übrigen wird wegen des Gegenstands und des Inhalts des Sondereigentums auf die Bewilligung vom 6. Mai 1981 Bezug genommen. Eingetragen am 15. Mai 1981. Neu Meier		
2	Rest von 1	14/100 (vierzehn Hundertstel) Miteigentumsanteil an dem Grundstück		
		Waslingen 3 112	Gebäude- und Freifläche, Mühlenstr. 10	468
		verbunden mit dem Sondereigentum an der Wohnung im ersten Stockwerk links, im Aufteilungsplan bezeichnet mit Nr. 1. Das Miteigentum ist durch die Einräumung der zu den anderen Miteigentumsanteilen gehörenden Sondereigentumsrechte (eingetragen in den Blättern 171 bis 176, 227, ausgenommen dieses Blatt) beschränkt.		
3 ---- zu 2		Licht- und Fensterrecht an dem Grundstück Waslingen Flur 3 Flurstück 119, eingetragen im Grundbuch von Waslingen Blatt 21 Abt. II Nr. 2, zugunsten des jeweiligen Eigentümers des Grundstücks Waslingen Flur 3 Flurstück 112.		

Amtsgericht Schönberg **Einlegebogen**

Grundbuch von Waslingen **Blatt** 171 **Bestandsverzeichnis** 1 **R**

Bestand und Zuschreibungen		Abschreibungen	
Zur lfd. Nr. der Grundstücke		Zur lfd. Nr. der Grundstücke	
5	6	7	8
1	Der Miteigentumsanteil ist bei Anlegung dieses Blattes von Blatt 47 hierher übertragen am 15. Mai 1981. Neu Meier	1, 2	Von Nr. 1 sind 28/100 Miteigentumsanteil, verbunden mit Sondereigentum an dem Laden im Erdgeschoß, übertragen nach Blatt 227 am 18. Juli 1985. Rest: Nr. 2. Neu Meier
3 ---- zu 2	Hier sowie auf den für die übrigen Miteigentumsanteile angelegten Grundbuchblättern (Blätter 172 bis 176, Blatt 227) vermerkt am 26. April 1986. Schmidt Lehmann		
2	Der Inhalt des Sondereigentums ist dahin geändert, daß a) die Zustimmung zur Veräußerung nicht erforderlich ist im Falle der Versteigerung nach § 19 des Wohnungseigentumsgesetzes sowie bei Veräußerung im Wege der Zwangsvollstreckung oder durch den Konkursverwalter; b) über den Gebrauch des Hofraums eine Vereinbarung getroffen ist. Eingetragen unter Bezugnahme auf die Bewilligung vom 18. August 1988 am 2. September 1988. Schmidt Lehmann		
2	Der Gegenstand des Sondereigentums ist bezüglich eines Raumes geändert. Unter Bezugnahme auf die Bewilligung vom 28. Februar 1989 eingetragen am 21. März 1989. Schmidt Lehmann		

Fortsetzung auf Einlegebogen

Amtsgericht Schönberg **Einlegebogen**

Grundbuch von Waslingen **Blatt** 171 **Erste Abteilung** 1

Lfd. Nr. der Eintragungen	Eigentümer	Lfd. Nr. der Grundstücke im Bestandsverzeichnis	Grundlage der Eintragung
1	2	3	4
1a	Müller, Johann, geb. am 21. Februar 1938, Waslingen	1	Der Miteigentumsanteil ist aufgelassen am 6. Mai 1981; eingetragen am 15. Mai 1981. Neu Meier
b	Müller, Johanna, geb. Schmitz, geb. am 27. Juli 1940, Waslingen - je zu 1/2 -		
		3 ---- zu 2	In Blatt 21 eingetragen am 26. April 1986; hier vermerkt am 26. April 1986. Schmidt Lehmann

* Im Original rosa

Amtsgericht Schönberg **Einlegebogen**

Grundbuch von Waslingen **Blatt** 171 **Dritte Abteilung** 1

Lfd. Nr. der Eintragungen	Lfd. Nr. der belasteten Grundstücke im Bestandsverzeichnis	Betrag	Hypotheken, Grundschulden, Rentenschulden
1	2	3	4
1	1	10 000 DM	Zehntausend Deutsche Mark Darlehen, mit sechs vom Hundert jährlich verzinslich, für die Stadtsparkasse Waslingen. Die Erteilung eines Briefes ist ausgeschlossen. Unter Bezugnahme auf die Bewilligung vom 8. Mai 1981 als Gesamtbelastung in den Blättern 171 bis 176 eingetragen am 17. Mai 1981. Neu Meier
2	2	3 000 DM	Dreitausend Deutsche Mark Grundschuld mit sechs vom Hundert jährlich verzinslich für Ernst Nuter, geb. am 23. April 1940, Neudorf. Unter Bezugnahme auf die Bewilligung vom 17. Januar 1986 eingetragen am 2. Februar 1986. Schmidt Lehmann

* Im Original hellgrün

Amtsgericht Schönberg **Einlegebogen**

Grundbuch von Waslingen **Blatt** 171 **Zweite Abteilung** 1

Lfd. Nr. der Eintragungen	Lfd. Nr. der betroffenen Grundstücke im Bestandsverzeichnis	Lasten und Beschränkungen
1	2	3
1	1	Geh- und Fahrtrecht an dem Grundstück Flur 3 Flurstück Nr. 112 für den jeweiligen Eigentümer des Grundstücks Blatt 4 Nr. 2 des Bestandsverzeichnisses (Flur 3 Flurstück 115); eingetragen in Blatt 47 am 4. April 1943 und hierher sowie auf die für die anderen Miteigentumsanteile angelegten Grundbuchblätter (Blätter 172 bis 176) übertragen am 15. Mai 1981. Neu Meier
2	2	Wohnungsrecht für Müller, Emilie, geb. Schulze, geb. am 13. März 1912, Waslingen. Eingetragen unter Bezugnahme auf die Bewilligung vom 20. September 1986 am 11. Oktober 1986. Schmidt Lehmann

* *Im Original gelb*

Amtsgericht Schönberg **Einlegebogen**

Grundbuch von Waslingen **Blatt** 171 **Dritte Abteilung** 1 **R**

Veränderungen			Löschungen		
Lfd. Nr. der Spalte 1	Betrag		Lfd. Nr. der Spalte 1	Betrag	
5	6	7	8	9	10
1	10 000 DM	Weitere Mithaft besteht in Blatt 227; eingetragen am 18. Juli 1985. Neu Meier			

Fortsetzung auf Einlegebogen

* Im Original hellgrün

2.1 Zum Bestandsverzeichnis:

Dieses Grundbuch wurde nach der Aufteilung des Eigentums an dem Gebäude Mühlenstraße 10 in Wohnungseigentum angelegt. Aus der Eintragung zu Nr. 1 in Spalte 6 kann man erkennen, wann und aus welchem Anlaß dieses Blatt angelegt wurde.

Die Eintragung Nr. 1 in Spalte 1 wurde teilweise wieder gelöscht, als das Sondereigentum an dem Ladenlokal von dem Sondereigentum an der Wohnung im ersten Stockwerk getrennt wurde. Aus der Eintragung in Spalte 8 ergibt sich, daß der mit dem Sondereigentum an dem Laden verbundene Miteigentumsanteil nach Blatt 227, also in ein anderes Wohnungsgrundbuch, übertragen wurde. Die Veräußerungsbeschränkung (Verfügungsbeschränkung) zugunsten der übrigen Wohnungs- und Teileigentümer blieb aber bestehen und erfaßt weiterhin die Eintragung Nr. 2 (die Eigentumswohnung), denn diese Verfügungsbeschränkung erfaßte die ganze Eintragung Nr. 1 und deshalb auch den davon übriggebliebenen und als Nr. 2 eingetragenen Rest, die Wohnung Nr. 1 im ersten Stockwerk. Deshalb ist dieser Teil der Eintragung Nr. 1 auch nicht unterstrichen.

Aus der Angabe der Blätter 171 bis 176, 227 kann man entnehmen, in welchen Grundbuchblättern die anderen Wohnungseigentumsrechte eingetragen sind. Inwieweit das an Nr. 2 eingetragene Wohnungseigentum durch die anderen Sondereigentumsrechte beschränkt ist, kann man der bei den Grundakten aufbewahrten Teilungserklärung entnehmen.

In Spalte 6 sind die Veränderungen des Wohnungseigentumsrechts eingetragen. Die an 3. Stelle eingetragene Veränderung, die sich auf die Eintragung Nr. 2 der Spalte 1 bezieht, betrifft zum einen die Voraussetzungen für eine Zustimmung der anderen Wohnungseigentümer zur Veräußerung des Wohnungseigentums. Zum anderen enthält sie einen Hinweis darauf, daß die Wohnungseigentümer den Gebrauch des Hofraums durch eine Vereinbarung geregelt haben, die aufgrund der Eintragung auch einen Erwerber bindet. Die zweite dort eingetragene Änderung betrifft den Gegenstand des Sondereigentums. Die Zugehörigkeit eines Raums zum Sondereigentum wurde geändert. Die näheren Einzelheiten zu diesen Veränderungen ergeben sich aus den bei den Grundakten befindlichen Eintragungsunterlagen (z.B. der Eintragungsbewilligung).

Bei der Eintragung Nr. 3 handelt es sich um eine Grunddienstbarkeit (erkennbar an der Formulierung »zugunsten des jeweiligen Eigentümers«), die landesrechtlichen Besonderheiten Rechnung trägt. In Baden-Württemberg (ähnlich in Bayern, Hessen, Niedersachsen, Nordrhein-Westfalen, Rheinlandpfalz, Saarland und Schleswig-Holstein) ist mit Lichtöffnungen in der Außenwand eines Gebäudes ein bestimmter Abstand zum Nachbargrundstück einzuhalten. Mit der Eintragung eines Licht- und Fensterrechts wird das Nachbargrundstück in der Weise belastet, daß in dem aus der Bewilligung ersichtlichen Ausmaß die Unterschreitung des Abstands zu dulden ist, der Nachbar also nicht mehr die Einhaltung der Abstandsvorschriften fordern kann.

2.2 Zur ersten Abteilung:

Johann und Johanna Müller haben das Wohnungseigentum jeweils zur Hälfte erworben. An dem Wort »aufgelassen« in Spalte 4 kann man erkennen, daß dem Erwerb wahrscheinlich ein Kaufvertrag zugrunde lag, jedenfalls aber kein Erwerb im Wege der Erbfolge vorlag. Erwähnt wird in Spalte 4 nur der Miteigentumsanteil, weil er die Hautsache darstellt.

Die zweite Eintragung in Spalte 4 weist auf die Eintragung des Licht- und Fensterrechts beim belasteten Grundstück (Blatt 21 des Grundbuchs von Waslingen) hin, die allein maßgebend ist. Dort muß man sich auch über den genauen

Inhalt informieren. Die Eintragung hier dient nur als Hinweis auf die Existenz dieses Rechts.

2.3 Zur zweiten Abteilung:

In der zweiten Abteilung ist ein Wegerecht (Geh- und Fahrrecht) zugunsten des jeweiligen Eigentümers eines anderen Grundstücks eingetragen. Dies lastet auch auf allen anderen Miteigentumsanteilen, wie sich aus dem Hinweis auf die Blätter 172 bis 176 ergibt.

Der genaue Inhalt des außerdem eingetragenen Wohnungsrechts läßt sich nur der Eintragungsbewilligung in den Grundakten entnehmen.

2.4 Zur dritten Abteilung:

Bei den Eintragungen in der 3. Abteilung ergeben sich keine Unterschiede zum »normalen« Grundbuch, weshalb vom Abdruck abgesehen wurde. Hier sei nur darauf hingewiesen, daß darauf zu achten ist, ob es sich um eine Gesamthypothek oder Gesamtgrundschuld handelt (erkennbar an dem Hinweis auf eine Gesamtbelastung und auf die Mithaft anderer Grundbuchblätter), denn dann haftet jeder Miteigentumsanteil (Wohnungseigentum) auf den Gesamtbetrag des Grundpfandrechts.

Muster

(Erbbaugrundbuchblatt)

Amtsgericht

München

Grundbuch

von

Waslingen

Band 375 **Blatt** 11361

(Erbbaugrundbuch)

Amtsgericht München **Einlegebogen**

Grundbuch von Waslingen **Band** 375 **Blatt** 11361 **Bestandsverzeichnis** 1

Lfd. Nr. der Grundstücke	Bisherige lfd. Nr. der Grundstücke	Bezeichnung der Grundstücke und der mit dem Eigentum verbundenen Rechte		Größe		
		Gemarkung (nur bei Abweichung vom Grundbuchbezirk angeben) Flurstück	Wirtschaftsart und Lage	ha	a	m²
		a/b	c			
1	2	3		4		
1		Erbbaurecht an Grundstück Band 370 Blatt 11180 Bestandsverzeichnis Nr. 2:				
		102/66	Gebäude- und Freifläche, An der Wublitz		25	15
		eingetragen Abt. II/1, bis zum 30.06.2045; Zustimmung des Grundstückseigentümers ist erforderlich zur: Veräußerung, Belastung mit Grundpfandrechten, Reallasten, Dauerwohn-/Dauernutzungsrechten; nebst deren Inhaltsänderung als weitere Belastung; Grundstückseigentümer: Breithaupt Walter, geb. 26.08.1943; gemäß Bewilligung vom 25.07.1994 - URNr. 1000/Notar Dr. Schmidt, Waslingen -; angelegt am 02.08.1994. Fuchs Körner				
2		Als Eigentümer des belasteten Grundstücks ist am 01.09.1994 eingetragen worden: Geßler Ernst, geb. 28.02.1946; hier vermerkt am 01.09.1994 Fuchs Körner				
3		Der Inhalt des Erbbaurechts ist dahin geändert, daß der Erbbauberechtigte zur Veräußerung des Erbbaurechts nicht der Zustimmung des Grundstückseigentümers bedarf. Eingetragen am 09.09.1994 Fuchs Körner				

Amtsgericht München **Einlegebogen**

Grundbuch von Waslingen **Band** 375 **Blatt** 11361 **Bestandsverzeichnis** 1 **R**

Bestand und Zuschreibungen		Abschreibungen	
Zur lfd. Nr. der Grund- stücke		Zur lfd. Nr. der Grund- stücke	
5	6	7	8

Fortsetzung auf Einlegebogen

Amtsgericht München **Einlegebogen**

Grundbuch von Waslingen **Band** 375 **Blatt** 11361 **Erste Abteilung** 1

Lfd. Nr. der Eintragungen	Eigentümer	Lfd. Nr. der Grundstücke im Bestandsverzeichnis	Grundlage der Eintragung
1	2	3	4
1	K ö h l e r Max, geb. 14.11.1911	1	Bei Bestellung des Erbbaurechts in Band 370 Blatt 11180 eingetragen und hier vermerkt am 02.08.1994. Fuchs Körner
2	G r a u e r Walter, geb. 16.12.1948	1	Einigung vom 16.08.1994; eingetragen am 15.09.1994. Fuchs Körner

* Im Original rosa

Amtsgericht München

Einlegebogen

Grundbuch von Waslingen **Band** 375 **Blatt** 11361 **Erste Abteilung** R

Lfd. Nr. der Eintragungen	Eigentümer	Lfd. Nr. der Grundstücke im Bestandsverzeichnis	Grundlage der Eintragung
1	2	3	4

Fortsetzung auf Einlegebogen

* Im Original rosa

Amtsgericht München **Einlegebogen**

Grundbuch von Waslingen **Band** 375 **Blatt** 11361 **Zweite Abteilung** 1

Lfd. Nr. der Eintragungen	Lfd. Nr. der betroffenen Grundstücke im Bestandsverzeichnis	Lasten und Beschränkungen
1	2	3
1	1	Erbbauzins von 500 (fünfhundert) Deutsche Mark jährlich für jeweilige Eigentümer von BVNr. 2 in Band 370 Blatt 11180; gemäß Bewilligung vom 25.07.1994 - URNr. 1000/Notar Dr. Schmidt, Waslingen -; eingetragen am 02.08.1994. Fuchs Körner
2	1	Vorgemerkt nach § 883 BGB: Anspruch auf Einräumung einer Reallast (Erbbauzinserhöhung) für jeweilige Eigentümer von BVNr. 2 in Band 370 Blatt 11180; gemäß Bewilligung vom 25.07.1994 - URNr. 1000/Notar Dr. Schmidt, Waslingen -; eingetragen am 02.08.1994. Fuchs Körner
3	1	Geh- und Fahrtrecht für jeweilige Eigentümer von Flst. 166/10 (BVNr. 3 in Band 200 Blatt 9907); gemäß Bewilligung vom 26.07.1994 - URNr. 555/ Notar Uhlig, Waslingen -; eingetragen am 18.08.1994. Fuchs Körner

* Im Original gelb

Amtsgericht München

Grundbuch von Waslingen **Band** 375 **Blatt** 11361

Einlegebogen

Zweite Abteilung 1 **R**

Veränderungen		Löschungen	
Lfd. Nr. der Spalte 1		Lfd. Nr. der Spalte 1	
4	5	6	7
1	Das Recht ist auf dem Blatt des berechtigten Grundstücks vermerkt. Hier vermerkt am 02.08.1994. Fuchs Körner		

* Im Original gelb

Amtsgericht München

Einlegebogen

Grundbuch von Waslingen **Band** 375 **Blatt** 11361 **Dritte Abteilung** 1

Lfd. Nr. der Eintragungen	Lfd. Nr. der belasteten Grundstücke im Bestandsverzeichnis	Betrag	Hypotheken, Grundschulden, Rentenschulden
1	2	3	4
1	1	50.000 DM	Grundschuld ohne Brief zu fünfzigtausend Deutsche Mark für Heidemann Ernst, geb. 18.06.1944; 12 % Zinsen jährlich; vollstreckbar nach § 800 ZPO; gemäß Bewilligung vom 23.09.1994; - URNr. 1255/Notar Dr. Schmidt, Waslingen -; eingetragen am 30.09.1994. Fuchs Körner

* Im Original hellgrün

Amtsgericht München **Einlegebogen**

Grundbuch von Waslingen **Band** 375 **Blatt** 11361 **Dritte Abteilung** **R**

Veränderungen			Löschungen		
Lfd. Nr. der Spalte 1	Betrag		Lfd. Nr. der Spalte 1	Betrag	
5	6	7	8	9	10

Fortsetzung auf Einlegebogen

* Im Original hellgrün

3.1 Zum Bestandsverzeichnis:

Im Bestandsverzeichnis ist zunächst eingetragen, an welchem Grundstück das Erbbaurecht bestellt wurde. Auch ist eingetragen, für welche Rechtsgeschäfte der Inhaber die Zustimmung des Eigentümers des Grundstücks benötigt. Das Zustimmungserfordernis bei einer Veräußerung des Erbbaurechts wurde nachträglich wieder aufgehoben (siehe die Eintragung Nr. 3) und deshalb gelöscht (siehe die Unterstreichung bei Nr. 1).

Die Eintragung Nr. 2 betrifft einen Wechsel des Eigentums am belasteten Grundstück, der sich außerhalb des Erbbaugrundbuchs vollzieht. Das Grundbuch für das Grundstück bleibt bestehen, und dort wird der Eigentumswechsel eingetragen (siehe die einleitenden Bemerkungen S. 247f.). Die Eintragung in diesem Grundbuch ist allein maßgebend. Hier wird dies nur als Hinweis vermerkt.

3.2 Zur ersten Abteilung:

Das ursprünglich für Max Köhler bestellte Erbbaurecht wurde von diesem durch Einigung und Eintragung an Walter Grauer übertragen.

3.3 Zur zweiten Abteilung:

In der zweiten Abteilung ist zunächst die Belastung mit dem Erbbauzins eingetragen, der wie eine Reallast auf dem Erbbaurecht lastet (vgl. S. 236f.). Als Nr. 2 ist eine Vormerkung für einen Anspruch auf Eintragung einer Reallast eingetragen. Aus dem in Klammern gesetzten Hinweis auf eine Erbbauzinserhöhung ergibt sich, daß die Möglichkeit der Erhöhung des Erbbauzinses vereinbart wurde und daß über den Erhöhungsbetrag eine Reallast eingetragen werden soll. Diese Vorgehensweise war vor der Gesetzesänderung zum 1.10.1994 üblich (vgl. dazu S. 237f.). Die Voraussetzungen und der Umfang der Erhöhung ergeben sich aus der bei den Grundakten aufbewahrten Vereinbarung über die Bestellung des Erbbaurechts.

Als Nr. 3 ist ein Wegerecht eingetragen.

3.4 Zur dritten Abteilung:

Die dritte Abteilung ist mit der dritten Abteilung des »normalen« Grundbuchs oder des Wohnungsgrundbuchs identisch, so daß von einem Abdruck abgesehen wurde.

Verzeichnis der Musterbriefe und -formulierungen

(Die angegebenen Zahlen bezeichnen die Seiten des Buches)

Stichwortverzeichnis

(Die angegebenen Zahlen bezeichnen die Seiten des Buches)